dtv

Junge Deutschtürken der dritten Generation sprechen plötzlich kein Deutsch mehr. Eine Passantin stirbt, weil sie durch eine verirrte Kugel aus einem deutschtürkischen Bandenkrieg getroffen wird. Drei jugendliche Migranten versuchen Polizisten in einen Hinterhalt zu locken, um sie zu erschießen. Was geht da vor? Cem Gülay kennt die Ursachen und Hintergründe dieser fatalen Entwicklung aus eigener Erfahrung. In der Schule wie beim Fußball gab man ihm immer wieder zu verstehen: Du gehörst nicht dazu. Statt für ein Studium entschied er sich nach dem Abitur für eine Gangsterkarriere und bewegte sich unter den Good Fellas des Milieus wie ein Fisch im Wasser. Doch er hatte die Chance auszusteigen und ergriff sie. Viele junge Migranten sehen für sich keine Chance, es sei denn, als »Soldat« in einer Mafiastruktur. Gewalt wird zum einzigen Mittel, um sich Ansehen zu verschaffen. Das endet oft mit Knast oder Tod.

Cem Gülay, 1970 in Hamburg als Gastarbeiterkind geboren, lebt heute in Berlin.

Helmut Kuhn lebt als Autor in Berlin und hat mehrere Romane und Sachbücher veröffentlicht, zuletzt ›Gehwegschäden‹.

Cem Gülay
Helmut Kuhn

Türken-Sam

Eine deutsche Gangsterkarriere

Deutscher Taschenbuch Verlag

Von Cem Gülay und Helmut Kuhn
außerdem bei dtv erschienen: ›Kein Döner Land.
Kurze Interviews mit fiesen Migranten‹ (dtv premium 24952)

**Ausführliche Informationen über
unsere Autoren und Bücher
finden Sie auf unserer Website
www.dtv.de**

MIX
Papier aus verantwortungsvollen Quellen
FSC® C019821
FSC www.fsc.org

Ungekürzte Ausgabe 2012

Umschlagkonzept: Balk & Brumshagen
Umschlagbild: Lisa Helm unter Verwendung
eines Fotos von Benedict Müller
Satz: Greiner & Reichel, Köln
Druck und Bindung: Druckerei C.H. Beck, Nördlingen
Gedruckt auf säurefreiem, chlorfrei gebleichtem Papier
Printed in Germany · ISBN 978-3-423-34769-3

Vorwort

Jung, männlich, Migrant – diese drei Worte stehen mittlerweile für ein Synonym in der Integrationsdebatte. Ein Synonym für eine Problemgruppe, die überproportional häufig in polizeilichen Kriminalstatistiken auftaucht. Studien, etwa die des Kriminologischen Forschungsinstituts in Niedersachsen, belegen dies. Medien greifen das Thema häufig auf. Man sucht nach Lösungen, denn die Angst geht um – die Angst vor jungen, männlichen, ausländischen Gewalttätern.

Wie werden aus Babys Bestien? Diese Frage stellen sich nicht nur die Medien, sondern auch die Politik. Sie ist maßgeblich beteiligt an den Rahmenbedingungen: ob es die Familienpolitik ist, die Bildungspolitik, die Integrationspolitik oder die Justizpolitik. Die Politik gibt den politischen und gesellschaftlichen Rahmen vor, in denen Babys sich zu »Bestien« entwickeln. Denn eines ist klar: Niemand wird als krimineller Gewalttäter geboren.

Auf dem Weg in die kriminelle Karriere gibt es viele Etappen und Zwischenschritte. Diese gilt es zu beschreiben und zu analysieren. Es gilt, Verhaltenmuster frühzeitig zu erkennen, um präventiv wirken zu können und Schlimmeres zu vermeiden, denn »ist das Kind erst in den Brunnen gefallen …«, dieses Sprichwort gilt in vielen Ländern und in allen Kulturen.

Wenig wissen wir über die, um die es häufig geht, die männlichen kriminellen Ausländer. Häufig verstecken sie ihr »wahres Ich« hinter einer Macho-Fassade und einem auffällig rauen Umgang. In ihrer Welt gibt es nur zwei Alternativen: Entweder sie sind Opfer oder sie sind Täter. Viele entscheiden sich für das Letztere. Einige Faktoren kennen wir: schwieriges soziales Umfeld, eigene Gewalterfahrung in der Familie, Ausgrenzungserfahrungen in der Mehrheitsgesellschaft und Frust. Doch wie sieht der Weg in die Kriminalität konkret aus? In welchen Schritten erfolgt er? Und wo können wir einschreiten, um Schlimmeres zu verhindern? Was macht die Politik falsch? Was machen die Eltern falsch? Und was die Betroffenen?

Das Buch beschreibt auf sehr offene Weise, wie kriminelle Karrieren entstehen. Es ist ein sehr authentisches Buch über die Lebenswelt männlicher Migranten. Es beschreibt den Weg eines jungen Abiturienten aus Hamburg von der Hamburger Fußballauswahl über das Highschool-Jahr in den USA bis in das kriminelle Milieu Hamburgs. Das Buch handelt von Gewalt und Verzweiflung, von Geld und dem Wunsch nach einem besseren Leben. Das Buch handelt von Freundschaft und Feindschaft, von Deutschenfeindlichkeit und Türkenfeindlichkeit. Es geht um Prinzipien und um den Tod. Das sind keine Worthülsen. Es ist die Wahrheit.

Bilkay Öney
Abgeordnete der SPD-Fraktion im Berliner Senat, Sprecherin für Migration und Integration

Ihr habt keine Schuld an euren brennenden Städten

Ich sag euch jetzt was: Wenn ihr es schon nicht geschafft habt, *mich* zu integrieren, wen dann? Ich *wollte* dazugehören. Aber ihr habt mir oft genug das Gefühl gegeben: Du gehörst nicht dazu.

Ich bin Cem. Cem Gülay.

Ich bin ein sogenannter Deutschtürke. Ich könnte aber auch locker als Italiener, Israeli oder als Markus Söder von der CSU durchgehen. »Was? Du bist Türke? Du siehst überhaupt nicht so aus.« Wie oft habe ich das gehört. Wie sieht denn ein Türke aus? Es war wohl als Kompliment gemeint. Und manchmal rettete es mir sogar die Haut. Bis heute höre ich immer wieder den Satz: »Du sprichst ja perfekt deutsch ...« Was soll man denn von jemandem erwarten, der hier geboren wurde und hier aufgewachsen ist?

Manchmal muss ich darüber lachen.

Ich bin in Hamburg geboren, ich bin zur Schule gegangen in Lokstedt. Weil meine deutschen Freunde das Wort Cem nicht richtig aussprechen konnten – sie sagten immer Sem oder Kem –, hieß ich eines Tages Sam. Ich habe Abitur gemacht an einem Gymnasium in Eimsbüttel. Seitdem ist das deutsche Abitur nichts mehr wert. So hat es mir ein deutscher Klassenkamerad einmal gesagt.

»Wenn du als Türke jetzt schon Abitur machst, dann ist ja mein eigenes Abitur gar nichts mehr wert, Türke.«

Er hat mich nicht einmal beim Namen genannt.

Er nannte mich immer nur »Türke«.

Ich wollte auch in Hamburg studieren, Jura. Stattdessen bin ich Gangster geworden. Aus Sam wurde in der Hamburger Unterwelt der Name Türken-Sam. Vielleicht ist das irgendwie eine logische Folge. Ich habe betrogen, ich habe Menschen brutal zusammengeschlagen, und ich war bereit zu töten. Ich stand kurz vor einem Mord. Dass es nicht dazu kam, verdanke ich dem Hamburger Paten. Ich gehörte zu der türkischen Gangsterorganisation, die Mitte der 90er-Jahre Hamburg kontrollierte. Hamburgs Gangster waren die zweifelhafte Elite der Verbrecher in diesem Land.

Es geht nicht darum, jemandem Schuld zuzuweisen. Ich möchte auch nicht drohen oder übertrieben emotional werden. Ihr habt ihn nicht gewollt. Ich habe ihn auch nicht gewollt. Aber ihr werdet ihn kriegen, euren Krieg, den Straßenkrieg im eigenen Land. Es wird so kommen.

Ich weiß es, und ich werde versuchen zu erklären, warum.

Es kann jederzeit passieren. Es werden keine Vorstädte brennen wie in Paris oder Straßburg, in Lyon, Marseille oder auch in Kopenhagen. Nein. Die Innenstädte werden brennen. Sie werden diesen Kampf in die Städte hineintragen, weil sie sich dort bewegen. Weil es euch dort am meisten schmerzt. Wir werden diese Aufstände bekommen – wenn wir nicht umdenken. Wer sind *sie*? Es sind die jugendlichen Migranten, die sogenannten. Wir sind viele. Wir sind bereits jede vierte Familie in eurem Land, das auch unser Land ist, in das wir hineingeworfen wurden. Wir haben uns das nicht ausgesucht.

Ich bin nur einer von vielen deutsch-türkischen, deutsch-kurdischen, deutsch-albanischen, deutsch-arabischen, deutsch-russischen, deutsch-italienischen, deutsch-serbischen, deutsch-polnischen, deutsch-kroatischen, deutsch-afrikanischen und deutsch-asiatischen Gangstern. Ich betone in meinem Fall das Wort Gangster. Denn ich war Gangster und kein Krimineller. So sahen wir uns, damals.

Ein Krimineller ist jemand, der Tankstellen überfällt, alten Damen die Handtasche klaut, der Autos knackt und solide Leute beraubt. Wir sagten das oft, solide Leute. Und wir meinten es auch so. Solide Leute sind Menschen, die einen ehrlichen Beruf ausüben und gesetzestreu sind. Ich war ein Gangster, das ist ein Unterschied. Gangster sein war ein Lifestyle. Ein Beruf, in dem es um Macht, Anerkennung, Loyalität und Ehre ging. Ich habe das einmal einem Zivilpolizisten, einem Ausbilder an der Akademie erklärt. Er hat diesen Unterschied sofort verstanden.

Ich bin nicht stolz darauf. Aber ihr habt mir keine andere Wahl gelassen. So habe ich es damals empfunden. Und genau so empfinden es bis heute Hunderttausende deutsch-türkische, deutsch-kurdische, deutsch-albanische, deutsch-arabische, deutsch-russische, deutsch-italienische, deutsch-serbische, deutsch-polnische, deutsch-kroatische, deutsch-afrikanische und deutsch-asiatische Jugendliche, jeden Tag.

Heute weiß ich, ich hatte eine andere Wahl. Ich habe das Gefühl, in meinem Leben gescheitert zu sein. Ich hätte studieren können, Jura, BWL, Psychologie oder etwas anderes. Ich hätte Karriere machen können. Ich habe es nicht getan. Stattdessen war ich auf dem Weg, ein Killer zu werden. Ich habe in einer Parallelwelt gelebt, in der Welt der Gewalttäter. Dort habe ich Karriere gemacht. Dort gab es Vorbilder, viele Vorbilder. Türken, die in Deutschland Rechtsanwälte, Schauspieler oder Manager gewesen wären, kannte ich damals noch nicht. Es gibt auch heute nicht sehr viele davon. Und wenn schon. Türken, die Rechtsanwälte sind, vertreten Türken, die ein Problem haben. Türken, die Ärzte sind, haben ein Wartezimmer voller Türken. Und Türken, die Schauspieler sind, spielen Türken, die Gewalttäter sind. Oder sie machen Karriere als Hofnarren, die ihre ursprüngliche Herkunft durch den Kakao ziehen.

Das sind unsere Rollen.

Noch vor Kurzem, nach den Hetzkampagnen in den Medien gegen Türken, als Marco, der in Antalya ein Mädchen vergewaltigt haben soll, zum Liebling der Nation avancierte und die Türkei pauschal verurteilt wurde, nach den ewigen Ehrenmorddiskussionen, dem »Sonderstatus« der Türkei bei den EU-Beitrittsverhandlungen (Was heißt denn das überhaupt? Sonderschule? Sonderbar? Sonderbehandlung?), nach der ausländerfeindlichen Wahlkampagne Roland Kochs in Hessen, nach all diesen Dingen habe ich mir gesagt: Scheiß auf Deutschland. Scheiß auf die Deutschen. Scheiß auf ihre Scheiß-Leitkultur, auf ihre Arroganz und Ignoranz.

Darüber bin ich selbst erschrocken.

Ich meine, es genügt ein Funke. Das spüre ich in mir selbst. Als in Ludwigshafen 2008 ein Mietshaus, in dem ausschließlich Türken wohnten, in der Nacht plötzlich in Flammen aufging, da hat nicht viel gefehlt und ich wäre völlig ausgerastet. Mehrere Familien kamen in diesem Haus um. Am nächsten Tag schloss Kurt Beck, Ministerpräsident in Rheinland-Pfalz, noch am Tatort einen rechtsradikalen Hintergrund aus.

Warum tat er das? Wovor hatte er Angst?

Ich hatte Angst. Angst, dass es ein fremdenfeindlicher Anschlag gewesen sein könnte, Angst vor meinem eigenen Hass und meiner Wut. Als ich in den Medien hörte, dass es keine Rechtsradikalen waren, die das Haus angezündet hatten, war ich immer noch geschockt, aber auch erleichtert. Es war kein fremdenfeindlicher Akt. Es war ein Unglück. Einen Tag später kam die Nachricht, es seien Hakenkreuze an die Wand des Treppenhauses geschmiert worden und zwei Mädchen hätten kurz geschorene, blonde, junge Männer am frühen Abend vor dem Brand ums Haus herumschleichen sehen.

Da kam sie wieder in mir hoch. Die ganze Wut. Ich wollte Rache. Blut für Blut. Ich wollte mir eine Waffe besorgen, an irgendeinen Ort fahren, wo sich Rechtsradikale aufhalten, und dort wahllos um mich schießen. Ich habe einen Freund angerufen, einen sogenannten integrierten Deutschtürken, mit dem ich oft über diese Problematik spreche, und ihm meine Gedanken am Telefon geschildert.

»Warte doch erst mal ab. Beruhige dich, mach keinen Scheiß«, sagte Aydin.

»Aber es hätte doch auch deine Mutter sein können oder meine, die da verbrannt sind.«

»Du hast recht«, sagte Aydin. »Aber versuch mal, ruhig zu bleiben. Warte ab!«

Und ich habe abgewartet.

Natürlich wollte ich im tiefsten Inneren niemanden erschießen. Aber es genügt eben eine Tat wie in Mölln oder Solingen, um eine Explosion in uns hervorzurufen. Diese Taten sind wie offene Wunden. Wenn so etwas passiert, sehe ich all die Demütigungen, die ich als Jugendlicher erlebt habe, plötzlich wieder vor mir und die sinnlose brutale Gewalt zwischen deutschen und deutsch-türkischen Jugendlichen in den 80er- und 90er-Jahren, die ich durchaus als Krieg bezeichnen möchte. In 30 Jahren haben der Deutschenhass und der Fremdenhass Zigtausende Verletzte und Hunderte Tote gefordert. Ich verabscheue diese hirnlosen Türkenhasser genauso wie die Tat von Serkan und Spiridon, die in der Münchner S-Bahn einen alten Mann fast totgetreten haben.

Das Leben ist auch so schwer genug. Meine Mutter, die mit 14 Jahren zwangsverheiratet und mit 26 Frühinvalide wurde, mein Vater, der immer doppelt und dreifach geackert hat, weil ihm die Kohle nie genug war. Wir sind alle beschäftigt mit unserem Alltagskampf. Das reicht doch.

Immer dieses: Türke, Türke, Türke.

Türke?

Das geht uns alle an. Die Deutschen wie die Deutschtürken und alle anderen Migranten. Wenn wir nicht umdenken, dann können wir uns auf etwas gefasst machen. In 20 Jahren werden die Bürger mit Migrationshintergrund in den Großstädten bereits die Mehrheit bilden. Wenn die Migrantenkinder von heute auf ihrem armseligen Bildungsniveau stehen bleiben, dann haben sie keine Chance auf eine Ausbildung. Dann haben sie keine Chance auf einen Arbeitsplatz – außer als Soldat in einer Mafia- oder Bandenstruktur.

Dann haben sie überhaupt keine Chance auf ein bürgerliches Leben.

Sie kommen aus der totalen Perspektivlosigkeit ihres Ghettos, sie setzen sich in die S-Bahn, steigen am Gänsemarkt aus, und was sehen sie dort? Menschen, die alles haben. Muss man sich wundern, dass sie etwas davon abhaben wollen? Noch nie war die Gewaltkriminalität der jugendlichen Migranten in Deutschland so hoch wie heute. Der Anteil der Deutschtürken ist dabei extrem hoch. Wer davor die Augen verschließt, wer glaubt, das ginge ihn nichts an, oder wer wie der französische Präsident der

Meinung ist, man müsse nur mit dem Hochdruckreiniger durch die Vorstädte ziehen und alles werde gut, der irrt.

Eine Passantin stirbt, weil sich verfeindete deutsch-türkische Banden untereinander eine Schießerei auf offener Straße liefern. Das waren allesamt bereits bekannte Gangster und Kriminelle. Diese Straße lag nicht in Berlin-Neukölln, am Frankfurter Hauptbahnhof oder in Hamburg-Wilhelmsburg – das war in Rüsselsheim, im August 2008.

Es kann jeden treffen, und es kann jederzeit losgehen.

Was ist schiefgelaufen? Was können wir tun?

Ich bin nicht der Integrationsbeauftragte der Bundesrepublik. Ich bin nur ein Gastarbeiterkind, das ein Gangster geworden ist. Aber ich bin aus dieser Welt der Gewalt und der Drogen wieder ausgestiegen, und das war ein jahrelanger Horrortrip. Ich kann etwas erzählen.

Ich erzähle euch meine Geschichte.

Die Geschichte von Türken-Sam.

Wir sind ganz oben

Es war eine großartige Zeit. Wir waren alle Gangster, wir waren cool. Ich hatte schon mit 25 Jahren mehr Geld als alle meine erwachsenen Verwandten zusammen, ausgenommen Onkel Can natürlich.

Ich musste nirgendwo mehr in der Schlange stehen, um in einen Club zu gelangen. Nein, wir wurden durchgewunken, wir zahlten nicht mal Eintritt. Wir wurden direkt in die VIP-Lounge der angesagtesten Hamburger Clubs geführt und bekamen Champagner auf Kosten des Hauses. Alle wollten nett zu uns sein. Und das Beste daran: Wir waren in ehrenwerter Gesellschaft. Wir waren erfolgreiche Geschäftsleute unter erfolgreichen Geschäftsleuten.

Sollten wir da etwa malochen gehen wie unsere Eltern? Dreckige Jobs machen für lausiges Geld? Krummbuckelnde Kanaken sein für 1500 Mark?

Anders zu leben kam für mich gar nicht mehr infrage.

Wir hatten keine Angst vor der Polizei und vor dem Gefängnis. Gangster gingen nicht ins Gefängnis. Ins Gefängnis kamen nur die Vollhonks. Die Kleinkriminellen, die keine Ahnung hatten. Wir dagegen waren organisiert, glänzend organisiert. Wir hatten alles im Griff. Wir machten richtige Kanakenscheiße, aber wir waren cool. Wir waren Teil einer Familie, einer großen Familie wie in den Filmen über italienische Gangsterfamilien, und niemand konnte uns was.

»Aber selbst konnte man jeden herunterputzen, wie man wollte«, sagt Henry Hill in dem amerikanischen Mafia-Epos ›Good Fellas‹.

So sahen wir uns. Wir waren »Good Fellas«, wirklich dicke Kumpels. Wir waren wie im Kino. Das war alles ganz schnell völlig normal geworden. Auch die Gewalt war völlig normal, damit waren wir ja aufgewachsen. Es gab Regeln. Klare, feste Regeln, und wer sich nicht daran hielt, der konnte eben auch eins auf die Schnauze bekommen oder mehr.

Was gab es daran auszusetzen?

Der Anruf erreichte mich im Backoffice. Das war nur ein kleiner Laden ein paar Straßen vom offiziellen Büro entfernt, aber das eigentliche Büro. Hier, in der Anonymität am Hamburger Mittelweg, wurden die wirklichen Geschäfte abgewickelt. Hier wurden die Kunden nach Strich und Faden übers Ohr gehauen. Hier landete das Geld. In dicken Bündeln lag es vor uns auf den Tischen. Und jede Woche kam neues Geld hinzu. Schwarzes, schlechtes, anrüchiges Geld. Aber Geld sieht immer gut aus, wenn es in Bündeln vor einem liegt. Es hat überhaupt keinen Geruch.

Ich ahnte ja, dass es so kommen musste. Wir wussten, dass in ähnlichen Fällen diskrete Observationen stattfanden und Telefongespräche abgehört wurden. Wir rechneten auch damit, dass unsere Telefone abgehört wurden – das war nichts Neues. Trotzdem wähnten wir uns in Sicherheit. Umso härter traf uns der Schock, als man mit einem massiven Großaufgebot gegen uns vorging.

Das war am Morgen des 25. März 1998.

Das MEK, das Mobile Einsatzkommando der Polizei, stürmte unser Büro an der Alster.

Diese modern eingerichteten Räume firmierten unter dem international klingenden Namen »RADN Trading Company«, eine Gesellschaft, die ganz legal im Hamburger Handelsregister eingetragen war. Die Räumlichkeiten dienten vor allem repräsentativen Zwecken. Sie sollten den Kunden einen seriösen Anschein vermitteln. Allerdings kamen nur selten Kunden zu uns. Fast alles lief übers Telefon. Unsere Klientel scheute die Öffentlichkeit noch mehr als wir.

Die Polizei war auf alles vorbereitet. Sogar die Fahrbahn vor dem Gebäude an der Alster hatten sie sperren lassen. Sie hatten auch einen Rammbock mitgebracht, für den Fall, dass unsere

Klingel nicht funktionierte oder niemand öffnen würde. Die Klingel funktionierte einwandfrei, als um 10.30 Uhr, wie gewohnt, die Postbotin vor der Tür stand.

Unsere Sekretärin Dilek öffnete nach einem flüchtigen Blick durch das Guckloch. Kaum hatte sie die Klinke ein Stück heruntergedrückt, flog ihr schon die schwere Eingangstür entgegen und sie sank bewusstlos zu Boden. Die Postbotin brachte keine Briefe. Es war auch nicht diejenige, die normalerweise kam, es war eine verkleidete Polizistin. Dann blies die Staatsmacht zum Angriff.

Rund 30 Polizisten stürmten die Räume, die meisten waren vermummt. Sie trugen Schutzkleidung, Helme und Maschinenpistolen. Man hätte meinen können, hier würde eine neue Folge von »24« gedreht und Kiefer Sutherland käme gleich hereingestürmt.

Doch alles war echt.

Sie schrien und hielten meinen Angestellten Waffen mit Schalldämpfern an den Kopf. Alle sollten sich flach auf den Boden legen. Die Beamten schienen sehr nervös, und man konnte nur hoffen, dass ihre Waffen nicht entsichert waren. Waren sie aber. Flugs verteilten sie sich in den Räumen, stießen Türen auf, rissen Schubladen heraus, schauten hinter Schränke und durchwühlten unsere Papierkörbe. Wonach sie suchten, sagten sie nicht. Insgesamt hielten sie fünf Angestellte in Schach, das machte einen Schnitt von sechs Polizisten pro Person. Zwei Verkäufer, eine Sekretärin und Henning, der Geschäftsführer, der unser Strohmann war, sowie sein Bruder Hansi, unser Geldholer. Sein Job war es gewesen, das Geld von den Banken abzuheben und ins Backoffice zu schaffen. Alle anderen Angestellten waren noch nicht da.

Im hinteren Teil standen einige Beamte plötzlich vor einer verschlossenen Toilettentür. Sie wurden regelrecht panisch, als sie merkten, dass sich dahinter jemand verbarg. Vielleicht fürchteten sie, dass ihnen ein Kugelhagel durch das Holz entgegenkommen könnte. Doch auf der Schüssel saß nur einer unserer Verkäufer, ein deutscher Yuppietyp, der gerade seine Notdurft verrichtete. Voller Panik sagte er, dass er unbewaffnet sei und sich nur die Hose hochziehen wolle. Er versprach, sofort mit erhobenen Händen herauszukommen, doch das schien den Beamten offenbar zu riskant.

»Sie bleiben da drin und legen sich flach auf den Boden. Verstanden?«, brüllte einer.

»Wie soll ich mich denn hier auf den Boden legen? Es ist viel zu eng. Bitte nicht schießen. Ich komme mit erhobenen Händen heraus!«, flehte der Verkäufer. Er versuchte, die Türe zu öffnen, doch die Beamten hielten sie zu. Ein paar Sekunden zerrten beide Seiten an der Klinke, dann knallte es. Der Rammbock. Die Tür flog nach innen auf, der Verkäufer wurde zu Boden gedrückt. Dann spürte er Metall an seiner Schläfe, den Lauf einer Maschinenpistole.

Allmählich realisierten die Polizisten, dass sie es außer mit einer Sekretärin und vier Börsianern nur mit einem hinter einer Tür liegenden, harmlosen Schwiegermutterschwarm mit heruntergelassenen Hosen zu tun hatten und nicht etwa mit einem Killer.

Dann erschien der Staatsanwalt mit Hofstaat. Er konnte seine Enttäuschung nur schwer verbergen. Nicht minder enttäuscht schienen die Presseleute, die nicht wussten, was sie in diesem stinknormalen Büro filmen oder fotografieren sollten.

Ein Journalist wollte jetzt vom Staatsanwalt wissen, ob es tatsächlich nötig gewesen sei, mit solcher Härte gegen fünf Büroangestellte vorzugehen. Es war immerhin einer der aufwendigsten und teuersten Polizeieinsätze der letzten Jahre. Der Staatsanwalt wiegelte ab. Seine Behörde habe aus »sicherer Quelle« – über die er sich nicht näher ausließ – erfahren, dass dieses Büro ein wahres Waffenlager sei und sich hinter der Scheinfirma eine Verbrecherorganisation gefährlicher, bewaffneter Türken verberge.

»Ich sehe aber keine bewaffneten Türken. Nur Angestellte, die Angst haben, und eine verletzte Sekretärin«, meinte ein Journalist.

Der Staatsanwalt beschlagnahmte schließlich Akten und Computer, während die Presseleute ihre Notizblöcke einsteckten und die Kameras abschalteten. Unsere Sekretärin wurde im mitgeführten Krankenwagen behandelt – sie hatte eine Kopfverletzung davongetragen. Die Aktion hätte ein spektakulärer Schlag gegen die »türkische Mafia« werden sollen. Am nächsten Tag stand in der Hamburger Ausgabe der ›Bild‹-Zeitung: *Zahllose Anleger reingelegt. Betrügerische Brüder auf der Flucht.*

Nichts von all dem, das wir taten, Ugur, Tolga und ich, war auch nur annähernd legal. Aber diese massive Vorgehensweise der Polizei? Waren wir etwa Terroristen oder durchgeknallte Drogendealer? Sofort kam mir ein Verdacht: Wäre das Bullenaufgebot genauso massiv ausgefallen, wenn sie den Tipp gekriegt hätten, dass sich hinter der Warenterminfirma deutsche Betrüger verbargen? So ein Verdacht kommt mir eben. Jedenfalls war ich froh, dass keiner ernsthaft verletzt worden war. Nicht auszudenken, wenn ein Polizist aus Versehen abgedrückt hätte oder einer von unseren Leuten tatsächlich so blöde gewesen wäre, im Büro mit einer Waffe rumzulaufen.

Ich hätte durchaus zufällig im offiziellen Büro sein können. Dass ich der Razzia durch ebenso zufällige Abwesenheit entkommen war, führte ich auf meinen guten Instinkt zurück. Die Idee mit dem Backoffice war Gold wert gewesen. Als mir meine Leute später einer nach dem anderen die Szene im Detail immer und immer wieder beschreiben mussten, war ich doch geschmeichelt, für wie gefährlich uns die Polizei hielt.

Ich fühlte mich mit der Staatsmacht auf Augenhöhe. Man brachte mir und meinen Partnern Respekt entgegen. Unter Gangstern gilt eine solche Aufmerksamkeit als Trophäe, ja geradezu als Auszeichnung. Wir waren keine Nummer in der Verbrecherkartei, wir waren jetzt echte Gangster. Der kleine Kanake aus Lokstedt, den man auf dem Schulhof herumgeschubst hatte, mobilisierte die halbe Hamburger Polizei und verlud den Staatsanwalt.

Einer der Verkäufer, der zu spät zur Arbeit gekommen war, hatte das Polizeiaufgebot gesehen und mich sofort angefunkt: »Die Polizei ist eingelaufen.« Ich beschloss, am Büro zumindest vorbeizufahren. Ich hatte schließlich die Verantwortung für den

Laden und meine Angestellten, und die Loyalität, die ich immer von ihnen eingefordert hatte, musste ja auch für mich gelten. Ach Quatsch. Ich wollte meinen Triumph auskosten und mit eigenen Augen sehen, was ich angerichtet hatte. Ugur und Tolga hielten mich für verrückt. Womöglich hatten sie recht, und auf keinen Fall wollten sie mitkommen. Sie waren ja vorbelastet. Also fuhr ich allein in meinem schwarzen Cherokee an der Alster entlang.

Vor meinem Büro verlangsamte ich auf Schritttempo und ließ die Scheiben runter. Noch immer war das Gebäude von Mannschaftswagen und anderen Polizeifahrzeugen umstellt. Die vermummten MEK-Männer wuselten davor herum, jede Menge Beamte in Uniform und Zivil und noch ein paar Journalisten. Vor einer Wanne stand ein kräftiger Beamter in Zivil, er wirkte irgendwie genervt, und dann trafen sich unsere Blicke für einige Sekunden.

Ich dachte, ich könne seine Wut spüren, die Wut, mich nicht erwischt zu haben, mich oder irgendeinen Gangstertürken, den er sich vorgestellt hatte.

Ich lächelte ihn freundlich an und gab Gas.

Ugur und Tolga, die zwei Brüder, waren gute Jungs. Sie waren nicht in Deutschland geboren, kamen aber in ganz jungen Jahren hierher. Ihre Eltern waren Gastarbeiter wie meine, und sie hatten ihre Kinder nachgeholt. Wir kamen aus der gleichen Gegend in Ostanatolien. Ugur war der Ältere. Auch sie kamen aus armen Verhältnissen. Tolga hatte sich schon als Fünfjähriger ein Zubrot verdient, indem er in Erzincan, seinem Heimatort, die Zigarettenstummel von den Straßen auflas, welche die Soldaten auf ihren Konvois durch die Dörfer achtlos weggeschnippt hatten. Er bröselte sie auf und verkaufte den Resttabak.

Ugur und Tolga waren sehr talentiert. Ugur hatte Fachabitur, Tolga einen Berufsschulabschluss. Sie waren wie Brüder für mich, vor allem Tolga. Mit ihnen habe ich die Organisation aufgebaut. Sie waren meine Partner, und wir waren auf dem Höhepunkt unserer Karriere in der Parallelwelt der Gangster. Wir hatten über die Jahre Millionenumsätze gemacht. Ich verdiente jeden Monat 100 000 bis 150 000 Mark. Steuern? Kannten wir nicht. Wir waren große Nummern im Warentermingeschäft, da werden keine Steuern gezahlt.

In diesem Geschäft gründeten sich ständig neue Firmen und andere schlossen wieder. Viele wollten mit uns Geschäfte machen. Wir waren die Macher im Hintergrund. Wir wussten, wie Geld zu machen war. Wir arbeiteten auf eigene Rechnung, und niemand konnte uns zu nahe kommen. Wenn es jemand versuchte, ließen wir ihn wissen, dass wir unantastbar waren. Weil wir zur großen türkischen Gangsterorganisation des Paten von Hamburg gehörten, der auch aus unserer Gegend stammte und mit dem ich so gut befreundet war, dass ich nicht mal nach oben hin etwas abgeben musste. Wir unterstützten ihn, er unterstützte uns. Und ich war sein Kronprinz.

Es war die Zeit, in der die türkische Gangsterorganisation auf dem Höhepunkt ihrer Macht war. Sie kontrollierte die ganze Stadt. Sie hatten den Krieg gegen die deutschen Kiezgrößen gewonnen, und die Albaner, deren Paten ich auch gut kannte, hatten sich mit den Türken, und das heißt mit M., arrangiert. M. war der Pate. Viele wollten mit ihm befreundet sein, ebenso wie mit uns. Ich sollte die Organisation einmal mitführen. Wir hatten alles. Jeder von uns fuhr einen Porsche. Wir hatten die schönsten Frauen, wir gingen jeden Tag in Clubs und Restaurants, wir trugen goldene Uhren und ließen mal eben 50 000 Mark im Casino, ohne dass es uns gekratzt hätte.

Wie hätte man zu all dem Nein sagen können?

Jetzt hatten uns das LKA und die Hamburger Justiz auch noch geadelt. Wir waren ganz oben. Wir waren schlauer als Polizei und Justiz. Dachten wir. Wir waren noch lange nicht am Ende.

Wir fingen gerade erst an, dachten wir.

Ich kam nach Lokstedt, und es war Krieg

Ich hatte Glück. Rummenigge mochte mich. Er sagte zu mir: Du und deine Familie, ihr steht jetzt unter meinem persönlichen Schutz. Türke, du gehörst zu uns. Ich war vierzehn Jahre alt, und dieser deutsche Jugendliche hat mir vielleicht das Leben gerettet.

Im Jahr 1977 zogen wir in eine neue Wohnung in einer Hochhaussiedlung in Hamburg-Lokstedt, das gehört zu Eimsbüttel. Es war eine 3-Zimmer-Wohnung in der ersten Etage. Darin teilte ich mir ein Zimmer mit meinen beiden jüngeren Brüdern. Der mittlere Bruder war vier Jahre alt und der kleine gerade geboren. Ich war sieben Jahre alt, und diese Siedlung war eine ganze Welt. Die zwölfstöckigen Häuser kamen mir damals wie Wolkenkratzer vor. In dieser neuen Welt sollte ich bleiben, bis ich 16 Jahre alt war.

Gleich am ersten Tag, als wir uns in der neuen Umgebung umsahen, traf ich auf Roby und Gerrit, zwei deutsche Jungs, mit denen ich mich auf Anhieb gut verstand. Sie waren wie wir ebenfalls gerade zugezogen, Roby war so alt wie ich und Gerrit etwa ein Jahr jünger. Sie stellten mich ihren Eltern vor und ich erlebte, wie schön es sich in intakten Familien leben lässt. Ich übernachtete oft bei den Jungs oder aß mit ihnen. Das war so etwas wie ein familiäres Kontrastprogramm zu meinem eigenen, recht armseligen Familienleben.

Als wir in die Siedlung zogen, konnten Roby und Gerrit das Wort »Cem« nicht aussprechen. Sie sagten immer »Sem«. Ich sagte ihnen, nennt mich doch »Sam«. Diesen Namen kannte ich aus den Western, da hieß immer einer Sam. Mein zweiter Vorname ist »Kalender«, so hießen meine Großväter. Klingt im

Deutschen auch nicht gut. Also Sam. Der Name ist mir geblieben, bis heute.

Man mag es heute kaum noch glauben, aber in dieser Hochhaussiedlung lebte damals der deutsche Mittelstand. Es war ein soziales Projekt der Hamburger SPD, 1976 gebaut, und es galt als modern, dort zu wohnen, wo die Toiletten nicht wie in den meisten Eimsbütteler Altbauten im Treppenhaus lagen und samstags der Badeofen noch mit Briketts angeheizt werden musste. Das Viertel war kein sozialer Brennpunkt oder gar der Slum, der es heute ist. In den Wohnungen wohnten Arbeiter, Angestellte oder Beamte mit ihren Familien. In der ganzen Siedlung lebte nur eine einzige türkische Familie, im ersten Stock des Hauses Lenzweg 18.

Das waren wir.

Damals waren die Gebäude lila und blau. Heute ist die Lenzsiedlung weiß gestrichen. Der deutsche Mittelstand ist längst weggezogen, von ihm sind nur ein paar Hartz-VI-Empfänger übrig geblieben. Es wohnen fast ausschließlich Ausländer dort.

In der Mitte der Anlage gab es einen richtig tollen Abenteuerspielplatz, mit Holzhäusern und Rutschen. Der ist später durch ein neues Haus ersetzt worden. Damals waren wir froh über die Wohnung, heute weiß man, dass die Enge dieser Karnickelställe depressiv und krank macht. Wenn ich heute durch das Viertel gehe, höre ich, wie Flaschen auf dem Asphalt zerschellen, wie Kinder schreien. Ich sehe, wie sich Jungen schlagen und auch Mädchen. Dann bekomme ich eine Gänsehaut und Wut und denke daran, wie alles begann.

Früher war hier eine Tischtennisplatte, gleich unterhalb des Abenteuerspielplatzes. Dort stand ich einmal mit drei deutschen Freunden und wir quatschten. Thorsten, Blüchert und Quellmann. Plötzlich standen fünf oder sechs türkische Jungen neben uns. Wie aus heiterem Himmel. Und dann ging es los. Blüchert haben sie nicht angefasst, vielleicht, weil er keine Angst zeigte, aber Quellmann und Thorsten hatten richtig eins abgekriegt. Damals benutzten sie nur ihre Fäuste und noch keine Messer.

Quellmann lag am Boden, und dann war es vorbei. Eine reine Machtdemonstration.

Bei den Mülltonnen hat mich mal ein Pädophiler mitzuschleppen versucht. Die trieben sich hier oft herum und machten Jagd auf kleine Jungs. Ein türkischer Junge, dessen Familie kurz nach uns hier einzog, hat es nicht geschafft. Er wurde umgebracht von einem deutschen Serientäter. Ich kannte den Jungen aus dem Kindergarten. Die Wut ist da. Manchmal weiß ich gar nicht mehr, worauf.

Mein Vater vermied den Kontakt zu anderen türkischen Familien. Wir Kinder durften zu Hause nicht türkisch sprechen, das hatte er uns verboten. Auch wenn er in unserem Beisein mit Mutter sprach, vermied er es, die türkische Sprache zu verwenden. Sein größter Wunsch war es, uns alle in die deutsche Gesellschaft zu integrieren, vor allem uns Kinder. Wir spielten mit deutschen Kindern, wir sprachen zu Hause und in der Schule fast nur Deutsch.

Aber bereits in der ersten Klasse stellte sich rasch heraus, dass meine Deutschkenntnisse nicht ausreichten. Ich hatte das gebrochene Deutsch meiner Eltern übernommen, und die Lehrer überzeugten Vater, mich erst einmal in die Vorschule zu schicken. Ein Jahr darauf war ich in der Grundschule Vizilinstraße wieder der einzige türkische Junge, fand aber schnell Anschluss. Mein Freund Roby ging in die gleiche Klasse.

Natürlich war ich ein Exot. Meine Haare und Augen waren dunkel, meine Sprache nicht ganz richtig, die Klamotten minderwertig und der Haarschnitt scheiße, ein richtiger Topfschnitt. Ich merkte schnell, dass ich mich durchsetzen musste, wenn ich überhaupt ernst genommen werden wollte. Wer sich durchsetzen muss, der rauft. Als mich einmal ein dicker Junge auf dem Schulhof »Kümmeltürke« nannte und ins Gesicht boxte, rang ich ihn nieder. Danach hatte ich eine Weile Ruhe. Ich sage bewusst: Ringen. Denn ich schlug den Jungen nicht zurück ins Gesicht. Das konnte ich gar nicht. Noch nicht. Ich war eigentlich ein ziemlicher Schisser.

Wenn ich heute daran zurückdenke, möchte ich meine ersten Schuljahre fast als schön bezeichnen. Wirkliche Fremdenfeindlichkeit habe ich zu dieser Zeit nicht gekannt. In der Regel piesackten mich meine deutschen Mitschüler höchstens mit Kommentaren wie: Kommst du mit dem Fahrrad zur Schule oder mit dem Esel? Ist das da ein Krummsäbel in deiner Hose? Komisch fanden sie den Witz: Warum tragen türkische Männer so häufig einen Schnurrbart? Weil sie so aussehen wollen wie ihre Mutter. Eines Tages lag vor unserer Wohnungstür ein dicker Haufen Scheiße, menschlicher Kot. Aber Mama hat das gleich aufgewischt und wir redeten nicht weiter darüber, denn unsere Nachbarn waren ja allesamt prima, bis vielleicht auf eine Familie unter uns, die uns ihre Abneigung gegen Türken gelegentlich zeigte. Ich hatte keine Probleme mit meinen Spielgefährten.

Ganz im Gegenteil. Mein Freundeskreis war groß. Ich spielte Fußball, zusammen mit Roby bei Grün-Weiß Eimsbüttel. Ich hätte auch gern Eishockey gespielt, so wie Gerrit, aber dafür fehlte meinen Eltern das Geld, und im Fußball zeigte ich einiges Talent. Ich wurde so etwas wie ein kleiner Star in der Mannschaft, der Liebling aller Eltern, und das Kicken war meine große Leidenschaft. Mit der Mannschaft machten wir Ausflüge, besuchten Trainingscamps, wir feierten zusammen Weihnachtsfeiern und Geburtstage, und ich sah zu, dass ich so oft wie möglich so spät wie möglich nach Hause kam, weil sich meine Eltern ständig stritten.

Die Nachmittage verbrachte ich ohnehin im Kindertagesheim unmittelbar neben der Schule. Dort arbeitete meine Mutter, und es bot sich also manchmal die Gelegenheit, mit ihr zu sprechen, ohne dass Vater dabei zuhörte. Mutter arbeitete in der Küche. Die Arbeit fiel ihr schwer. Und je älter ich wurde, desto häufiger hörte ich die Sticheleien der übrigen Küchenarbeiter. Sie wurde herumkommandiert. Sie musste alle Drecksarbeiten machen. Soll das doch die Türkin machen. Das habe ich verstanden. Aber damals verstand ich noch nicht, was da wirklich vorging. Meine Mutter sprach nicht darüber. Erst als ich mit 16 das Buch ›Ganz unten‹ von Günter Wallraff las, wusste ich, was sie durchgemacht hatte.

Meine Noten in der Grundschule waren befriedigend bis gut. Ich sei aufgeweckt und durchaus in der Lage, die Realschule zu besuchen, stand am Ende in meinem Zeugnis. Nur einen Makel gab es in jedem dieser Urteile zu lesen: Ich sei »renitent«. Meine Lehrerin, eine nette, ältere Dame, schrieb, dass ich meine »physische Überlegenheit« in der Klasse dazu nutzen würde, anderen Kindern meinen Willen aufzudrängen. Das war insofern merkwürdig, als ich auch am Ende der vierten Klasse noch zu den Dünnsten und Kleinsten gehörte und es die alte Dame ja nicht mitbekommen hatte, wenn mich ein Schüler Kümmeltürke nannte. Das ist kein Grund renitent zu werden, aber irgendwie hatte ich geahnt, dass diese Worte nichts Gutes bedeuten konnten. Ich hatte nie Streit angefangen. Ich war allerdings auch nie zu der netten alten Dame gelaufen, um mich zu beschweren.

So vergingen die Jahre recht unbeschwert. Wir lebten in kalkulierter Armut. Das Essen zu Hause war eintönig und schlecht. Fleisch machte Mutter nur selten. Wir aßen hauptsächlich Türlü, eine Art Ratatouille, ein Gemüseeintopf in allen Variationen. Türlü ohne Ende. Dazu Reis. Ohne Hühnchen. Ich erinnere mich, dass Vater immer dann ein Hähnchen kaufte, tiefgefroren zu zweifünfzig, wenn wir Besuch bekamen. Ein Hähnchen für acht Personen. Es gab keinen Aufschnitt wie zu einem klassischen deutschen Abendbrot, und wir freuten uns die ganze Woche auf Sonntag. Da gab's Brötchen und Eier.

Vater hatte Geld, aber er sparte alles. Ich freute mich auch, wenn ich bei meiner Tante zu Besuch sein konnte, denn da gab es reichlich. Zwei Hähnchen. Geld für McDonald's hatten wir ohnehin nicht. An Mutter lag das wirklich nicht. Sie tat alles, um uns proper und sauber zu halten. Jeden Tag wusch sie unsere Klamotten. Aber im Obst, das sie ständig auftischte, waren faule Stellen, weil sie es so billiger bekommen hatte.

»Papa, das Obst ist schlecht, das will ich nicht essen«, mäkelte ich einmal.

»Dann schneide die schlechte Stelle weg«, kommentierte mein Vater ungerührt. Ihm schienen die Matschaugen nichts auszumachen.

Das Badewasser teilten wir drei Jungs uns, immer schön der Reihe nach. Dann stieg Vater in die Brühe hinein. Unsere Klamotten besorgte er von seinem Schwager. Sobald dessen Söhne aus ihren Hosen, Hemden und Pullis herausgewachsen waren, beerbten wir unsere älteren Cousins. Vater achtete sehr aufs Geld. Immer wieder sagte er beim Abendessen mit stoischer Miene:

»Wir werden bald in die Türkei zurückgeschickt. Es ist wichtig, dass wir Geld sparen.«

Das leuchtete uns allen ein. Papa war ja Gastarbeiter.

Das bedeutete, dass er seine und damit auch unsere Aufenthaltsgenehmigungen immer wieder verlängern musste. Wäre er arbeitslos geworden, hätte man uns leicht abschieben können. Ich glaube, unsere Eltern standen unter einem gewaltigen Druck. Sie lebten in der ständigen Angst, sie könnten von einem Tag auf den anderen zurückgeschickt werden. Es konnte jederzeit ein neues Gesetz erlassen werden und alle mussten raus. Es gab genügend Beispiele, wie dieser Druck entstand. Ein Vorarbeiter meines Großvaters sagte einmal, wenn du nicht kuschst, entlassen wir dich und du hast das Land zu verlassen. Der Druck war real. Deshalb sparten sie Geld, an allen Ecken und Enden. Damit sie in der Türkei nicht hungern mussten. Lieber hungerten sie hier.

Das bedeutete aber leider auch, dass wir kein Taschengeld bekamen. Taschengeld kannte ich nur von Roby und Gerrit, bei denen ich mich so gern und so oft aufhielt. Sie hatten immer gut und reichlich zu essen. Ihre Eltern machten Ausflüge, zu Hagenbeck's Tierpark oder nach Soltau, etwa zweimal im Jahr. Sie nahmen mich gern auf ihre Ausflüge mit, vielleicht auch, weil sie meine Eltern kannten und wussten, wie knapp uns Vater hielt. Umso schöner waren die Wochenenden, die ich bei Roby verbringen durfte. Genau genommen das Paradies.

Die Deutschen lebten also im Paradies. Dort wollte ich auch

hin. Ich kann sagen, dass ich, hätte ich das Wort damals schon gekannt, so ziemlich alles für meine Integration getan hätte. Ich war jedenfalls auf dem Weg dorthin. Roby, seine Eltern, ihre Küche und die Welt waren irgendwie in Ordnung – bis sich Anfang der 80er-Jahre die Wohnverhältnisse in unserem Viertel plötzlich veränderten.

Alles veränderte sich, schlagartig.

Da gab es diesen Witz: Mehmet kommt nach seinem ersten Schultag in der ersten Klasse nach Hause und sagt: Ane, das heißt Mutter, die deutschen Kinder in Klasse können nicht zählen bis zehn. Aber ich kann schon zählen bis hundert. Warum ist das so?

Die Mutter streicht ihm zärtlich über den Kopf.

Mehmet – weil du bist mein Sohn und weil du bist Türke!

Am nächsten Tag kommt er wieder nach Hause und fragt seine Mutter: Ane, die deutschen Kinder können nicht sagen das ABC. Aber ich kann schon ABC. Warum ist das so?

Mehmet – weil du bist mein Sohn und weil du bist Türke!

Nach einer Woche war Mehmet zum ersten Mal im Schwimmunterricht. Völlig verstört kommt er nach Hause und fragt seine Mutter: Ane, waren wir heute schwimmen. In Umkleide habe ich gesehen: Haben sie alle so kleine Pipi, aber ich habe so große Ding! Warum ist das so?

Mehmet – weil du bist mein Sohn, weil du bist Türke und weil du bist schon 16!

Ja, warum war das so?

Weil die Eltern die Geburtsurkunden ihrer nachgezogenen Kinder in der Türkei manipuliert hatten. Ich habe in der Eimsbütteler C-Jugend gegen türkische Kinder von St. Pauli Fußball gespielt, die hatten einen kräftigen Schnauzer. Das Gesetz der Zuwanderung der Kinder türkischer Gastarbeiter, das 1973 in Kraft trat, sah vor, dass nur Kinder bis zu 14 Jahren in die Bundesrepublik nachgeholt werden durften. In der alten Heimat war es aber kein Problem, den Kindern und Jugendlichen – gegen kleines Geld – neue Pässe und Geburtsurkunden ausstellen zu lassen, einmal ganz abgesehen davon, dass auf diesem Wege auch so manche Kinder zu Eltern nach Deutschland gelangten, die gar nicht ihre Eltern waren. Gegen etwas größeres Geld, natürlich. Und Kinder bis 14 Jahre, die frisch aus der Türkei kamen und kein einziges Wort Deutsch sprachen, wurden nun mal folgerichtig in die erste Klasse oder in die Sonderschule eingestuft.

Die Ablehnung gegenüber diesen nachgezogenen türkischen Kindern und Jugendlichen bekam ich jetzt zu spüren. Nach der Grundschule wechselte ich auf das konservative Hartsprung-Gymnasium in Lokstedt. Dort war ich der einzige Türke. Oft musste ich mir Beleidigungen von den Mitschülern anhören. Scheiß-Türke, dummer Kanake. Wenn ich mich wehrte, lästerten sie: Typisch Türke. Der muss immer gleich aggressiv werden. Und dann holten sie einen älteren und kräftigen Schüler, der den kleinen Kümmeltürken verprügelte.

Es waren nicht nur die Jungs. Sogar Mädchen griffen mich an. Ich erinnere mich besonders an zwei hübsche Mädchen aus gutem Hause, wie es hieß. Sie waren sehr beliebt bei den Jungen. In den Pausen hörte ich, wie sie mit anderen Mädchen und einigen Jungen zusammenstanden und über Türken herzogen. Das hörte sich so an:

»Die armen Prostituierten, jetzt müssen sie mit stinkenden, dreckigen Türken Sex haben.«

Die Jungen lachten. Die Mädchen kicherten. Und alle sahen mich angewidert an. Die deutschen Jugendlichen waren jedoch nicht die Einzigen, die auf mich als Türken hinabsahen – die anderen ausländischen Jugendlichen taten es ebenso.

Wer erzieht seine Kinder so? Was hatte ich ihnen getan? Ich war ruhig und bescheiden und wollte keinen Ärger. Aber sie quälten mich. Die Schule war mir verhasst. Ich wäre am liebsten weggelaufen.

Eines Tages musste ich ins Sekretariat. Ich sollte einen Fragebogen wegen einer Impfung ausfüllen. Dabei schrieb ich ein deutsches Wort falsch. »Du kannst ja nicht mal richtig deutsch schreiben«, sagte die Sekretärin. »Wer hat dich bloß auf diese Schule gelassen? Ich glaube nicht, dass du überhaupt die Beobachtungsstufe schaffen wirst. Du hast hier nichts zu suchen.«

Heute glaube ich, dass wir keine Tradition haben, die es uns erlaubt, schwach zu sein. Uns einzugestehen, dass wir auch Opfer sein können. Nein, wir müssen den Spieß umdrehen, das ist der einzige Ausweg. Wir können nicht zu unseren Vätern gehen und sagen: Papa, ich werde in der Schule gehänselt. Ich werde beschimpft, und das macht mich traurig, es macht mir Angst. Wir können das auch nicht unseren Müttern sagen. Wir haben eine Tradition, in der sehr viele Familienmitglieder auf engem Raum ständig aufeinanderhocken und miteinander auskommen müssen. Dabei lernen wir, unsere Bedürfnisse und Gefühle für uns zu behalten.

Mit Mühe wurde ich versetzt, auch weil mein Vater mit mir Diktate geübt hatte. Nach zwei Jahren wechselte ich auf das Gymnasium in Eimsbüttel. Ein Lehrer hatte mir diese Schule empfohlen. Dort gehe es liberaler zu, sagte er. Das Hartsprung-Gymnasium ist heute übrigens das Lycée Français in Hamburg. Es gehen dort fast nur Kinder von Ausländern zur Schule.

Viele Familien zogen weg aus unserem Viertel. Stattdessen zogen deutsche Sozialhilfeempfänger zu. Zuerst verkam der Rasen in der Lenzsiedlung, dann lag eine Menge Müll darauf herum, den niemand mehr wegräumte. Meine Eltern sprachen von Einbrüchen, und auch Robys Eltern redeten abends von Diebstahl und Körperverletzung. Die Spielplätze wurden zu Drogenumschlagplätzen. Zuerst Haschisch, dann Heroin. Und dann kamen die Gangs.

Es waren Türkengangs aus Eimsbüttel, die durch unsere Siedlung zogen. Diese Gangs, das lernte ich schnell, bestanden zumeist aus nachgezogenen türkischen Jugendlichen, die nicht wie wir in Deutschland geboren oder aufgewachsen waren, sondern in irgendwelchen armen Regionen der Türkei. Und sie waren unglaublich brutal.

Sie schlugen auf alles ein, was irgendwie deutsch aussah. Ich höre noch heute den Warnschrei in meinem Viertel: Die Champs kommen – und alle sind weggerannt. Die Champs, das war eine Gang von 50 bis 100 türkischen Jugendlichen. Sie kamen aus St. Pauli, aus Eimsbüttel, aus Altona. Wir mussten fürchten, dass sie auch auf uns einschlagen würden, weil wir in einem deutschen Viertel wohnten und von ihnen nicht als Türken erkannt wurden.

Ich kannte gar keine Türken. Ich kannte meine Cousinen und Cousins, ihre Väter und Mütter, die wir manchmal besuchten, und sie wohnten alle weit entfernt. Ich kannte nur deutsche Kinder, und dann hörte ich diesen Schrei.

»Die Türken kommen!«

Es gab in unserer Siedlung nur wenige Ein- und Ausgänge. Sie kamen durch die Unterführung am südlichen Ende, dort, wo der Supermarkt war. Es gab keine Fluchtmöglichkeiten. Wenn die Türken kamen, konnten sich alle nur noch in die Hauseingänge retten. Aber sie verfolgten ihre Opfer sogar bis in die Treppenhäuser. Es waren regelrechte Überfälle. Rollkommandos. Jeden, den sie erwischten, schlugen sie zusammen.

Es gab auch die Willhelmsburger Türkenboys, die Black Panthers und einige kleinere Gruppen. Sie schlugen mit Knüppeln zu, trugen Messer, und sie führten in Hamburg das Kantsteintreten ein – falls das nicht doch die Skinheads gewesen waren.

Das war eine Praxis, bei der ein wehrloser Junge von der gesamten Gang gezwungen wurde, sich flach auf den Boden zu legen, auf den Bauch. Er musste den Mund öffnen und die Lippen auf den Bordstein legen, so dass die Zähne des Oberkiefers auf dem Kantstein lagen, als wolle er hineinbeißen. Tat er das nicht, drohte die Gang, ihn umzubringen. Dann trat der Anführer zu. Auf den Hinterkopf, sodass die Schneidezähne am Kantstein brachen.

Die Türkengangs suchten keinen Streit. Sie brauchten überhaupt keinen Anlass. Sie gingen gezielt auf Partys, auf Schulfeste und Rummelplätze und schlugen wahllos auf Deutsche ein.

Plötzlich schämte ich mich, ein Türke zu sein. Ich wollte sogar nicht mehr mit meinen Eltern gesehen werden, ob auf dem Fußballplatz oder im Supermarkt.

Ich wunderte mich nicht, dass sich die Stimmung in der Lenzsiedlung, in der wir einmal die erste türkische Familie gewesen waren, ziemlich veränderte. Die Menschen wurden fremdenfeindlich, ja speziell türkenfeindlich.

Jeder sagte: Türken raus. Auch Robys Mutter.

Der Hass beschränkte sich nicht auf uns Kinder und Jugendliche. Als ich mit meinem Vater im Supermarkt am Ende der Lenzsiedlung die Regalgänge durchstreifte, hörte ich, wie ein deutscher Jugendlicher mit seinen Freunden meinen Vater beschimpfte. Scheiß-Kanake, einfach ohne Grund. Komm, Kanake, ich hau dir ein paar in die Fresse. Vater wollte reagieren, aber ich hielt ihn am Arm fest. Ich kannte den Typen. Der war ein Türkenhasser von der schlimmsten Sorte. Ich beschwichtigte Vater, er solle nicht darauf eingehen. Ich glaube, das war für ihn sehr beschämend.

Je mehr die Türkengangs randalierten, desto türkenfeindlicher wurde die Stimmung in der Siedlung. Selbst Stefan, ein älterer deutscher Freund, mit dem mich jahrelang ein gutes Verhältnis verband, gab mir ohne Grund plötzlich eine Ohrfeige, einfach so.

»Weil du Türke bist!«, sagte er.

Ich bekam es mit der Angst zu tun. Ich hatte Angst, dass auch meine jüngeren Brüder Opfer einer marodisierenden Türkengang oder einer der sich zu regelrechten Wehrsportgruppen formierenden deutschen Kontrabanden werden würden. Stefan geriet später mit einer der Gangs in einen Streit. Sie wollten seine Jacke, und er wollte sie natürlich nicht hergeben. Am Ende steckte ein Schraubenzieher in seinem Kopf.

Die türkischen Jugendlichen wollten auch mich zusammenschlagen. In ihren Augen war ich ein Verräter, ein Deutscher. Mehrmals setzten sich ältere Jugendliche für mich ein, Türken wie Deutsche, um mich herauszuhauen. Was war das für eine schreckliche Situation: Ich wusste nicht mehr, wem ich vertrauen konnte und wem nicht, wohin ich gehörte und wer mich hasste. Und draußen vor unserer Tür war Krieg, jeden Tag.

Denn jetzt rotteten sich die älteren deutschen Jungen ebenfalls zu Gangs zusammen und begannen, Jagd auf Türken zu machen. Unsere einst so friedliche Siedlung mutierte zum Kriegsschauplatz. Es war nur noch eine Frage der Zeit, bis ich oder meine Brüder Opfer einer dieser Schlachten wurden.

Aber ich hatte Glück. Rummenigge mochte mich.

Ich war mit Roby auf dem Abenteuerspielplatz, ich saß auf der Schaukel. Roby hing an der Stange und schwang gelangweilt hin und her. Ich war 14 Jahre alt. Ein älterer türkischer Junge kam auf uns zu. Sein Name war Cihan. Wir kannten ihn nur flüchtig. Er machte immer auf dicke Hose, Bomberjacke und Boxerstiefel, Goldkette und lange Haare. Aber ab und zu hing Cihan mit uns ab. Fast im gleichen Moment tauchten aus der entgegengesetzten Richtung ein paar deutsche Jugendliche auf. Sie liefen direkt auf uns zu. Keine Zeit mehr, sich in die Häuser zu flüchten. Ich machte mir vor Angst fast in die Hose.

Ihr Anführer war ein großer, kräftiger Typ mit blonden Haaren. Ich hatte ihn schon einmal gesehen, auf dem Rummelplatz. Er sah aus wie der Fußballstar Karl-Heinz Rummenigge. Ein paar Meter von uns entfernt blieben sie auf einmal stehen.

Der Blonde rief mir zu: »Ey, du, komm mal her.«

Ich stand auf und ging auf ihn zu. Cihan setzte sich ebenfalls in Bewegung und wollte mich begleiten.

Der Typ raunte Cihan zu: »Hab ich gesagt, dass du kommen sollst, Kanake?«

»Willst du mich anmachen, oder was?«, reagierte Cihan.

Rummenigge wurde wütend.

»Alter, werd nicht frech!«

Cihan schien wenig beeindruckt. Er fragte: »Weißt du überhaupt, wer ich bin? Ich hole meine älteren Brüder.«

Rummenigge ging ganz langsam auf ihn zu und sah ihm in die Augen.

»Du kriegst gleich ein paar auf die Fresse, Kanake.«

Plötzlich drehte sich Cihan um und rannte weg. Er rannte, bis wir ihn alle aus den Augen verloren.

Jetzt stand ich alleine mit Roby da. Rummenigge wandte den Kopf zu mir.

»Du bist doch Türke? Man nennt dich Sam, nicht wahr?«, fragte er mich.

Das war eine ziemlich beknackte Spielplatzsituation. Rummenigge stand gerade eine Armlänge von mir entfernt, er war gut und gern zwei Köpfe größer als ich, ein Berg von Muskeln. Ich wollte lügen. Wer? Sam? Türke? Kenn ich nicht. Ich versuchte, meine Angst zu verbergen.

Plötzlich schwang sein Oberkörper einen Moment zur Seite und sein rechter Arm schnellte auf mich zu. Er traf mich an der Schulter. Aber es war kein Schlag gewesen.

Vielmehr ein Klaps.

»Mach dir keine Sorgen, Sam, ich hab von dir gehört. Du bist ein guter Junge. Du gehörst zu uns, Türke«, sagte Rummenigge und haute mir wieder auf die Schulter.

Ich war völlig baff.

Aus einer solchen Situation kam man normalerweise nicht ungeschoren heraus. Ich hatte mit allem gerechnet, nur damit nicht. Ich war noch einen Moment lang benommen, dann kramte ich nach einer passenden Antwort.

»Du müsstest doch Türken eigentlich hassen«, sagte ich, »so oft, wie du Stress mit ihnen hast ...«

Rummenigge schüttelte den Kopf.

»Ich mag keine Kanaken wie den eben.«

Er zeigte in die Richtung, in die Cihan verschwunden war.

»Kanaken, die den Dicken machen.«

Ich erinnerte mich daran, wie ich Rummenigge zum ersten Mal auf dem Rummelplatz gesehen hatte. Er stand alleine am Autoscooter, und ein sehr kräftiger Türke hatte ihn zum Armdrücken herausgefordert. Der große Blonde hatte gewonnen. Aber danach forderten ihn der Türke und seine Entourage heraus. Es kam zur Rangelei, sie schlugen auf ihn ein, und Rummenigge rannte irgendwann davon. Ich hatte die Szene aus einiger Entfernung beobachtet, und ich empfand das Verhalten der Türken als feige.

Das sagte ich Rummenigge.

»Ja, wir haben nonstop Stress mit Türken. Ich hasse die, die Stress machen, aber nicht alle. Ich wollte dir sagen, dass du einer von uns bist und dir und deinen Brüdern nichts passieren wird. Deine Familie steht jetzt unter meinem Schutz.«

Das sagte er so, zu dieser Zeit schon, ihr steht jetzt unter meinem Schutz. Als wäre er ein Mafioso.

Er lächelte. Darauf verschwand er, mit seiner Gang.

Rummenigge hielt Wort. Meine Brüder und ich wurden nicht angegriffen. Zumindest nicht von deutschen Jugendlichen. Klar, ein, zwei machten uns manchmal noch an oder provozierten uns. Aber sie trauten sich nicht mehr näher heran.

Ich habe von Rummenigge einiges gelernt. Ich weiß nicht, was aus ihm geworden ist, aber ich denke öfter an ihn. Mein Beschützer hat einen festen Platz in meinem Herzen. Denn ich habe gelernt, dass man trotz schlechter Erfahrungen unterscheiden kann. Dass man so etwas wie Charakter behalten kann. Das ist nicht leicht in Kriegszeiten. Ich habe noch viele schlechte Erfahrungen mit Deutschen gesammelt, aber ich schere nicht alle über einen Kamm.

Meine Mutter wurde einmal von Arabern überfallen und ausgeraubt. Und ich hasse nicht alle Araber.

Das habe ich von Rummenigge gelernt.

Der liebe Herr Wulf wird zum bösen Wolf

Die Türken wollten ja immer zurück. Dann sagte die deutsche Wirtschaft: Die sind doch so gut, die sind so fleißig, die müssen bleiben. Um die tollen Wachstumszahlen nicht zu gefährden, behielt man sie nicht nur im Land, man holte noch mehr und noch billigere Arbeiter aus der Türkei. Und der Preis, den die Gesellschaft heute für den Wohlstand von damals bezahlt, ist nackte Gewalt.

Ich will das erklären.

Die ersten türkischen Gastarbeiter waren noch Fachkräfte, oder sie wurden dazu ausgebildet. Mein Vater war Dorfschullehrer ohne Studium, und Siemens machte ihn zum Elektriker. Irgendwann reichten aber selbst diese Arbeitskräfte nicht aus. Die Türken, die später kamen, wurden nur noch für die Drecksarbeit geholt. Die meisten stammten aus dem tiefsten Anatolien, und sie wurden nicht mehr ausgebildet. Als sie ihre Kinder im Rahmen der neuen Gesetze nach vielen Jahren der Trennung zu sich nach Deutschland holten, waren diese Eltern ihren Kindern fremd geworden und die deutsche Gesellschaft war überfordert, weil sie nicht wusste, was sie mit diesen Kindern anfangen sollte.

Es sind – in der Mehrzahl – die nachgezogenen männlichen Kinder und Jugendlichen, die gewalttätig wurden. Das war zu Beginn der 80er-Jahre. Selbst die Eltern dieser nachgezogenen Jugendlichen verstanden ihre Kinder nicht mehr. Diese Eltern waren einfache Menschen, und sie waren froh, dass sie der Armut und der Kindersterblichkeit ihrer Dörfer entkommen waren. Sie wollten keinen Ärger. Sie machten jeden noch so schäbigen Job für wenig Geld und waren dankbar dafür.

Irgendwann haben diese Eltern versucht, ihre wilden Söhne zu zähmen. Sie holten junge Mädchen aus der Türkei und verheirateten sie mit ihnen. Nicht ganz freiwillig, für beide. Dann wurden viele dieser jungen Männer tatsächlich ruhiger. Aber ihre Deutschfeindlichkeit blieb, und sie gaben sie an ihre Kinder weiter. Auch die Rachegelüste der Deutschen, die einmal von Türken verprügelt wurden, der Skins und vieler anderer Gruppen, die sich in dieser Zeit formiert hatten, sind geblieben.

Es gab die deutsche Rockband »Böhse Onkelz«, eine in den frühen 80er-Jahren als rechtsradikal verschriene Gruppe. Die Band existierte von 1980 bis zu ihrer Auflösung 2005. Sie war beileibe nicht seit ihrer Gründung rechtsradikal ausgerichtet. Ich habe in einem Interview mit den Bandmitgliedern gelesen, sie seien früher einmal »links orientiert« gewesen. Ihren Sinneswandel begründeten sie damit, dass sie in ihrer Gegend in Köln permanent von Türkengangs verprügelt worden seien. Ich halte diese Spacken nach wie vor für gefährlich, aber das glaube ich ihnen.

Es gibt sicher viele dieser Beispiele. Die nachgezogenen Türken schlugen jeden zusammen, egal ob die Opfer rechts, links, liberal, homosexuell oder was auch immer waren. Hauptsache, es waren Deutsche. Und die Deutschen jagten plötzlich die Türken. Es war die Zeit des Zurückzahlens.

In diese Zeit fiel meine Jugend.

Die Kinder der Nachgezogenen sind heute selbst Jugendliche, und jetzt bezahlt die Gesellschaft den Preis dafür, dass sie die damals Nachgezogenen nicht integriert hat. Wir erleben einen Rückschritt: Die Kinder der Nachgezogenen sind die Angeschissenen. Sie haben den Hass ihrer Väter im Bauch und die Verlockungen einer immer noch reichen Gesellschaft vor Augen.

Demgegenüber steht nur ein Vakuum. Denn meine Generation, jene Türken, die hier geboren wurden oder als Kleinkinder nach Deutschland kamen, ist praktisch noch kinderlos. Wir sind doch so weit integriert, dass wir erst jetzt, Ende 30 und Anfang 40, Kinder bekommen. Unsere, die zweite Generation wollte Karriere machen, etwas aufbauen. Da sind Kinder nicht immer förderlich.

Meine Cousinen, meine Cousins, viele meiner Freunde haben jetzt ganz kleine Kinder. Der Regisseur Fatih Akin ist gerade Vater geworden. Die Nachgezogenen haben aber schon mit Anfang 20 geheiratet und Kinder bekommen. Und diese Kinder sprechen plötzlich wieder schlechtes Deutsch, obwohl sie hier geboren sind. Das ist das Paradox. Diese Kinder machen denselben Mist wie ihre Väter. Wir haben wieder die Verhältnisse der frühen 80er-Jahre. Nur dass nun auch noch die türkischen Mädchen gewalttätig werden.

Spiridon und Serkan, die beiden Jugendlichen, haben einen alten Mann in der Münchner U-Bahn halb tot geschlagen. Spiridon ist Grieche. Serkan ist Türke. Beide waren zum Zeitpunkt ihrer Tat 17 und 18 Jahre alt gewesen. Serkan ist der Sohn eines 45-jährigen türkischen Mannes, eines Nachgezogenen. Serkans Vater war gewalttätig, alkoholsüchtig und ist abgeschoben worden. Sein Sohn macht, was er von seinem Vater gelernt hat.

Der Fall Serkan und Spiridon zeigt ein weiteres Paradox: Waren Türken und Griechen nicht immer Feinde? Warum gehen ihre Söhne plötzlich gemeinsam auf Dritte, auf Deutsche, auf einen alten Mann los? Weil sie hier im selben Boot sitzen. Weil sie gemeinsam ihr Heil in der Gewalt suchen.

Viele Jugendliche wandern heute wieder in die Kriminalität ab, weil da einfach Geld zu verdienen ist. Sie wollen ihre Miete zahlen und auch ein schönes Mädchen haben. Wenn du nichts hast, kriegst du kein Mädchen. Aber wenn du einen BMW fährst, dann kriegst du die Mädels. So denken sie. Wir müssen ihre Bedürfnisse verstehen, denn damit stehen sie nicht allein. Die deutsche Gesellschaft hat sich verändert. Es zählen immer mehr die Statussymbole. Und die Jugendlichen sagen sich: Ey, die Zumwinkels! Oder die Siemens- und VW-Vorstände, die Bänker, die doch mit dem goldenen Löffel im Mund geboren wurden. Wenn die schon Scheiße bauen, was wollt ihr dann von mir? Sie sind ja nicht dumm. Sie stellen sich die Frage, warum Jugendliche, die Gras und Koks dealen, weil sie sowieso die Arschkarte gezogen haben, ein größeres Verbrechen begehen als die deutsche Elite, die zum Bumsen nach Brasilien fliegt und sich italienische Schlösser kauft, weil sie den Hals nicht voll kriegen kann.

Wenn wir heute von jugendlichen Deutschtürken reden, sprechen wir immer von der dritten Generation. Ich glaube aber, dass wir mit diesem Begriff nicht weiterkommen. Wie ich die Dinge sehe, gibt es bereits sechs Generationen von Türken in Deutschland. Ich betrachte diese Unterscheidung für das allgemeine Verständnis als sehr wichtig. Und weil man in Deutschland ja jeder Generation gern einen Namen gibt, will ich sie auch gleich benennen:

1. *Facharbeiter*. Leute, die in der Türkei bereits etwas gelernt hatten oder in Deutschland zu Facharbeitern ausgebildet wurden, wie mein Vater. Für diese Leute, die sich etwas aufgebaut haben, die sparten, Einzelhändler und Unternehmer wurden, steht vielleicht ein Mann in Deutschland ganz besonders: Vural Öger, der das äußerst erfolgreiche Reiseunternehmen Öger-Tours gegründet hat. Ich nenne diese Generation *Generation Öger-Tours*.
2. *Drecksarbeiter*. Das waren Arbeiter, die nur noch als Billigkräfte eingesetzt wurden, die aus rückständigen Dörfern in Anatolien kamen und die doch arbeitsame und strebsame Leute waren. Ihre Arbeitswelt hat Günter Wallraff beschrieben. Das ist die *Generation Ganz unten*.
3. *Kinder der Facharbeiter*, meine Generation der heute 25- bis 40-jährigen. Sie wurden zumeist in Deutschland geboren, haben Berufe erlernt, Abitur gemacht und studiert. Immerhin 20 000 dieser Generation sind laut ›Spiegel‹ Akademiker geworden. Ärzte, Rechtsanwälte, Politiker, Schauspieler. Es ist die *Generation Chance*.
4. *Kinder der Generation Ganz unten*. Sie sind zumeist nachgezogen und kamen oft erst mit 10, 15, 16 oder 17 Jahren nach Deutschland. Sie haben nicht selten keinen Schulabschluss, bekamen keine Jobs mehr und saßen kulturell von Anfang an

völlig zwischen den Stühlen. Viele wurden gewalttätig und kriminell. Ich möchte sie nach dem Buch des deutsch-türkischen Schriftstellers Feridun Zaimoglu die *Generation Kanak Attack* nennen.

5. *Kinder der Generation Kanak Attack*. Sie sind heute zwischen 15 und 25 Jahre alt. Allzu oft mit Sozialhilfe und Hartz IV aufgewachsen, sind 72 Prozent der deutsch-türkischen Jugendlichen nicht mehr ausreichend qualifiziert, haben die schlechtesten Noten der PISA-Studie und die höchsten Kriminalitäts- und Arbeitslosenzahlen. Ich nenne sie nach dem Film des kurdischen Regisseurs Züli Aladag *Generation Wut*.
6. *Kinder der Generation Chance*, also unsere geborenen und ungeborenen Kinder, und diese Generation würde ich gern noch mit einem Fragezeichen versehen: *Generation angekommen?*

Da sehe ich die Dinge doch positiv und freue mich mal über die *Generation Chance*. Also meine Generation, nach offizieller Lesart die zweite Generation. Viele dieser Generation haben es irgendwie geschafft – natürlich mit Ausnahme von mir. Mein Cousin, der Bauingenieur, meine Cousine, Mitglied des Berliner Abgeordnetenhauses (SPD). Aber was lese ich plötzlich im ›Spiegel‹?

Die wandern aus? Die hauen alle ab? Wieso das denn?

Laut ›Spiegel‹ will fast die Hälfte der qualifizierten Deutschtürken ins Ausland, weil sie hier immer seltener Jobs bekommen. Nicht wegen des Rassismus, sondern weil es überhaupt schwieriger geworden ist. Sie ziehen wieder mit ihren kinderlosen deutschen Altersgenossen und Uni-Kommilitonen gleich, die ebenso ins Ausland abwandern, weil sie dort bessere Jobs bekommen. Hinzu kommt, dass man vom Ausland aus das BAföG nicht zurückzahlen muss. Aber gut.

Und wer bleibt? Die *Generation Kanak Attack* und ihre Kinder. Sie geht nicht ins Ausland, weil sie gar nicht die Bildung dafür besitzt. Sie kehrt auch nicht zurück in die Türkei, weil sie dort fremd ist. Wenn die *Generation Chance* zu einem großen

Teil auswandert, nimmt sie ihre Kinder mit. Zurück bleibt also auch die *Generation Wut*. Und was bleibt der *Generation Wut*? Kriminalität und Religion.

Nein?

Wut minus Chance = Kriminalität und Fundamentalismus.

Einfache Gleichung, oder?

Als wir älter wurden, starben meine Freunde am Heroin. Die Kriminalität in der Lenzsiedlung stieg stetig an. Benny, ein richtiger Mädchenschwarm, ist an einer Überdosis verreckt. Mike Lentz, ein verdammt guter Fußballer, verfiel ebenso dem Heroin. Sogar Gerrit fing an mit den Drogen. Zuerst Haschisch und dann Heroin. Ging ratzfatz. Die Droge veränderte ihn völlig. Das war auch schlimm für mich, aber ich konnte ihm nicht helfen.

Ich habe zu dieser Zeit keinen Alkohol getrunken, nicht einmal eine Zigarette geraucht. Ich wollte Fußballer werden. Ich wollte von den Drogen nichts wissen. Ich wollte Abitur machen und Karriere. Und ich wusste, ich musste dafür mehr tun als andere.

Mein Ziel stand fest: Fußballstar. Nationalmannschaft, mindestens. Die deutsche Nationalmannschaft natürlich.

Wie fast alle Jungs habe auch ich mal eine Tafel Schokolade im Supermarkt geklaut. Einmal stahl ich im Freibad sogar ein Portemonnaie. Ich hatte ja nichts. Kein Taschengeld, keinen Pfennig für ein paar Kaugummis oder einen Comic. Als ich 14 Jahre alt wurde, war Schluss damit. Ich wollte absolut nichts Krummes mehr unternehmen, das meine Ziele hätte gefährden können. Zunächst das Abitur, danach die Fußballkarriere.

In unserer Siedlung ging der Krieg weiter. Das Viertel hätte es spielend mit den Verhältnissen im heutigen Wilhelmsburg oder Mümmelmannsberg aufnehmen können. Es wurde gedealt, geraubt, geklaut und sogar vergewaltigt. Und meine Freunde waren jetzt mit von der Partie. Roby und Gerrit waren inzwischen zu Experten in Sachen Autoradioklau geworden. Ich wollte dabei nicht mitmachen. Sie besuchten uns noch oft und ich besuchte sie und immer wieder fragten und hänselten sie mich. Nein. Ich wollte da nicht mitmachen, ich wollte kein krimineller Kanake werden. Ich schulterte meine Stollenschuhe und ging zum Training.

Hätte ich mitgemacht, wäre das auch noch mal was ganz anderes gewesen, das wusste ich schon damals. Wenn die Deutschen kriminell wurden, war das nicht so schlimm. Aber als Gastarbeiterkinder wurden wir anders beurteilt, selbst von deutschen Kriminellen. Das klingt absurd? So war es. Gerrit, der dealte, Roby, der Autos aufbrach – das war alles zu verschmerzen. Aber Türken, die das »Gastrecht« missbrauchten, waren der letzte Dreck. So ist es noch heute. Man regt sich besonders gern über deutsch-türkische Kriminelle auf. Ein deutscher Halbstarker gehört hinter Gitter, sagt der Stammtisch. Oder ins Boot Camp. Aber ein Türke? Raus. Der gehört ausgewiesen.

Als wären wir immer noch Gäste, nach fast 40 Jahren.

Nein, ich wollte ein richtiger Mustertürke sein, unbedingt und ohne Fehl und Tadel. Mit 18 Jahren würde ich die deutsche Staatsbürgerschaft annehmen, und dann wäre ich endlich ein richtiger Deutscher, bereit für das Paradies, das Roby und Gerrit verschmähten. Dafür war ich sogar bereit, meine Herkunft, Kultur, Religion und alles, was zum Türkentum irgend dazugehört, zu verleugnen.

Warum nur bin ich nicht ein Musterbeispiel gelungener Integration geworden?

Eine nette Nachbarin, mit der wir uns sehr gut verstanden, kam zu uns nach Hause und wollte sich ausgerechnet mit mir unterhalten. Auf einmal weinte sie. Sie erzählte mir, dass ihr Sohn, der körperlich ein wenig behindert ist, von türkischen Jugendlichen auf dem Rummelplatz verprügelt worden sei. Sie habe bis dahin nie etwas Negatives gegenüber Türken empfunden, doch jetzt spüre sie eine tiefe Abneigung gegen alles Türkische. Ich hatte dem nichts entgegenzusetzen.

Dann wurde auch der liebe Herr Wulf plötzlich zum »rassistischen« Wolf.

Herr Wulf war vier Jahre lang mein Geschichtslehrer auf dem

Gymnasium. Er war sozusagen der Prototyp eines Multikulti-Afficionados. Er sagte immer, und das tat er vor der versammelten Klasse, in der ich wieder der einzige Türke war, er würde es begrüßen, wenn Deutschland noch mehr Ausländer und Asylanten aufnähme. Endlich. Wasser auf meine Mühlen. Deutschland, meinte Herr Wulf, sei ein so reiches Land und aufgrund seiner dunklen Vergangenheit schließlich dazu verpflichtet, sich der Migranten anzunehmen. Ich bewunderte Herrn Wulf.

Öfter dachte ich aber, mein Gott, der liebe Herr Wulf ist ein hoffnungsloser Romantiker. Einer, der keine Ahnung von der Straße hat. Manchmal unterhielten wir uns nach dem Unterricht noch eine Weile. Als ich ihm einmal sagte, es wäre ein fataler Fehler, noch mehr Migranten nach Deutschland zu holen, bevor die hier bereits lebenden halbwegs integriert seien, wurde er leichenblass. Er verstand das überhaupt nicht. Cem, du bist doch Türke? Wie kannst du nur so etwas sagen?

Weil es so ist. Weil ich weiß, wie es da draußen zugeht. Das wollte der liebe Herr Wulf nicht hören.

Als ich in die Oberstufe kam, bat er mich nach dem Unterricht wieder zu einem Gespräch. Er war völlig aufgelöst. Ich glaube, er zitterte sogar. »Cem, ich habe ein Problem. Mein Sohn geht auf die Grundschule, und er wird dort von einer Türkenbande terrorisiert. Oft kommt er weinend nach Hause. Mal verprügeln sie ihn, manchmal muss er ihnen Geld geben. Ich bin total verzweifelt. Ja, wütend. Was kann ich nur dagegen tun? Langsam bekomme ich richtigen Türkenhass«, sagte der liebe Herr Wulf, und dabei sah er mir tatsächlich hasserfüllt in die Augen.

Unfassbar, dachte ich.

Herr Wulf beginnt, Türken zu hassen?

Er tat mir aufrichtig leid. Aber seine Aussage schockierte mich.

»Sie, Herr Wulf, Sie haben Türkenhass? Vor ein paar Jahren haben Sie noch gesagt, wir müssten noch viel mehr Ausländer aufnehmen …«

»Ja, ja, du hast recht,Cem. Ich dachte viel zu naiv damals.

Aber jetzt geht es um meinen Sohn. Er bedeutet mir alles und ich bin hilflos.«

Ich gab Herrn Wulf ein paar Tipps, wie sein Sohn sich verhalten solle. Deshalb hatte er mich schließlich angesprochen. Es war das letzte Mal, dass wir beide über das Thema miteinander sprachen. Mein Gott, dachte ich. Ich wurde doch auch oft geschlagen, gehänselt oder diskriminiert. Meine Brüder sind zwei Mal nur knapp den Skinheads entkommen. Aber die Deutschen, die netten, redeten nur von ihren Problemen.

Und dann wurde ich aussortiert.

Im Fußball war ich inzwischen rasant vorangekommen. Mit 15 Jahren spielte ich für die Hamburg-Auswahl. Das war mein Traum gewesen. Der Auswahltrainer Ralf Schehr coachte sogar die Bundesligamannschaft des HSV, wenn auch nur für zwei Spiele. Da war sie – die Tür zur Welt des Profifußballs. Ich musste sie nur noch aufkicken. Die Gelegenheit dazu bot sich beim Ländervergleich. Ich trainierte wie besessen und bereitete mich auf dieses Turnier vor.

Die Hamburg-Auswahl trat jedes Jahr zum nationalen Ländervergleich an, und das war für einen Jugendspieler das Höchste. Dieses Turnier war zugleich ein Sichtungstermin für die Jugendnationalmannschaft. Der damalige Jugendnationaltrainer Berti Vogts würde sein Augenmerk auf die talentiertesten Spieler werfen wie die Scouts der Bundesligavereine auf ihrer Suche nach Nachwuchs. Die Besten konnten nach einem solchen Turnier direkt einen Vertrag bei einem Bundesligisten ergattern, der ihre weitere Ausbildung übernahm. Ich spielte im Mittelfeld. Im letzten Testspiel gegen das Saarland spielte ich überragend. Danach sagte Schehr: »Gratuliere. Sam, du bist dabei!«

Der große Tag.

Er fand für mich nicht statt.

Eine Woche vor dem Turnier erhielt ich einen Brief. Darin stand in knappen Worten, dass ich beim Ländervergleich in Duisburg nicht dabei sein würde.

Alle hatten eine Einladung bekommen. Nur ich nicht. Ich

bekam eine schriftliche Ausladung. War ich nicht bis zu diesem Tag einer der besten Mittelfeldspieler gewesen? Und hatte Schehr nicht selbst gesagt, ich sei dabei? An meiner Statt wollte Schehr jetzt einen Spieler mitnehmen, der gerade von einer langen Verletzung genesen war. Er hatte einen Schienbeinbruch erlitten und sieben Monate lang nicht gespielt. Er hatte keinerlei Spielpraxis mehr.

Ich verstand das nicht.

Der Sport war für mich die einzige rassismusfreie Zone gewesen. Mein Zufluchtsort, meine sichere Burg. Im Verein habe ich Anerkennung bekommen, allein für meine Leistung. Im Fußball gab es keinen Unterschied. Egal, ob du Türke oder Deutscher bist, im Sport spielt das keine Rolle – davon war ich zutiefst überzeugt. Bis zu diesem Tag. Der gerade genesene Spieler war im Training nicht annähernd in der Lage gewesen, die Leistung zu bringen, die ich erbrachte. Der Schock saß tief.

Der Junge, den Schehr nominiert hatte, war Deutscher. Er spielte im Länderturnier keine einzige Minute. Er saß die ganze Zeit auf der Bank.

Viele Jahre begriff ich nicht, warum ich ausgeladen worden war, und ich hasste meinen Trainer dafür. Bis ich ihm auf dem Sportplatz wieder begegnete. Ich sah mir ein Spiel meines Bruders Soner an. Schehr begrüßte mich herzlich am Spielfeldrand. Ich blieb kühl. Ich fragte ihn, warum ich damals ausgeladen worden sei. Er schien das nicht vergessen zu haben, und er entschuldigte sich dafür. Es tue ihm leid. Er habe da einen Fehler gemacht. Aber damals hätten die Auswahltrainer von Berti Vogts die Anweisung erhalten, türkische Spieler nur in Ausnahmefällen mitzunehmen. Nur dann, wenn der Türke auf seiner Position um sehr vieles besser sei als ein deutscher Spieler.

»Vogts wollte deutsche Spieler für seine Mannschaft«, sagte Schehr.

Türken, so soll der spätere Nationaltrainer gesagt haben, würden den Deutschen zu viele Plätze wegnehmen. Das war 1985.

Es wundert mich heute noch, oder soll ich vielmehr sagen: nicht mehr, dass Berti Vogts 1994 dem Bayernspieler Mehmet Scholl zur Weltmeisterschaft eine Ausladung zukommen ließ. Mehmet Scholl war darüber sehr verärgert gewesen. Immerhin war Scholl mit Vogts 1992 Europameister geworden, und selbst zu diesem Turnier soll Vogts Scholl nur auf Druck der mächtigen Bayern und Franz Beckenbauers nominiert haben, wurde in der Presse spekuliert. In den Jahren 1993 und 1994 jedenfalls war Scholl einer der überragenden Feldspieler der Bundesliga gewesen. Statt Scholl nahm Vogts Steffen Freund mit, der gerade von einem Kreuzbandriss genesen war und sieben Monate nicht gespielt hatte. Aber er hieß nun mal nicht Mehmet mit Vornamen.

Wäre ich denn ein Schuft, sähe ich eine Parallele zu meiner eigenen Ausladung? Doch ich als vorbestrafter Migrant käme natürlich nicht auf die Idee, »Bundesberti« (›Spiegel‹) auch nur in die Nähe irgendeiner diffusen Türkenfeindlichkeit rücken zu wollen.

Ralf Schehrs Entschuldigung habe ich angenommen. Er hat aus dieser Geschichte gelernt. Sechs Jahre nach meiner Ausladung spielte mein kleiner Bruder Soner für ihn in der Hamburg-Auswahl. Soner war sogar Kapitän. Er war der erste türkische Kapitän einer deutschen Auswahlmannschaft.

In diesem Sommer fuhren wir wieder mit Vaters Opel in die Sommerferien. Wie jedes Jahr verbrachten wir sechs Wochen in der Ortschaft Yalova am Marmarameer. Das war für uns Kinder immer ein riesiges Abenteuer. Manchmal verließen wir Hamburg in einem regelrechten Konvoi, drei oder vier Familien fuhren zusammen in die Türkei. Die Fahrt dauerte zwei Tage. Über München und die Berge, in Österreich übernachteten wir im Wirtshaus. Dort durften wir Wiener Schnitzel mit Pommes frites essen. Am nächsten Tag fuhren wir durch Jugoslawien und Bulgarien. Wir spürten auch die Freude unserer Eltern. In diesen Wochen stritten sie nicht so oft miteinander. Wir wohnten alle zusammen in einem kleinen 1 ½-Zimmer-Apartement in Engin City, der ältesten Feriensiedlung der Türkei. Es gibt sie heute nicht mehr, sie wurde bei dem letzten großen Erdbeben völlig zerstört. Dort trafen wir auf Türken, die ganz anders waren als die Türken, die wir in Deutschland kannten.

Die meisten stammten aus dem nahen Istanbul, und es waren wohlhabende Leute. Immer wieder erstaunte mich ihre Freundlichkeit, ihre Herzlichkeit uns Kindern gegenüber. Mit den Jahren waren richtige Freundschaften gewachsen, und es war nie ein Problem gewesen, dass wir Deutschtürken waren und nur sehr ungehobeltes Türkisch sprachen. Klar, es gab auch die türkischen Klischees. 15 Mann im Ford-Transporter mit Matratze und Kühlschrank auf dem Dach oder später die Goldkettchentürken mit langen Haaren im 280er-Mercedes – die kamen vielleicht nicht so gut an beim Istanbuler Mittelstand.

Wir gingen schwimmen und mit Vater fischen. Abends durften wir lange aufbleiben. Der Türkeiurlaub war immer das Highlight und für uns der absolute Traum. Es war die einzige Zeit des Jahres, in der Vater nicht knauserte. Zumal er einige kleine Nebengeschäfte tätigte, indem er einfache Kosmetikprodukte wie Nivea-Creme, Make-up und Lippenstifte mitbrachte und dort verhökerte, bis er eines Tages mal vom Gendarm verhaftet wurde. Aber der verdiente dann eben auch etwas, und so konnte Vater sein kleines Business auch im nächsten Jahr aufrechterhalten.

Die Menschen in Engin City waren gebildet, modern gekleidet, tolerant und weltoffen. Ihre älteren Söhne studierten in Frankreich und England. Es gab keine Aggressivität. Nie sah ich Kinder oder Jugendliche miteinander kämpfen. Das war eine ganz andere Erfahrung, als ich sie in Hamburg gemacht hatte. Ich war unter meinesgleichen. Eines Abends fragte ich Vater:

»Können wir nicht hier bleiben?«

Er lächelte und sah mich an.

»Deutschland ist für uns besser, mein Sohn.«

Jedes Mal war ich auf der Rückfahrt im Auto nach Deutschland traurig gewesen. Aber ich liebte auch Hamburg, meine Freunde und den Fußball. Am Ende dieses Sommers dachte ich zum ersten Mal, was ich noch heute denke.

Ich wäre lieber in der Türkei aufgewachsen.

Gangland

Die Deutschen fragen mich oft: Wieso machen die türkischen Männer immer den Dicken? Warum haben die türkischen Jugendlichen schon von klein auf dieses Macho-Gehabe drauf? Warum plustern sie sich ständig auf?

Das liegt daran, dass sie merken, dass sie in allen anderen Dingen – Kleidung, Sprache, Taschengeld, im Fußballverein – mit ihren deutschen Kameraden nicht mithalten können. Sie merken schon im frühen Kindesalter, dass sie in dieser Gesellschaft keine Akzeptanz, keine Chance haben. Das überwinden sie durch das Machotum.

Sie sagen den deutschen Kindern: O.k. Du hast vielleicht den schöneren Schulranzen als ich, die teuren Turnschuhe von Nike und ich nur die polnischen Kopien. Aber ich bin stärker als du. Sie geben dem Deutschen eine Ohrfeige und sagen ihm: Na? Das nützt dir doch gar nix, dass du hier die besseren Turnschuhe und mehr Geld in der Tasche hast! Ich bin stärker als du, und das zeige ich dir. Ich will, dass du unter mir stehst, du Opfer.

Das macht der jugendliche Deutschtürke, weil er weiß, dass *er* sonst der Unterlegene ist. Bald schließt er sich einer Gruppe an, weil er dann noch stärker ist. Gemeinsam suchen sie sich Opfer, sogar viel ältere deutsche Jugendliche, und gehen auf sie los. Das ist zunächst ein Selbstschutz. Es ist, als wollten sie sagen: Ich habe wenigstens das. Und es funktioniert! Aber dann verselbstständigt sich dieser Prozess, und plötzlich entsteht ein Paradox.

Obwohl die türkischen Kinder von vornherein in allen Bereichen schlechter gestellt sind, kehren sich die Machtverhältnisse in den Ballungsgebieten um: Dort integrieren sich nicht die türkischen Jugendlichen, sondern die deutschen. Sie nehmen die Sprache, die Kleidung, den Rap und den Machismo der Migranten an. Man wundert sich, dass in den Ballungszentren die deutschen Jugendlichen gar nicht mehr deutsch sprechen, sondern allesamt diesen Gangslang. Sie integrieren sich in die bestehenden Strukturen, weil sie sonst Opfer werden.

Dabei kommt es zu krassen Szenen. 2008 haben in Hamburg drei Türken und ein Deutscher zwei deutsche Jugendliche aus gutem Hause mit zerschlagenen Gläsern übel zugerichtet. Der deutsche Täter sei dabei angeblich noch viel brutaler vorgegangen als seine türkischen Kumpels, und er war auch der Einzige, der dann in U-Haft saß. Er war längst in den Kreislauf der Gewalt geraten: Ich muss noch brutaler sein als meine Freunde, nur dann werde ich selbst kein Opfer, sondern respektiert.

Denn es gibt Gewalt und Gewalt. Irgendwann geht es nicht mehr darum, sich zu verteidigen oder zu behaupten. Dann geht es auch um eine Machtposition innerhalb einer Gruppierung. Diese erlangt man durch noch größere Brutalität. Wenn ein Neuling in der Gang sieht, wie der Anführer jemanden brutal zusammenschlägt, sagt er sich: Ich kann es noch besser. Ich schlag ihn nicht zusammen, ich stech ihn ab! Wer ist dann der Schlimmste? So erlangt man in der Gruppierung eine höhere Stellung.

Es geht bei diesem Phänomen nicht zuerst um Schuld, es geht zunächst um das Verstehen dieses Kreislaufs. Nur dann kann man ihn unterbrechen. Denn indirekt bringt die Gesellschaft, die eine gewisse Ohnmacht in die Jugendlichen hineinpflanzt, diese nicht nur dazu, Gewalt auszuüben, sondern auch dazu, immer brutaler zu werden.

Wo fängt es an?

Soner, mein kleiner Bruder, kommt aus dem Kino mit zwei deutschen Freunden. Plötzlich werden sie von drei türkischen Jungs verfolgt. Sie machen einen von Soners Kumpels an, weil er Doc-Martens-Schuhe trägt und die Türken diese Schnürstiefel vielleicht mit der Skinhead-Bewegung assoziieren. Soner versucht, sie auf Türkisch zu beschwichtigen – und dann steht Soner da mit einem Messer am Hals, muss mit ansehen, wie seine Freunde verprügelt werden, und fragt sich: Aber das sind doch meine Landsleute? Warum tun sie so etwas?

Da wird's kompliziert.

Wir sind damals alle in die Kampfsportschulen gerannt, weil wir sahen, dass dort draußen Krieg herrschte. Die Deutschen wie die Türken. Ich wusste: Ich muss mich psychisch und physisch so ausbilden, damit ich mich verteidigen und meine kleinen Brüder beschützen kann. Das war der einzige Grund. Das entspricht einer regelrecht soldatischen Ausbildung. Was prägt denn in Berlin-Neukölln oder in Hamburg-Harburg neben den Dönerbuden und Spielhallen das Bild der Hauptstraßen? Kampfschulen. Karate, Kung Fu, Boxen, Thaiboxen, Taekwondo, Ultimate Fighting. Das sind die Fortbildungsstätten der Hinterhöfe. Die Kampfsportschulen boomen, und sie sind die Zentren, in denen die Gangster und Gewaltverbrecher von morgen angeworben werden und eine solide Grundausbildung erhalten. Gewalt und Kriminalität sind die Themen, die uns beschäftigen, doch niemand wird gewalttätig geboren.

Woher kommt der Machismo? Wir leben hier in einer emanzipierten Welt, mit der sich die deutschen Männer abgefunden haben und die sie größtenteils unterstützen. Das ist ein langer Prozess gewesen. Wir jungen Deutschtürken sind aber noch in Familien groß geworden, in denen sich der Mann uneingeschränkt als Oberhaupt betrachtet. Das gibt dieses Oberhaupt seinem Sohn natürlich weiter. Und der Sohn sieht alle Frauen außer seiner Mutter folgerichtig als nicht gleichgestellt an. Der türkische Junge wähnt sich, auch wenn er genau weiß, dass er sich völlig danebenbenimmt, im Recht. Er ist das tradierte Oberhaupt. Ob gerecht oder nicht. Das spielt für ihn keine Rolle. Er darf alles machen, seine Schwester nicht. Wenn seine Lehrerin mit ihm schimpft, versteht er das gar nicht, weil er das von zu Hause nicht kennt. Dort schimpft nur sein Vater. Und dann macht er irgendwann gegenüber seiner Lehrerin einen dummen Spruch: Du hast mir gar nichts zu sagen, Fotze.

Das ist ein Problem.

Genauso schwierig ist es, die türkischen Mädchen zu erreichen. Weil sie gar nichts dürfen. Weil ihre Väter sie unter Kontrolle behalten möchten und nicht wollen, dass sie sich emanzipieren. Dann sagen viele Lehrerinnen und Lehrer, die sich jahrelang ernsthaft um die stillen Mädchen und bösen Buben bemüht haben: Das ist uns zu viel. Wir geben auf. Wir kommen nicht an diese Jugendlichen heran.

Na bitte. Die Kampfsportlehrer, die Gangsteronkel in den Diskotheken und die Hassprediger in der Hinterhofmoschee aber schon.

Ich musste aufrüsten, ganz klar. Wenn ich in dieser Welt überleben wollte, musste ich kämpfen lernen.

Ich war 15 und auf dem Weg zum Partykeller einer Kirche in Eimsbüttel, als in der Lutherotstraße eine Gruppe von älteren Türken auf mich zukam. Da war ein kleiner Junge dabei, und ich wunderte mich noch, denn es war schon fast Mitternacht, was der so spät noch draußen macht. Der Junge war vielleicht elf oder zwölf Jahre alt. Plötzlich zeigte er mit dem Finger auf mich.

»Abi ben bu çocuğu dövecem«, sagte er.

Das heißt: Großer Bruder, den Jungen möchte ich schlagen!

Einer der Türken kam auf mich zu und fragte:

»Sen Türkmüsün?«

Bist du Türke?

»Evet.«

Dann sagte der Ältere zu dem Kleinen:

»Almanları dövelim.«

Wir schlagen nur Deutsche.

Der Kleine schien ganz enttäuscht.

Die Gruppe lief nun vor mir her und nach einer Weile zeigte der Junge wieder auf jemanden. Diesmal war es ein deutscher Jugendlicher. Ich dachte, jetzt fallen sie gleich alle über ihn her. Aber nein. Der Kleine hat ihn geklatscht. Dieser kleine Furz. Der deutsche Junge war fast doppelt so groß wie er und natürlich viel kräftiger, aber ich konnte die Angst in seinen Augen erkennen, und er hielt still. Auch wenn die Situation eine groteske Komik hatte, fand ich es einfach unerträglich, dass so ein kleiner Kackvogel den armen Jungen, der niemandem etwas getan hatte, schlagen konnte. Weil der Junge mit seinen Fäustchen gar nicht zum Gesicht des Größeren hinaufreichte, musste sich der deutsche Junge schließlich bücken, damit ihn der Furz treffen konnte. Das hatten ihm die Türken befohlen:

»Senk deinen Kopf. Lan! Oder wir machen dich platt!«

Dann schlug der Junge ihn ein paar Mal ins Gesicht. Es kam ein Größerer hinzu und haute auch noch mal rein, weil ihn der Kleine nicht umgehauen hatte. Schließlich hatten sie ihn am Boden und traten ihn einige Male in den Magen.

Das war's. Sie gingen weiter. Der Furz hatte seine Lektion gelernt. Der deutsche Junge tat mir sehr leid, doch ich konnte ihm nicht helfen, ich hatte selbst Angst.

Heute tut mir auch der kleine türkische Junge leid. Er war sehr euphorisch gewesen bei dem, was er tat. Vielleicht machte es ihm sogar Spaß. Ich weiß nicht, ob er wirklich begriff, was er tat. Es war einfach Teil seiner Ausbildung zum Straßenschläger gewesen.

Sie hatten ihn wie einen Hund dressiert.

Als ich 16 Jahre alt wurde, überraschte uns Vater beim Abendessen mit der Nachricht, er habe ein Reihenhaus in Neuallermöhe gekauft. Unsere neue Wohngegend befand sich noch im Bau. Mehrfamilienhäuser und kleine Reihenhäuser entstanden dort und schmiegten sich bald wie Perlen an einer Schnur aneinander. Neuallermöhe liegt im Südosten Hamburgs, und die U-Bahn-Station Nettelnburg-Bergedorf verbindet die Siedlung mit der Innenstadt.

Die U-Bahn-Station war der Grenzstreifen. Dahinter begann Nettelnburg-Bergedorf. Das war eine Hochhaussiedlung wie die Lenzsiedlung. Es lebten viele Gastarbeiterfamilien darin. Das Viertel war schon damals ein richtiges Ghetto und der Bahnhof die Grenze zwischen der sauberen deutschen Vorstadtidylle und der traurigen türkischen Wirklichkeit. Gleichzeitig war diese Grenze ein Schnittpunkt, an dem die Bewohner beider Viertel täglich aufeinandertrafen.

Dabei knallte es nicht selten.

Ich spielte jetzt beim FC St. Pauli. Das Jugendteam wurde gefördert, es ging um den Einzug der Mannschaft in die A-Jugend-Oberliga. Ich verdiente sogar etwas Geld und der Verein sponserte die Ausrüstung. Die Mannschaft stand ziemlich gut da und ich war einer der besten Spieler. Das sagte jedenfalls der Trainer, und er kündigte bei einer Mannschaftsbesprechung an, ich solle in der nächsten Saison Spielmacher und Kapitän werden.

Doch einer in meiner Mannschaft protestierte – der bisherige Kapitän. Hendrik Meyer war auch der Kapitän der Hamburg-Auswahl. Es sei ihm seitens der Vereinsführung bereits versprochen worden, dass er den Posten behalten werde, und nur deshalb habe er nicht den Verein gewechselt und sei zum HSV gegangen. Der Trainer sagte, er sei schließlich für die Mannschaft verantwortlich und nicht der Vorstand. Endlich wurden meine Anstrengungen belohnt. Es gab doch noch Gerechtigkeit. Hendrik und ich waren miteinander befreundet. Nach der Sitzung stellte ich ihn zur Rede.

»Was beschwerst du dich denn, kannst du dich nicht mit mir freuen? Du weißt doch selbst, dass ich es verdient habe.«

Hendrik war schon einen Schritt weiter.

»Mensch, ich habe einen Amateurvorvertrag unterschrieben und bekomme hier jeden Monat 600 DM Gehalt. Der Verein hat mir versprochen, dass ich die Führungsrolle übernehme, nur deswegen bin ich nicht zum HSV gegangen. Mann, wie steh ich denn jetzt da?«

Da hatte er recht. Was er aber nicht wusste: Genau das traf mich wie ein Kinnhaken. Denn ich war einer der Leistungsträger, ich spielte ebenso gut wie er oder besser, und ich hatte dafür 60 Mark im Monat bekommen und keinen Vorvertrag. Ihm dagegen legten sie alles in den Schoß. Ich war schon auf diese 60 Mark stolz gewesen, denn überhaupt Geld zu bekommen, hatte bereits einen ersten Schritt nach vorne bedeutet.

Aber Hendrik bekam das Zehnfache?

Ich gönnte Hendrik seinen Vertrag und war nicht neidisch. Ich fand einfach, dass auch ich einen richtigen Vertrag verdient hätte. Darauf sprach ich den Trainer an. Ich wollte Klarheit.

Es stimmte. Hendrik bekam das Zehnfache, und er sah keine Möglichkeit, mir einen ähnlichen Vertrag zu besorgen. Er war darüber auch nicht glücklich und versuchte mich zu trösten. Er werde sich weiter um mich bemühen und mich in der Mannschaft puschen. Aber das reichte mir nicht mehr. Ich fühlte mich betrogen wie in der Hamburger Auswahl. Wieder wurde ich ins zweite Glied gestellt, weil ich ein Türke war, und bei gleicher oder besserer Leistung wurde ein Deutscher an meiner statt bevorzugt, besser behandelt oder bezahlt. Auch wenn es Hendrik war. Ich empfand das als bitter. Hendrik und der Trainer versuchten, mich umzustimmen, aber ich hatte mich entschieden. Mit dem Fußball war Sense. Jahrelang hatte ich hart trainiert und mir vieles versagt. Aber die Enttäuschung saß diesmal zu tief. Sie lähmte mich auch in meinen Leistungen. Ich sah keinen Sinn mehr im Fußball.

Ich würde mich nicht mehr von den Deutschen verarschen lassen.

Schon Monate bevor wir nach Neuallermöhe zogen, sahen wir uns das Haus an. Wir drei Jungs freuten uns darauf, endlich aus Lokstedt herauszukommen. Oft kamen wir alle während der Bauphase mit dem Auto vorbei und träumten uns in den Grundriss und die noch kahlen Wände hinein. Noch ahnten wir nicht, was uns in der schönen neuen Reißbrettwelt erwarten würde.

Als wir endlich einzogen, waren Vater und Mutter so glücklich, dass sie eine Weile völlig vergaßen, einander zu hassen. Meine Brüder und ich richteten uns genüsslich ein. Wir wohnten jetzt in einem richtigen kleinen Haus. Jeder hatte darin ein eigenes Zimmer. Meine Brüder konnten die Treppe rauf- und runtertoben und sich im Keller verstecken. Draußen begannen die Gärten zu blühen. Es ist eine verwinkelte Siedlung, durchzogen von schmalen Wegen und damals noch nicht asphaltierten Straßen, und zwischen den klinkerroten Häusern, die sich alle ähneln, säten und pflanzten die Nachbarn Urwälder aus Bambus und Geranien. Unser Haus lag am Rand der Siedlung, und am Ende des Wegs, hinter den Büschen und Bäumen, dümpelte ein stiller

Flussarm, in dem Seerosen blühten. Die Nachbarn bastelten an Geräteschuppen und Gartenhäuschen, über den Garagen wehten die Deutschlandfahnen. Wir waren wieder die einzige türkische Familie weit und breit.

Was niemand ahnte: West-Bergedorf, gleich neben dem schönen Neuallermöhe gelegen, erwies sich als Hochburg der Skinheadszene und der Fußballhooligans. Die Skinheads jagten die Türken aus Nettelndorf und umgekehrt. Wir wurden jäh aus unseren Träumen gerissen, als wir hörten, dass vor unserem Umzug im benachbarten Bergedorf ein Mord geschehen war: In der Nähe des Bahnhofs war ein türkischer Jugendlicher, ein Nachgezogener der *Generation Kanak Attack*, wie ich erfuhr, von ebenso jugendlichen Skinheads zu Tode getreten worden.

Das versetzte uns alle in Angst.

Denn jetzt wussten wir: Man konnte sogar dabei draufgehen.

Dann gab es die nächste Horrormeldung. Drei Skinheads hatten in Bergedorf einen hilflosen türkischen Rollstuhlfahrer verprügelt. Ich spürte, wie unter den Türken in Bergedorf die Emotionen hochkochten.

In der folgenden Woche schloss ich mich einer Demonstration in Bergedorf an. Hunderte türkische Jugendliche versammelten sich in Bergedorf-Stadt. Wir marschierten wütend durch das ganze Viertel, suchten nach rechten Schlägern, die sich allesamt verkrochen zu haben schienen, und machten uns ordentlich Luft, jeder Schritt scharf flankiert von einem riesigen Polizeiaufgebot. Ich glaubte zu spüren, dass unter den Polizisten so mancher gewesen war, der uns gerne provoziert hätte, verprügelt und festgenommen. Sie taten es nicht. Vielleicht hatten sie auch Angst vor uns. Die Situation hätte leicht eskalieren können.

Die Demonstration blieb friedlich. Irgendwann dachte ich, ich weiß, warum. Es waren fast alles Jugendliche meines Alters auf der Straße. Kinder, die wie ich hier aufgewachsen waren. Die *Generation Chance*.

Wir hatten plötzlich Präsenz gezeigt. Und wir wussten, wir mussten uns auch in Zukunft irgendwie zusammenschließen. Nicht um Gewalt gegen Deutsche auszuüben, wie viele ältere

Türken der *Generation Kanak Attack*, sondern um uns einfach verteidigen zu können – um zu überleben. Denn auch unser Verhältnis zu den nachgezogenen Türken war alles andere als gut. Viele dieser Türken waren jetzt schon 20, 25 Jahre alt, und sie wurden immer unberechenbarer. Aber jetzt wusste ich, ich war nicht mehr allein. Wir würden uns als Gruppe in Zukunft nichts mehr gefallen lassen.

Am nächsten Tag erwischten drei Türken einen Skinhead, in der Nähe des Bahnhofs Billwerder. Ich weiß nicht, wer sie waren. Sie stachen ihn tot, als Rache für den Rolli, den sie wahrscheinlich nicht einmal gekannt hatten.

Soner, wir müssen jetzt aufrüsten. Ganz klar, sagte ich zu meinem kleinen Bruder. Wir waren im Gangland angekommen.

Jagdszenen

In dem vielfach kontrovers diskutierten Film ›Wut‹ ist der deutsche Jugendliche in einer schlimmen Lage. Ein türkischer Jugendlicher hat ihm auf dem Schulhof die Schuhe weggenommen. Es waren teure Turnschuhe, und er hatte den deutschen Jungen vor aller Augen gezwungen, sie auszuziehen und ihm zu geben. Der Junge ist mit einer Situation konfrontiert, in der er nicht weiß, wie er sich verhalten soll, ohne sofort eine reinzukriegen. Diese Situation hatte ich mehr als einmal erlebt. Das ist psychisch sehr belastend.

Ich kann verstehen, wenn manche Jugendliche sagen, ich distanziere mich lieber von den türkischen Jugendlichen, damit ich gar nicht erst in eine solche Situation komme. Wohlhabende Eltern geben ihre Kinder nicht auf Schulen, auf denen auch Migrantenkinder lernen.

Und es stimmt. Es gibt diese Jugendlichen, mit denen man nicht reden kann. Es sind ja nicht alle, aber es gibt sie. Das ist sehr anstrengend. Es ist auch sehr oft der Fall, dass Migranten und Deutsche aneinander vorbeireden, nicht nur Kinder. Der Türke ist vielleicht sehr schnell beleidigt, weil der Deutsche etwas gesagt hat, was er gar nicht so gemeint hat. Es ist nicht gut, wenn man sich ständig auf die Zunge beißen muss. Okay, die einen sagen, die Türken wollen sich ja gar nicht integrieren, und die anderen sagen, die Deutschen haben doch gar kein Interesse an uns, weil sie mit uns nicht klarkommen. Parallelgesellschaften entwickeln sich nicht einseitig.

Filme wie ›Wut‹ und ›Knallhart‹ sagen doch vor allem eines: Selbst wir, die liberalen Deutschen, haben es satt, dass ihr unsere Kinder angreift. Denn diese Filme sind von liberalen Intellektuellen für liberale Intellektuelle gemacht. Einmal abgesehen davon, dass der Film ›Wut‹ in vielerlei Hinsicht unrealistisch ist – Eltern, die derart reich sind wie in diesem Film, würden ihre Kinder nicht auf eine Schule geben, auf der Migrantenkinder sogar in der Mehrzahl sind –, macht er doch seinem Titel alle Ehre: Er zeigt und transportiert Wut. Der türkische Jugendliche hört nicht auf, seinen deutschen Altersgenossen zu terrorisieren. Der deutsche Junge ist hin und her gerissen zwischen Angst und Bewunderung, weil der türkische Jugendliche einmal nett zu ihm ist und ein andermal wieder unglaublich brutal. Er ist unberechenbar. Weder der deutsche noch der türkische Vater werden mit dem Jugendlichen fertig. Zum Schluss stirbt der türkische Junge. Der deutsche Vater bringt ihn um, natürlich aus Notwehr und nicht ohne hinterher zu weinen. Und die Botschaft des Films?

Der türkische Junge *muss* sterben, weil er anders nicht aufzuhalten ist.

Tötet den Türken.

Ich meine: Wäre heute ein solcher Film in den USA ausgestrahlt worden, er hätte glatt zu Rassenunruhen geführt.

Ich meine aber auch: Solche Filme kann und soll man machen. Aber helfen sie uns weiter? Warum sind wir Türken im Film immer nur gewalttätig, aggressiv und Mörder? Warum sind wir nie Menschen? In ›Wut‹ bringt der türkische Junge die Schuhe, die er dem Deutschen für seinen kleinen Bruder abgenommen hatte (insofern machte ihn das Drehbuch tatsächlich menschlich), auf Druck seines Vaters zurück. Das quittiert der deutsche Vater mit den Worten: »Sagen wir, du hast dir die Schuhe ausgeliehen, um sie zu putzen.«

Man kann in Deutschland nicht wirklich offen darüber reden, dass es in diesem Land überall Fremdenfeindlichkeit gibt. Es werden Zahlen genannt, bei Maybritt Illner oder Sandra Maischberger, aber sie werden nicht wahrgenommen. Diese Vergangenheits- und Gegenwartsbewältigung haben wir noch nicht vollzogen. Deutschland möchte heute im Inland wie im Ausland als ein fremdenfreundliches Volk gesehen werden. Das soll mir recht sein. Aber vielleicht sollten die deutschen Kinder dann auch mal ein türkisches Wort in der Schule lernen.

Zum Beispiel: Arkadaş. Das heißt Freund.
Manchmal kann ein solches Wort helfen.

Als die Fremdenfeindlichkeit zunahm, beschimpften mich immer mehr Deutsche als Kanake. Das musste ich schlucken, weil ich mich nicht wehren konnte – oder behaupten, ich sei Italiener. Es wurde immer schlimmer. Ich war physisch nicht in der Lage, mich zu wehren. Ich hatte einmal in Bergedorf eine Prügelei mit einem Deutschen, und er hatte mich sehr leicht besiegt. Es war einfach dazu gekommen. Ich konnte nicht einmal mehr ringen, wie ich es früher auf dem Pausenhof der Grundschule gut beherrscht hatte. Ich hatte keine dementsprechenden Muskeln aufgebaut, wie fast alle anderen meiner Altersgenossen, ich war lediglich länger und dünner geworden. Ich hatte ja nur Fußball gespielt. Nach diesem Kampf, den ich so erbärmlich verloren hatte, wusste ich: So kann es nicht weitergehen. Aber ich hatte Ehrgeiz und einen gewissen Biss, das hatte ich im Fußball gelernt. Mein neues Ziel stand augenblicklich fest. So, wie ich vorher unbedingt in der Nationalmannschaft spielen wollte, nahm ich mir nun vor, nichts Geringeres als die ultimative Kampfmaschine zu werden.

Ich entschied mich für die Kampfsportschule Kwan Yu. Ich wollte mit Kickboxen beginnen, aber das wäre zu diesem Zeitpunkt zu hart für mich gewesen, meinte der Trainer und wies mich gleich in meine Schranken. Ich schaffte nicht mal zehn Liegestutze. Eine denkbar schlechte Ausgangsbasis für einen Beschützer jüngerer Brüder.

Viele gingen jetzt in die Kampfsportschulen, auch die Deutschen. Taekwondo, Kickboxen, jeder machte irgendwas, weil sie sich von den Türken nicht mehr verhauen lassen wollten. Es war cool, Kampfsportler zu sein. Und die Ausbildung war gut. Sie war wichtig für den Straßenkampf. Trotzdem hatte ich noch immer Angst. Weil ich nicht wusste, ob ich das auf der Straße auch umsetzen konnte. Ich war gut im Sparring, ich habe fleißig trainiert und ich bekam viel Lob von den Älteren, ich hätte ein großes Herz.

Jeden Morgen fuhr ich von Nettelnburg nach Hamburg ins

KaiFU-Gymnasium. Ab und zu sah ich ein paar Rechte in der S-Bahn, ich vermied es, Augenkontakt mit ihnen aufzunehmen. Ich achtete darauf, in der Nähe türkischer Männer zu sitzen, um im Notfall auf Hilfe hoffen zu können. Ich hatte das Gefühl, auch sie rückten gern enger zusammen. Zudem trug ich jetzt ein Messer bei mir. Widerwillig, aber das Springmesser gab mir ein kleines Sicherheitsgefühl. Was hätte ich schon gegen einen zwei Zentner schweren rechten Schläger ausrichten können?

Nettelnburg, Bergedorf, Allermöhe, Mittlerer Landweg, Billwerder Moorfleet, Tiefstack, Rothenburgsort, Berliner Tor. Wie oft las ich an den Stationen der S 21: »Türken raus.« Oder: »Kanaken raus.« Es stand überall. An den Wänden der Unterführungen, in den Zugwaggons, an Litfaßsäulen. Es wunderte mich nicht, dass die Aggressionen unter den jungen Türken weiter anstiegen. Und damit auch unter den Deutschen.

Jetzt kam es mir oft zupass, dass ich nicht unbedingt wie ein Türke aussah. Ich sagte meinen Brüdern, was sie auch gefragt oder wie immer sie gehänselt werden mochten, sie sollten sich keinesfalls als Türken outen. Es war ein regelrechter Befehl. Fast jeden Tag bläute ich ihnen das ein. Nach drei Monaten Kampfsport schaffte ich 50 Liegestütze, sogar auf den Fäusten. Ich wechselte zum Thaiboxen. Langsam fühlte ich mich einer Auseinandersetzung gewachsen. Darauf musste ich nicht lange warten.

Bald nachdem das Haus fertig und wir eingezogen waren, wechselten wir die Schule, damit wir nicht jeden Tag in der S-Bahn praktisch Spießrouten laufen mussten. Wir gingen auf das Bornbrook-Gymnasium in Lohbrügge. Schon in der ersten Pause des ersten Schultags – wieder waren Soner und ich die einzigen Türken auf der Schule – lief mein kleiner Bruder weinend auf mich zu. Ein älterer Schüler aus der 11. Klasse hatte ihm seinen Ranzen entrissen und den Inhalt ausgekippt. Er beleidigte meinen Bruder als Kanaken und drohte ihm nach der Schule Schläge an. Ich versuchte Soner ein wenig zu trösten und wollte wissen, wo ich diesen Schüler finden könnte. Wir gingen beide auf die Suche und dann zeigte er auf ihn.

»Gut. Nun geh aber, ich regle das schon.«

Soner entfernte sich. Ich ging auf das Arschloch zu und sprach ihn an.

»Ich will dich sprechen, aber draußen, vor der Schule.«

»Kein Problem«, sagte er entschlossen.

Wir gingen zur Hoftür hinaus, und sofort im ersten Moment, in dem er sich zu mir umdrehte, packte ich ihn am Kragen und verpasste ihm eine schallende Ohrfeige. Damit hatte er nicht gerechnet. Überrascht von meiner Aktion und meiner ostentativen Wut bekam er es mit der Angst zu tun.

»Wenn du noch einmal meinen Bruder anfasst, ihm wehtust oder ihn beleidigst, schlachte ich dich ab«, schrie ich ihn an.

Der Junge machte sich buchstäblich in die Hose.

»Bitte, bitte, tu mir nichts, ich mag Türken, mein Vater ist Direktor an einer Sonderschule.«

Ich dachte, der verarscht mich. Was hatte das mit unserer Situation zu tun? Einen Moment lang hielt ich ihn noch am Kragen, dann rannte er ins Schulgebäude. Toll, dachte ich. Gleich am ersten Tag Stress mit den Rechten. Ich musste auf alles gefasst sein. Ich hatte jetzt das Springmesser immer in der Tasche.

In den kommenden Tagen sah mich eine Gruppe von Schülern, zu denen der Typ gehörte, feindselig an. Niemand kam mir und meinem Bruder zu nahe, doch ich hasste die Schule schon jetzt. Ich war in der 11. Klasse und musste das Jahr schaffen, um in die Oberstufe zu kommen, eine Hürde, an der die meisten türkischen Schüler scheiterten. Aber meine Leistungen wurden schwächer. Zwei Mitschüler aus meiner Nachbarschaft, Martin und Christian, begleiteten mich jeden Morgen. Zu anderen Mitschülern hatte ich kaum Kontakt. Zu dritt fühlten wir uns sicherer. Einige Schüler ließen mich ihre Türkenfeindlichkeit jeden Tag spüren. Mein Halbjahresschulzeugnis war eine Katastrophe. So würde ich das Abi nie schaffen. In einer feindseligen Umgebung kann man schlecht gut sein. Auch Soner hat diese Erfahrungen machen müssen. Viel schlimmere Erfahrungen.

Soner trat in den Fußballverein SC Nettelnburg-Bergedorf ein, als einziger Türke. Ganz aufgeregt fuhr er mit dem Fahrrad zu seinem ersten Training. Er kam nicht einmal bis auf den

Platz. Dort spielten 24 Skinheads – von der Hardcoresorte, wie Soner sagt. Als sie meinen Bruder sahen, fingen sie sofort an zu schreien: Scheißkanake, was hast du hier zu suchen? Verpiss sich, oder wir bringen dich um. Soner drehte um und fuhr um sein Leben. Zu Hause rief er völlig verstört seinen Trainer an und erzählte ihm die Geschichte. Der Trainer war schockiert, als er das hörte. Aber die Skinheads gehörten nun mal zum Verein. Sie stellten eine eigene Herrenmannschaft. Soners Trainer musste mehrere Mitgliederversammlungen einberufen, zu denen auch Teamangehörige der Skinheads geladen wurden. Erst nach zähen Verhandlungen erklärten sich Skins damit einverstanden, dass Soner in der Jugendmannschaft mitspielen durfte – in der er sich als unverzichtbar etablierte.

Soner erzählte mir das erst zehn Jahre später. Er kannte mich. Ich wäre vor Sorge gestorben, schlimmer noch, ich hätte ihm verboten, dort zu spielen. Soner hatte aber Freunde in der Mannschaft, Klassenkameraden, deutsche Freunde, und deshalb verheimlichte er mir die Geschichte. Er ist zu dieser Zeit noch nicht argwöhnisch gewesen, er wollte einfach dazugehören.

Kurz darauf hätte er fast sein Leben verloren.

Soner hatte ja nur deutsche Freunde. Da war er natürlich leicht zu überreden, mit ihnen mal in Kneipen oder Jugendclubs zu gehen, in denen sich auch rechte Schläger aufhielten. Einmal ging mein Bruder mit in ein Billardcafé in Lohbrügge. Er konnte ja nicht ahnen, dass sich dort der harte Kern der Hooligans und Skins aufhielt. Soner war mit seinen Kumpels kaum zur Tür hereingekommen, als ihn die Skins sofort ins Visier nahmen und angreifen wollten. In der Sekunde spürte Soner die Gefahr, in die er arglos getappt war. Er rannte sofort weg, die Straße hinunter, so schnell er konnte. Fünf Skins rannten ihm hinterher. Dabei brüllten sie, Kanake, wir bringen dich um! Drei seiner Verfolger kamen ihm bedrohlich nahe. Es waren junge Erwachsene, die viel größer und schneller waren als er. Soner entwickelte Riesenkräfte. Scheißtürke, wir kriegen dich! Soner rannte Straße um Straße entlang, und sie kamen trotz ihrer schweren Springerstiefel immer näher. Er hatte Todesangst.

Plötzlich hielt ein Bus neben ihm, obwohl dort keine Haltestelle war. Der Fahrer musste die Situation schon von Weitem erkannt haben. Die Tür öffnete sich, der Busfahrer winkte ihn hinein, Soner sprang auf. Der Fahrer drückte sofort wieder auf den Knopf, die Türen klappten zu. Inzwischen hatten auch die drei Skins den Bus erreicht, hämmerten und traten gegen die Tür. Der Fahrer fuhr los, es zerschellten zwei Bierflaschen am Bus, der Fahrer hielt nicht an der nächsten Haltestelle. Der deutsche Busfahrer hat meinem Bruder womöglich das Leben gerettet.

Soner steckt der Schrecken bis heute in den Knochen. Diese Erfahrung belastet ihn noch immer. Einer seiner Freunde, die ihn in das Billardlokal mitgenommen hatten, musste dafür büßen. Die Schläger hatten ihn noch am selben Tag erwischt. Sie schlugen ihn derart zusammen, dass er eine Woche auf der Intensivstation eines Krankenhauses verbringen musste. Diagnose: Kieferbruch und Jochbeinbruch. Viele Jahre traute Soner sich nicht, irgendjemandem davon zu erzählen. Nicht Mutter, nicht Vater, auch nicht mir. Vor allem nicht mir. Er wollte mich beschützen, sagt Soner. Er wusste, ich würde durchdrehen.

Er hatte recht.

Was ist das nur? Warum hetzen erwachsene Männer einen kleinen türkischen Jungen durch das halbe Stadtviertel und wollen ihn killen? Soll mir niemand weismachen, darin läge keine Tötungsabsicht. In Guben, in Brandenburg nahe der polnischen Grenze, ist 1998 ein junger Algerier, Omar Ben Noui, von deutschen Rechten zu Tode gehetzt worden. Sie hatten ihn wie ein Tier durch die Stadt gejagt, zu Fuß, mit Autos und auf Motorrädern. Weidmannsheil. Der Junge hatte verzweifelt vor den Glastüren der Plattenbauten gestanden, geklingelt und um Hilfe geschrien. Niemand hat ihm geholfen. Niemand hat ihm die Tür aufgemacht. Als ihn die Menschenjäger beinahe hatten, wollte er buchstäblich durch die Scheibe springen. Dabei durchtrennte das Glas eine Beinarterie. Der junge Algerier verblutete, vor aller Augen, im dem gekachelten Flur des Mietshauses.

Weidmannsdank.

Sind das wirklich nur die Hohlbirnen? Die außer Saufen und Schlagen nichts gelernt haben? Natürlich distanziert sich die deutsche Gesellschaft von vereinzelten Gewalttätergruppen. Natürlich ist die Mehrheit der Deutschen entsetzt, wenn so etwas passiert. Natürlich wurden einige der Gubener Täter verurteilt, darunter auch der als Rädelsführer identifizierte, damals 21-jährige Alexander Bode. Natürlich bekam er Jugendknast, zwei Jahre. Natürlich stand er auf dem Boden der demokratischen Grundordnung, als er 2008 bei den Kommunalwahlen in Guben für die NPD kandidierte. (Und natürlich ist der Gedenkstein für Omar Ben Noui an der Tür des Mietshauses, in dem er verblutete, mehrfach geschändet worden.) Darüber wundert sich heute kaum noch jemand.

Auch viele gutbürgerlich aufgewachsene Jugendliche sympathisierten mit der Skinheadszene. Das taten sie damals und sie tun es noch heute. Da hört man auch immer häufiger die Frage: Und was ist mit unseren Opfern? Der Junge, der damals zu mir sagte, sein Abitur sei nichts mehr wert, wenn ein Türke wie ich auch Abitur machte, war keine Dumpfbacke aus Nettelnburg oder Bergedorf. Er war ein intelligenter Schüler aus einem sogenannten guten Haus. Mit den plumpen Sprüchen der Skinheads gab er sich nicht ab. Seine rassistische Äußerung war sogar auf eine perfide Art intelligent. Zuerst wollte ich ihn dafür »bestrafen«, doch ich wusste, dass ich ihm damit nur recht geben würde in seinem verqueren politischen Denken. Letztlich half er mir sogar, mein Abitur zu bestehen. Seine Worte waren, unter anderem, ein guter Grund dafür, mich wieder anzustrengen im Unterricht und nicht sitzen zu bleiben.

Martin und ich wollten nach Hause. Auf dem Weg zum Bus hielt mich für einen Moment vor dem Schulgebäude ein Lehrer auf, und Martin ging schon mal zur Bushaltestelle voraus. Ich sprach kurz mit dem Lehrer, als ich sah, wie sich zwei junge Türken der Bushaltestelle näherten und direkt auf Martin zugingen. Sie trieben ihn vor dem Häuschen direkt in die Enge, und ich sah, dass sie ihn schon schubsten und anmotzten und gleich zuschlagen würden.

»Ich muss Martin helfen«, rief ich meinem Lehrer zu, ließ ihn auf der Treppe stehen und lief los. Noch im Rennen zog ich das Klappmesser aus der Hosentasche. Als ich die zwei Türken erreichte, packte ich den Aggressor am Kragen und hielt ihm die Messerspitze an die Kehle. Auf Türkisch sagte ich ihnen, dass sie meinen Freund in Ruhe lassen sollten und ich sie nie wieder vor der Schule sehen wolle.

Die Türken standen konsterniert vor mir. Sie brachten kein Wort heraus, sahen mich ungläubig an und waren wohl verwundert, mich türkisch sprechen zu hören. Für ein paar Sekunden tat sich nichts und alle Augen richteten sich auf mich. Ich nahm das Messer von seinem Hals und ließ den Angreifer los. Die beiden liefen wortlos davon. Martin zitterte, dann umarmte er mich und dankte mir.

»Aber was ist, wenn die wiederkommen? Und dann vielleicht mit mehreren? Hast du keine Angst?«

»Die kommen nicht wieder. Und wenn, sollen sie ruhig kommen. Ich stehe hinter dir, versprochen!«

Die beiden Türken kamen nicht wieder. Ich kann Ungerechtigkeiten nun mal nicht leiden.

Die Geschichte ging an der Schule und in unserer Nachbarschaft herum wie ein Lauffeuer. Dafür hatte Martin gesorgt. Das merkte ich unter anderem auch daran, dass mich seit diesem Tag sogar die Mitglieder der rechten Gruppe freundlich grüßten. Sie nannten mich jetzt sogar bei meinem Spitznamen, Sam.

Seit der Geschichte am Bushäuschen hatten mein Bruder und ich keine Probleme mehr an der Schule. Meine Leistungen wurden besser. Ich verspürte auch keine Abneigung mehr, sobald ich den Schulhof betrat. Ich hatte noch einiges aufzuholen und eine Menge Stoff zu bewältigen. Es würde knapp werden zum Jahresende, das war mir klar. Ich wollte jetzt das Jahr schaffen und nicht als Versager dastehen. Und ich schaffte es. Seither weiß ich: Es besteht ein direkter Zusammenhang zwischen schulischer Leistung und schulischem Klima. So einfach ist das. Am Schuljahresende ging ich mit meinem Zeugnis in den Händen zu dem Mitschüler, der mich beleidigt hatte. Ich hielt es ihm unter die Nase.

»Der Türke hat es geschafft. Und der Türke schafft auch das Abitur. Dein Zeugnis kannst du verbrennen, es ist jetzt nichts mehr wert.«

Er stand vor mir, bekam einen roten Kopf und sagte kein Wort. Dann trollte er sich.

Trotzdem hatte mich das Jahr ganz schön mitgenommen. Ich wollte wieder zurück auf das Gymnasium in Eimsbüttel und dort das Abitur machen. Ich traf mich mit meinem alten Freund Roby aus der Lenzsiedlung, redete mit ihm über meine Pläne, und er hatte plötzlich einen viel besseren Vorschlag. Er wollte nach Amerika, ein Jahr auf eine Highschool gehen. Warum sollte ich da nicht mitkommen? Ich fand die Idee große Klasse und sprach meine Eltern darauf an. Mein Vater meinte natürlich, das sei alles viel zu teuer, und der Notgroschen, falls Rückkehr und so weiter, aber Mutter und ich redeten tagelang auf ihn ein. Schließlich kochten wir ihn weich. Mutter schlug vor, die Reise von ihrem Geld zu bezahlen. Das überzeugte ihn, und schon gelangte er zu der Erkenntnis, dass gute Englischkenntnisse mir auf jeden Fall im späteren Berufsleben weiterhelfen würden. In dieser Zeit erlebte ich Vater als sehr unterstützend. Der Ehrgeiz hatte ihn gepackt in Bezug auf meine Zukunft. Ich sollte studieren und es zu etwas bringen. Er versprach mir sogar einen Sportwagen als Abiturgeschenk.

Nach zehn Monaten Kampfausbildung in der Thaibox-Schule schaffte ich 100 Liegestütze, einarmig, im Wechsel. Alle Kampfsportlehrer predigen die strikte Lehre der reinen Selbstverteidigung. Das stimmt nicht. Auf der Straße und im Schulhof geht es nur um Angriff. Nur wer angreift, siegt.

Und nur wer verletzt, wird selbst nicht verletzt. Das habe ich in Amerika gelernt.

Auf der anderen Seite

Diesmal stand ich auf der anderen Seite. In den USA war ich auf einmal ein Weißer. Kein schlechtes Gefühl.

Wir waren noch in den Sommerferien nach St. Petersburg in Florida geflogen. Roby und ich würden als »Senior«-Schüler verschiedene Schulen besuchen, das hatten die Veranstalter so eingerichtet, damit wir nicht nur aufeinanderhockten und deutsch sprachen. Ich ging an die »Dixie-Highschool«. Wir kamen bei Gastfamilien unter. Nach einem Jahr würden wir den Highschool-Abschluss machen.

Der Rassismus steckte bereits im Namen der Schule. Der Dixiesong und die Rebellenflagge stehen als Symbole der Sklaverei. Noch bis Ende der 60er-Jahre wurde diese Flagge jeden Morgen im Schulhof gehisst. Seither schien sich nicht viel geändert zu haben. Gleich am ersten Schultag merkte ich, dass weiße und farbige Schüler jeweils unter sich blieben. Die meisten weißen Schüler, die ich in den nächsten Tagen kennenlernte, so wie die Mehrzahl der Weißen, die ich in der Stadt traf, mochten Schwarze nicht. Einige hassten sie sogar, und nur die Spitzensportler unter den farbigen Schülern wurden von ihren weißen Kameraden mehr oder weniger toleriert. Das hat mich sehr erstaunt.

Ich war noch viel mehr erstaunt, als ich herausfand, dass viele farbige Schüler gar nicht in der Umgebung wohnten. Sie wurden morgens mit Bussen aus ihren schwarzen Wohngegenden zur Schule gebracht und abends wieder dorthin gefahren. Ich fragte einen Lehrer, warum das so sei. Er sagte, dass bis vor wenigen Jahren noch keine Farbigen diese Schule besucht hätten, bis ein Gesetz in Kraft getreten sei, nach dem die Rassen in Lehranstalten zu mischen seien, um die Integration zu fördern. Jede öffentliche Schule musste ihre Quote erfüllen. Der weiße Direktor meiner Schule wurde durch einen Farbigen ersetzt. Darüber waren die weißen Schüler nicht gerade begeistert gewesen, und noch ein Jahr vor unserer Ankuft war es sogar zu Unruhen gekommen. Damit hatte ich nicht gerechnet.

Eine regelrechte Apartheid in Amerika Ende der 80er-Jahre?

Die meisten weißen Schüler und deren Eltern empfanden ihre farbigen Mitschüler zumindest als Störenfriede, andere betrachteten sie schlicht als Asoziale, die das Niveau der Schule unterminierten. Das Schulniveau jedenfalls empfand ich tatsächlich als denkbar schwach. Meinen Abschluss würde ich mit Leichtigkeit hinkriegen. Wobei man erwähnen muss, dass man seine Kurse je nach Schwierigkeitsgrad selbst auswählen konnte.

Die Direktoren und die weißen wie die farbigen Lehrer ließen sich von den weißen Schülern und ihrem Unmut gegenüber den Schwarzen nicht beeindrucken. Sie zogen die neue Schulpolitik straff durch. Rassistische Äußerungen konnten zum Schulrauswurf führen. Wenn ein Schwarzer sich mit einem Weißen prügelte und der Streit durch den weißen Schüler wegen einer rassistischen Tat oder Äußerung begonnen hatte, wurde der weiße Schüler sofort der Schule verwiesen.

Das Ganze trug schon bizarre Züge. Ich habe es erlebt, dass mehrere Schwarze auf einen Weißen losgingen, ohne dass der Weiße etwas getan hätte, und es wurden alle der Schule verwiesen, also auch das Opfer. Die neue Schuldordnung ließ nicht den geringsten Spielraum für Rassismus, sie kehrte ihn regelrecht um. Als ich ein andermal sah, wie drei Farbige auf einen Freund von mir einprügelten, weil er ihnen nicht aus dem Weg gegangen war, half ich meinem Freund. Seine Mutter war eine Cherokee. Keiner der drei Farbigen erhielt eine Strafe. Fast kam es mir vor, als hätten die farbigen Schüler in Südflorida eine Art Rassismuskredit für angetanes Unrecht, den sie weidlich nutzten.

Damals schlug ich das erste Mal jemandem mit der Faust ins Gesicht.

Wir waren am Strand, wir hatten den ganzen Tag Volleyball gespielt und am Abend wurde Steve, ein Freund von mir, angemacht von zwei kräftigen, weißen, tätowierten Typen. Einfach so, sie forderten ihn heraus wie zu einem Wettkampf. Da konnte ich nicht einfach weglaufen. Ich griff einen von beiden an und schlug zu, das erste Mal. Ich tat das, was ich in Hamburg gelernt hatte. Es war eine Rechts-Links-Kombination, gefolgt von einem Low-Kick.

Aber der Typ blieb einfach stehen. Er wollte nicht umfallen.

Da hatte ich wieder Angst. Alles, was ich zehn Monate lang im Kampfsport geübt hatte, zeigte überhaupt keine Wirkung.

Aber plötzlich begann er einzulenken.

»Let's stop fighting, I'm your friend«, sagte er und versuchte mich freundschaftlich zu umarmen. Er meinte es ernst. Das Training hatte also doch etwas genutzt.

»Du bist cool«, sagte er.

Das stärkte mein Selbstbewusstsein ganz enorm.

Wer glaubt, die Türken in Deutschland seien große Machos, der sollte mal nach St. Petersburg fliegen. Die Jugendlichen dort waren richtige Machos. Da herrscht eine Cowboymentalität, wie ich sie nie wieder erlebt habe. Das ist, als würde man ständig zum Pistolenduell aufgefordert. Sie kommen an und sagen:

I want to fight. I want to compete with you.

Ständig wollte jemand auf Partys mit mir kämpfen und sich mit mir messen. Sie liebten es, sich zu prügeln, und brauchten gar keinen Grund dafür. Das war eine gewalttätige Bande.

Ich trainierte wie ein Besessener, in meiner Freizeit und auch im Unterricht, denn Bodybuilding war dort ein reguläres Unterrichtsfach. Schließlich mussten sich die Football-, Basketball- und sonstigen Sportstars ständig fit halten. Man bekommt sogar eine Note dafür. Das gibt es nur in Amerika. Eine Eins fürs Pumpen an der Hantel. Ich ging keinem dieser Duelle aus dem Weg und ich lernte, im wilden Westen keinen Millimeter zu weichen. Die Fights blieben in der Regel fair, sie wurden nur mit den Fäusten ausgetragen. Nur einmal siegte die Vernunft.

Ich hatte diesen farbigen Schüler schon länger beobachtet. Er hatte seit Beginn des Schuljahres versucht, sich bei den Weißen beliebt zu machen. Er stand immer dort, wo sich die »Coolen« aufhielten. Das waren ausschließlich Weiße, und sie ignorierten ihn beharrlich. Ein halbes Jahr hindurch versuchte er, sich in diese weiße Gruppe zu integrieren. Er war stets höflich, zuvorkommend und lachte über ihre Witze, aber sie haben ihn einfach nicht ernst genommen.

Im zweiten Halbjahr hatte er wohl die Schnauze voll. Ich sah ihn nur noch bei den schwarzen Schülern und hörte ihn oft fluchen über die Weißen. Ich spürte seine Wut und ich fühlte mit ihm. Ich sah, wie er weiße Schüler im Gang anrempelte und sie herausforderte. Er war ziemlich kräftig. Die meisten weißen Schüler schienen Angst vor ihm zu haben, und sie wussten, sie würden fliegen, wenn es zu einer Auseinandersetzung käme. Er hätte ja nur sagen müssen, der Weiße habe ihn Nigger genannt.

Eines Tages provozierte ich ihn. Vielleicht aus einer Laune heraus. Er saß mit zwei Freunden in der Mensa am Tisch. Steve stand mit seinem Tablett direkt neben ihnen. Ich warf ihm eine Münze entgegen. Instinktiv ließ Steve das Tablett fallen und fing sie auf. Das Tablett mit seinem Teller darauf landete auf dem Tisch, an dem die drei farbigen Schüler saßen, und die Nudeln spritzten nach allen Seiten. Ich fing laut an zu lachen. Der Farbige fand das gar nicht lustig. Hör auf zu lachen, raunte er. Ich lache, wie ich will, provozierte ich ihn, setz dich wieder und mach nicht auf Welle, du hast doch gar nichts abbekommen.

»Ich bin nicht dein Sklave, du Rassist.«

»Ich bin kein Rassist!«

Schon standen wir uns so dicht gegenüber, dass sich unsere Nasenspitzen fast berührten. Ich hatte ja Mut geschöpft aus einigen Schlägereien und ich wusste, zurückzuweichen würde mir von allen als Feigheit ausgelegt. Also gab ich keinen Millimeter nach. Einige Sekunden standen wir uns so gegenüber, als zwei Lehrer kamen und uns auseinanderbrachten. Jetzt mussten wir beide zum Direktor. Im Zimmer des Direktors erklärten wir beide, dass es nur ein Missverständnis war und es zwischen uns kein Problem gebe. Wir durften wieder gehen.

Der Farbige ging voraus und ein Freund von ihm erwartete ihn schon auf dem Flur. Sie tuschelten miteinander, dann kam dieser Freund auf mich zu und sagte, dass der Typ sauer sei und die Sache heute noch klären wolle. Kein Problem, sagte ich und folgte den beiden. Bei einem der vielen Nebengänge hielten wir an. Der Farbige sagte: Wir werden die Sache nach der Schule klären.

»Wie du willst. Aber ich sage dir eins: Ich bin kein Rassist! Ich bin türkischstämmig und habe selber genug Probleme mit Skinheads und Rechten in Deutschland erlebt. Türken sind in Deutschland, was ihr hier seid. Du hast mich als Rassisten beschimpft, deshalb habe ich mich in meiner Ehre gekränkt gefühlt. Ich habe gesehen, wie du ein halbes Jahr versucht hast, dich mit den Weißen hier anzufreunden. Sie haben dich ignoriert und du bist jetzt wütend. Aber ich bin der Falsche, an dem du deine Wut auslassen willst. Ich habe nie einem Schwarzen Unrecht getan. Oder hast du etwas anderes gehört?«

Er hörte zu. Langsam wich die Aggressivität aus seinen Augen.

»Wenn du immer noch ein Problem mit mir hast, dann klären wir die Sache hier und müssen nicht bis nach Schulschluss warten«.

Er sah mich an.

»Alles ist cool zwischen uns«, sagte er.

Ich reichte ihm die Hand. Wir gingen zurück in den Speisesaal und jeder seiner Wege. Kurze Zeit später kamen zwei andere farbige Schüler auf mich zu, einer der beiden war sehr groß und kräftig. Er stand vor mir und sagte so laut, dass es der halbe Saal hören musste:

»This guy is cool.«

Er reichte mir die Hand. Andere Farbige nickten mir zu. Das war ein gutes Gefühl. Ich wurde von den farbigen Schülern respektiert.

Am Ende des Jahres hatten Roby und ich einen amerikanischen Highschool-Abschluss. Das war nicht weiter schwer gewesen, und doch habe ich dieses Jahr als wichtig empfunden. An dieser Schule hatten die Verantwortlichen Rahmenbedingungen geschaffen, die den farbigen Schülern die gleichen Chancen garantieren sollten, wie sie die weißen Schüler genossen. Trotz vieler Fehler in diesem System war es der richtige Weg. Der Ansatz, dem Rassismus keinen Millimeter Raum zu lassen, ist der richtige. Man hat farbige und weiße Schüler aus allen Schichten zusammengebracht und sie harten Regeln unterworfen. Aber so konnten sie sich kennenlernen und langsam verständigen, auch wenn diese Regeln zu neuen Ungerechtigkeiten geführt haben. Denn heute, 20 Jahre später, stellt die schwarze Bevölkerung auch in den Südstaaten selbstverständlich Polizeichefs, Bürgermeister, Politiker und Schuldirektoren. Die USA hatten eine farbige Außenministerin, einen farbigen Verteidigungsminister und das Land wählte mit großer Mehrheit den ersten farbigen Präsidenten seiner Geschichte. Trotz des Anschlags am 11. September sind auch Muslime besser integriert als in Deutschland.

Vielleicht sollten wir uns diese einfachen Regeln einmal genauer ansehen. Und vielleicht sollten wir heute ähnliche Rahmenbedingungen schaffen, um eine Chancengleichheit für alle in der Bevölkerung zu gewährleisten. Wenn ein System gerechter ist, gibt es keine Ausrede mehr für einen Migranten, sich nicht zu integrieren.

Als ich aus den USA zurückkam, war ich 19 Jahre alt und wog 87 Kilo, 17 Kilo mehr als vor meiner Abreise, bei einer Größe von 1,81 … Ich hatte eine kräftige Brust bekommen. Das kam vom ganzen Bankdrücken und den vielen Liegestützen, für die ich so gute Noten bekommen hatte.

In Hamburg meldete ich mich wieder am Gymnasium in Eimsbüttel an.

Die Oberstufe war ein anderes Kaliber. Ich wählte Englisch und Geschichte als Leistungskurse. In beiden Fächern war ich gut. Auch in Deutsch hatte ich viel gelernt. Meine Lehrerin gab mir immer neun Punkte, also eine Drei plus. Jedes Halbjahr. Im letzten Halbjahr fragte ich sie, eigentlich mehr im Spaß, ob sie mir nicht auch mal 10 Punkte geben könnte.

Nein, das könne sie nicht, antwortete sie.
»Ich kann dir als Türke keine Zwei geben, das kann ich vor meinen Lehrerkollegen nicht rechtfertigen.«
Wenigstens war sie ehrlich. Und ich hatte die 10 Punkte auch nicht verdient. Ich empfand sie immer als tolle Lehrerin.

In der Oberstufe sollte der Schulsprecher gewählt werden, und da es nur einen Kandidaten gab, beschloss ich, mich auch aufstellen zu lassen, schon allein aus demokratischen Gründen. Ich rechnete mir keinerlei Chancen aus, aber ich wollte es wenigstens versuchen. Die Kandidaten wurden am Schwarzen Brett bekannt gegeben, jeder sollte in der Aula eine Rede halten, um die Schüler zu überzeugen und Stimmen zu sammeln. Ich habe eine ganze Menge erzählt, ich denke, ich kann recht gut frei reden und überzeugen, und irgendwann sagte ich: »Ich bin übrigens Türke. Sie sollten mich ja kennen lernen.« Ich bekam einigen Beifall. Dann kam der andere Kandidat. Er begann seine Rede mit den verblüffenden Worten:
»Ich bin kein Türke«.
Was sollte das?
Zu meinem Erstaunen gewann ich die Wahl. Ich war zum Schulsprecher gewählt worden. Vizesprecher wurde Holger. Ich habe mein neues Amt nie angetreten. Ich gewann sehr bald den Eindruck, dass ein Schulsprecher türkischer Herkunft nicht erwünscht war. Vielleicht hätte ich mich mit rechtlichen Schritten wehren sollen, vermutlich ohne Erfolg. Das war die bundesrepublikanische Wirklichkeit. Ich war wieder zurück in Deutschland, und dies waren unsere harten Regeln. Ich war Türke und stand der Macht ohnmächtig gegenüber. Ich legte das Amt des Schulsprechers nieder und gab klein bei. Ich hatte keine Chance. Hier war die Grenze der Toleranz erreicht.

Ich hatte Stück für Stück jedes Vertrauen in ein System, das mir nur Steine in den Weg legte, verloren. Ob im Fußball oder in der Schule, alles, was mir in meiner Jugend Halt, Sicherheit und Vertrauen hätte vermitteln sollen, was mir vielleicht Freude bereitet und Selbstvertrauen gegeben hätte, war mir zutiefst verleidet. Jedes Mal hatten mir die Erwachsenen in ihren Führungspositionen gezeigt, dass ich ein Türke, dass ich anders war. Dass ich nie so werden konnte wie sie, dass ich nicht gleichberechtigt war.

Aber ich hatte noch eine andere Wahl. Physisch konnte ich mich gut durchsetzen. Das hatte ich gelernt in den USA. Daraus konnte ich Selbstvertrauen schöpfen. Ich machte das Abitur ohne großen Aufwand mit einem Notendurchschnitt von 2,9. Immerhin. Auch Holger schaffte das Abitur. Er wollte Anwalt werden wie sein Vater, und das ist er heute auch. Er hat sogar promoviert. Ich bin ein vorbestrafter Gangster, und das habe ich mir selbst zuzuschreiben.

Neulich habe ich Holger in Hamburg wieder getroffen. Wir sprachen über die alten Zeiten. Er war Schulsprecher an meiner Statt geworden. Und das stand auch in seinem Abiturzeugnis. Die Tatsache, dass er Schulsprecher in der Oberstufe gewesen war, habe ihm später durchaus bei seiner Karriere geholfen, sagte er.

Tja. Wer früh die Initiative ergreift, den belohnt das System.

Der Armut entfliehen

Ich sehe eine Folge der Serie ›Großstadtrevier‹ mit dem Titel ›Brüderchen‹ im WDR. Die Folge ist bereits 1993 gedreht worden und kam kurz nach dem Anschlag in Solingen heraus. Darin bekriegen sich Skinheads und eine türkische Gang im Hamburger Schanzenviertel. Die türkische Gang nimmt einem jungen Skin die Bomberjacke weg. Der große Bruder des Skins versucht die Jacke zurückzuholen. Konflikte ohne Ende, Schlägereien, schließlich Friedensvertrag, aber der Junge will immer noch seine Jacke wiederhaben. Am Ende erledigt der große Bruder einen türkischen Jungen in einem Schusswechsel. Dramatisch stirbt der türkische Junge in den Armen des älteren Skinheads, der jetzt doch noch seine Blutungen stoppen will und verzweifelt ruft: »Das muss doch endlich aufhören!«

Ja, richtig.

Ich meine, es ist wie in ›Wut‹ und ›Knallhart‹ – wieso werden am Ende eigentlich immer wir getötet?

Meine Eltern stammen aus Malatya, einer Provinz Anatoliens in der Osttürkei. Der Name Malatya beruht auf dem hethitischen »Melid«. Das bedeutet Honig und ist in gewisser Weise irreführend: Sie lebten in verschiedenen kleinen Dörfern, die in den Bergen lagen. Dort flossen keine Milch und kein Honig. Es sind karge, steinige Felder und alte, baufällige Höfe. Eine Industrie, Strom oder Straßen gab es damals kaum. Korn, Sonnenblumenkerne und Aprikosen wurden auf Eselskarren transportiert, Autos waren noch eine Seltenheit. Die Menschen nahmen lange Fußwege auf sich. Erst seit sich die Aprikosen in die ganze Welt verkaufen ließen, erreichte ein gewisser Fortschritt die Region.

Ich kann mich noch an die klaren Gebirgsbäche erinnern, an die große Hitze und dieses kalte Wasser. Ich war neun Jahre alt, als uns meine Eltern dorthin mitnahmen. Die Menschen waren sehr nett zu mir. Als wir ankamen, wurde ein Hammel geschlachtet. Das Dorf heißt Doğanşehir, und es liegt in der Nähe der Stadt Malatya. Ich ekelte mich vor all dem Blut. Ich wurde nonstop geknutscht, von allen. Ich war der Sohn des reichen Herrn Ali aus Hamburg. Das nervte etwas.

Meine Vorfahren lebten in Großfamilien. Wie die meisten Menschen dort arbeiteten sie auf den Feldern. Ein Ernährer reichte kaum aus, sodass jeder mit anzupacken hatte, auch die Kinder. Trotzdem herrschte Hunger. Hinzu kamen Krankheiten, die den Menschen zu schaffen machten, da sie sich selten einen Arzt oder Medizin leisten konnten. Vater wuchs in einer solchen Großfamilie auf, er hat uns manchmal davon erzählt. Er war eines von zwölf Geschwistern.

Mein Großvater besaß kein eigenes Land. Die Familie war also arm, und der Alte schlug sich mit allen möglichen einfachen Arbeiten durch. Zu essen gab es fast nie genug im Haus. Mein Großvater war zwar arm, aber er konnte im Gegensatz zu den meisten anderen Feldarbeitern lesen und schreiben, er war ein kluger und fleißiger Mann. Er zog mit den älteren Kindern von einem Dorf zum anderen, je nachdem wo es gerade Arbeit gab auf dem Feld, im Stall oder in einer Werkstatt. Ali, mein Vater, und seine Brüder arbeiteten schon als kleine Kinder bei Gastfamilien. Sie arbeiteten auf den Feldern, ernteten Aprikosen, sammelten Holz. Das Gastarbeiterdasein liegt den Anatolen gewissermaßen im Blut. Sechs der zwölf Kinder überlebten das nicht. Sie starben an Unterernährung oder einer Krankheit.

Großvater sorgte immerhin dafür, dass Vater eine Schulausbildung erhielt. Das war nicht einfach gewesen, denn manchmal lag Großvaters Arbeitsstätte so weit von der nächsten Schule entfernt, dass Vater Stunden brauchte, um zu Fuß dorthin zu gelangen. Im Winter ging er gar nicht zur Schule, weil der Schnee auf den Pässen zu hoch lag. Vater wurde Dorfschullehrer. Dazu musste man damals nicht studieren. Alles Nötige hatte ihm Großvater beigebracht.

Als die Bundesrepublik Arbeitskräfte suchte, war er einer

der Ersten, die sich bei einem Bewerbungsbüro in Istanbul meldeten. Dort versprachen sie Vater und den anderen Wohlstand und Glück im reichen Deutschland. Er unterschrieb einen Arbeitsvertrag bei Siemens. Alle ungelernten Feldarbeiter unterschrieben und gaben an, sie seien Tischler, Dreher, Schweißer oder Elektriker. Sie nahmen jeden Job, ob sie ihn konnten oder nicht. Zuerst kam Vater ins Münchener Werk. Dort bildete ihn Siemens zum Elektriker aus. Später zog er nach Hamburg.

Seit seiner Kindheit kannte Ali Gülay nur ein Ziel: der Armut zu entfliehen.

Ganz egal, um welchen Preis.

Wieso fallen die Aprikosen nur so weit vom Stamm? Warum eiferten wir unseren Vätern nicht einfach nach, suchten uns Jobs und waren fleißig?

Weil sie aus einer anderen Zeit und einer anderen Welt kamen. Es ging ihnen gut hier. Viele Arbeitgeber haben sich rührend um die türkischen Arbeiter gekümmert. Wie etwa Mercedes. Edzard Reuter, der damalige Konzernchef, war ihnen ein regelrechter Freund. Sein Vater Ernst Reuter, der ehemalige Bürgermeister Berlins, war in der Nazizeit als verfolgter Sozialdemokrat in die Türkei gelangt. Dort war er in Sicherheit gewesen, wie auch viele Juden. Edzard Reuter hat einen Teil seines Lebens in Ankara verbracht, das hat er nie vergessen. Die Gastarbeiter hatten hier alles, was sie in der Türkei nicht gehabt hatten. Wenn sie krank wurden, konnten sie zum Arzt gehen und danach zu Hause bleiben. Sie konnten Geld verdienen und etwas zurücklegen. Alles war besser als in Anatolien. Sie hatten ganz andere Werte. Weil sie sich einen Wohlstand erarbeiten konnten.

Ihr einziger Fehler war vielleicht: Sie haben jeden, aber auch jeden Pfennig gespart. Für ein Häuschen, für irgendwelche unsinnigen Ländereien in Anatolien, für ein schimärisches Altenteil an der Ägäis. Viele haben es verpasst, auch etwas in ihre Kinder zu investieren.

Ihre Kinder aber, die hier aufgewachsen oder in diese Gesellschaft mit fünf, zehn oder 15 Jahren hineingeworfen wurden, haben sich mit den deutschen Kindern verglichen. Was haben die für Klamotten? Welche Spielsachen, welche Fahrräder, welchen Walkman? Da wollten wir mithalten, und unsere Väter haben uns nicht verstanden. Sie haben uns als missratene Söhne beschimpft, als Schmarotzer, und uns aus dem Haus gejagt. Das war die Entfremdung. Weil sie nicht mitbekommen hatten, was in der Schule, was vor ihren Haustüren abgegangen war. Das konnten sie gar nicht, weil sie kaum da waren. Sie konnten auch nicht mit den Söhnen reden, weil sie hart gearbeitet hatten und abends müde waren, oder in der Nacht noch Taxi fuhren wie mein Vater. Es gab keine familiären Gespräche wie bei meinen deutschen Freunden. Die Mütter führten den Haushalt. Sie hatten sowieso wenig zu melden, und wenn da sechs auf einen Streich waren, konnten die Eltern nicht jedes Kind beiseite nehmen, es liebevoll streicheln und sagen: Reden wir mal über deine Zukunft.

Alle diese Eltern belehrten ihre Kinder, sie sollten zur Schule gehen und etwas lernen. Es gab keinen Vater, der nicht sagte: »Adam ol!«

Sei ein Mann! Werde erwachsen.

Alle haben es gut gemeint. Die Väter meiner Generation, der *Generation Chance*, wie die Väter der Nachgezogenen, der *Generation Kanak Attack*. Aber sie haben die Bedürfnisse und Probleme ihrer Söhne überhaupt nicht verstanden. Wenn die Väter Töchter hatten, war es für diese noch schwieriger. Sie durften nichts, als sie jung waren. Eine meiner Cousinen wollte Model werden. Ihr Vater ist ein moderner liberaler Mensch, aber es blieb ihr nichts anderes übrig, als sich bei mir auszuweinen. Weil selbst dieser liberale Vater Angst hatte, der Ruf der Familie könne entehrt werden. Dieser Ruf konnte aber schon dadurch entehrt werden, dass meine Cousine in eine Diskothek ging. Die Mädchen wurden unglaublich unterdrückt.

Die Entfremdung geschah, weil die ersten Türken ihre Werte aus der Türkei mitgebracht hatten, verbunden mit einer Langmut, die aus der Armut kommt und die nur Emigranten aufbringen können. Aber die Kinder sahen die Werte Deutschlands.

Wir sahen prallvoll gefüllte Kaufhausregale und Werbung im Fernsehen. Gleichzeitig hatten wir täglich unsere Eltern vor Augen und ihre Mühen, und wir hatten Angst vor diesen Mühen. Wir hatten höllische Angst vor ihren Drecksjobs, vor ihren Entbehrungen und Qualen, vor ihrer Sparwut und dieser ewigen Langmut, die wir als Duckmäusertum empfanden.

Wir wollten, was die Deutschen hatten.

Ganz egal, um welchen Preis.

Meine Mutter stammt ebenfalls aus einer Familie in Anatolien. Ihr Familienname ist Atasoy. Wie die Familie Gülay kämpfte auch die Familie Atasoy mit den schwierigen Lebensbedingungen, die damals dort herrschten. Ihr Dorf heißt Dedeyazı, und es liegt etwa eine Autostunde von Malatya entfernt. Der Vater meiner Mutter war ein Mann von Ehre, sagte sie immer, er sei sehr respektiert im Dorf gewesen. Darauf legt Mutter noch heute Wert. Er und seine Brüder seien aber auch als Hitzköpfe bekannt gewesen. Opa liebte Waffen. Er besaß eine Kalaschnikow und eine Flinte, die im Wohnzimmer an der Wand hingen, ein eigenes Haus und etwas Land, auf dem er Viehzucht betrieb. Er besaß auch ein Pferd, das war sehr wertvoll, er hatte Kühe und Schafe. Meiner Mutter gab er den Namen Güvercin, die Taube.

Großvater hatte wenig Haare, eine große Nase und Segelohren. Er war ein stolzer Mann, der seine Flinte oft im Dorf spazieren führte. Überall lagen persische Teppiche in den Räumen seines Hauses. Es gab immer gut zu essen, Käse, Oliven, Fleisch, jedenfalls erinnere ich mich daran. Aber vielleicht lag das auch daran, dass Vater mit der D-Mark angerückt war.

Vater hatte sich inzwischen in Deutschland eingearbeitet. Bald begann er, Bekannte und Verwandte als Gastarbeiter aus der Türkei nach Hamburg zu bringen. Er hatte schnell Deutsch gelernt und erwies sich als recht geschickt in administrativen Dingen. Er organisierte ihre Zuwanderung, indem er sie in der Türkei regelrecht rekrutierte und in Hamburg den ganzen Papierkram übernahm. Dafür nahm er eine Provision. Und Arbeit gab es ja im Überfluss. Das sprach sich in den türkischen Dörfern schnell herum. Der Ali, der lebt in Hamburg, dem geht es gut. In Deutschland sind die Straßen aus Gold, hieß es damals in Anatolien. Alle waren heiß darauf, ins gelobte Land zu gelangen, und Vater half ihnen dabei. Er übernahm sämtliche Formalitäten und Behördengänge, und so brachte er nach und nach Geschwister, Onkel, Tanten, Cousins und deren Bekannte und Verwandte hierher. Dafür ließ er sich von jedem 600 Mark geben. Das war nicht wenig für anatolische Verhältnisse. Er hatte dabei eine merkwürdige Ehrvorstellung: Von seinen Schwestern nahm er nichts, dafür aber doppelt von den Schwägern. Vater war so etwas wie ein Schlepper, allerdings legal. In Hamburg hatte er zudem eine kleine Wohnung angemietet, die er für das Doppelte der Miete an die Einwanderer untervermietete. Das war ihre erste Station.

Mein Großvater aus Dedeyazı wollte jetzt auch nach Deutschland. Aber er hatte weder eine Ahnung, wie er das anstellen sollte, noch das Geld für eine Vermittlungsgebühr. Er hatte aber von dem wohlhabenden Herrn Ali Gülay in Hamburg gehört, weil meine Urgroßmutter eine entfernte Verwandte des Mannes meiner ältesten Tante gewesen war, aber kurzum. Meine beiden Großväter hatten sich gekannt. Und nun hörte Großvater von Ali Gülay aus Hamburg, der mit 26 Jahren noch immer unverheiratet war, und dachte, der Mann wäre eine gute Partie für seine jüngste Tochter.

Das war meine Mutter. Sie war 13 Jahre alt.

Großvater schickte Fotos von ihr nach Hamburg. Der Mann in Hamburg willigte in den Handel ein. Die Ehe wurde arrangiert. Der Fremde flog nach Malatya, um das wunderhübsche 13-jährige Mädchen zu heiraten. Dafür konnten Opa und Oma und natürlich meine Mutter nach Deutschland einwandern. Provisionsfrei. Das war der Preis für ihr Leben und für ihre Unschuld, dafür wurde sie verkauft.

Mutter wäre lieber weiter zur Schule gegangen. Sie hätte gern aus Liebe geheiratet. Sie wurde gar nicht gefragt. Auch wenn sie weinte. Und sie weinte viel.

Es ist wichtig, dass in Deutschland und vor allem in der Türkei die Diskussionen über die Zwangsehe und arrangierte Ehen weitergeführt werden. Ich habe es erleben müssen, was ein türkischer Mann mit einer türkischen Frau machen kann. Als ich auf die Welt kam, war Mutter 15 Jahre alt. Sie war völlig überfordert. Eine deutsche Nonne betreute sie sechs Monate lang. Ohne ihre Hilfe hätte sie gar nicht gewusst, wie man mit einem Kleinkind umgeht. Und mein Vater entpuppte sich als Tyrann: Er hielt das junge Mädchen in völliger Abhängigkeit. Mutter trug damals schwere psychische Schäden davon. Eine Weile lebte ich als bereits erwachsener Mann in ihrer Wohnung und pflegte sie, als sie an einer Gürtelrose litt. Beinahe jede Nacht weckte ich sie, weil sie fürchterlich schrie. Dann weinte sie. Es war für mich schier unerträglich, ihr Leid mit ansehen zu müssen. Als Mutter 26 war, ist sie bereits zu 80 Prozent behindert und Frührentnerin. Sie leidet seither an einer Darmerkrankung und hat Krebs. Noch heute schreit sie manchmal nachts im Schlaf. Dafür verfluche ich meinen Vater und alle Männer, die ihre Frauen unterdrücken und quälen.

Bei meinem letzten Türkeiurlaub fragte ich meine Großeltern, warum sie meine Mutter mit meinem Vater verheiratet hatten. Großmutter meinte: »Wir haben sie damals an ihn verkauft, um nach Deutschland zu kommen.« Großvater habe sich das nie verziehen, sagte sie.

Drei Monate nach der Hochzeit kam Mutter nach Hamburg. Als ich ein Jahr alt war, brachte Vater meine Großeltern wie versprochen nach Deutschland und in seine Wohnung. Das war 1971. Er besorgte Großvater ein sechsmonatiges Touristenvisum und dann einen Job, und Oma sollte sich um mich kümmern, damit Mutter auch arbeiten konnte. Großvater hatte sein Haus und sein Land in Anatolien für einen Appel und ein Ei verkauft. Vater hatte ihm versprochen, in Deutschland würde er reich und seine Tochter glücklich werden. Aber kaum waren meine Großeltern in Hamburg, kam es zum Streit. Vater schikanierte Großvater, behandelte ihn respektlos und schrie Mutter ständig an. Er spielte sich als Herrscher auf und erpresste Großvater, der kein Wort Deutsch sprach, er würde ihn abschieben lassen. Vorher werde er noch ins Gefängnis kommen, weil er illegal in Deutschland sei.

Tatsächlich zeigte er ihn bei den Behörden an, als sein Besuchervisum abgelaufen war. Einige Zeit darauf klingelte es an unserer Wohnungstür.

Aufmachen, Polizei.

Großmutter bekam es mit der Angst zu tun und öffnete nicht die Tür.

»Frau Atasoy?«

»Nein, nein«, wehrte sie ab und ließ die Beamten vor der Tür stehen.

»Moment, Moment ...«

In ihren Hausschuhen rannte sie in die Küche, in der Großvater saß, und verbarrikadierte die Tür. Sie knoteten Bettwäsche zusammen, banden die Laken am Fensterkreuz des ersten Stocks fest, seilten sich daran auf die Straße ab und entkamen.

Dann tauchten meine Großeltern in Hamburg bei anderen Verwandten unter. Sie arbeiteten noch eine Weile schwarz in der Stadt, dann ging Großmutter zurück in die Türkei. Großvater setzte sich nach Frankreich zu Bekannten ab. Dort fand er Arbeit und kehrte später auch in die Türkei zurück.

Nach seiner Flucht drängte er Mutter zur Scheidung. Der Mann sei nichts wert, sagte er. Aber Mutter konnte nicht. Sie war wieder schwanger und hatte nicht die Kraft, sich gegen Vater zu wehren. Schlimmer noch: Sie hatte Angst, dass Großvater sie nur ein zweites Mal verheiraten würde. Mit einem anderen Fremden. Das sagt sie noch heute.

Eine gescheiterte Ehe, sagt sie, ist in der türkischen Gesellschaft noch vertretbar. Nach einer zweiten Scheidung gilt die Frau als Hure.

»Ich wollte keine Hure sein«, sagt Mama.

Ist Vater schuld?

Warum beleidigen türkische Jungs so oft deutsche Mädchen? Warum versuchen sie nicht, mit ihnen zu flirten, sondern sagen sofort Dinge wie: Ey, Hure, komm mal her, du kannst mir einen blasen?

Weil sie von vornherein zu wissen glauben, dass sie einen Korb bekommen. Weil sie denken, dass sie keine Chance haben. Deshalb gehen sie sofort auf Konfrontation. So können sie ihre falsche Ehre und ihren Machismo behalten.

Hinzu kommt, dass viele der Nachgezogenen der *Generation Ganz unten* in den frühen Kindesjahren auf die Liebe der Mutter verzichten mussten, weil die Mütter in Deutschland waren und die Kinder bei den Großeltern oder anderen Verwandten in der Türkei aufwuchsen. Als sie nach Deutschland kamen, haben sie nie gesehen, wie der Vater die Mutter umarmt und liebkost hat. Sie haben nur Kommandos gehört. Einsatzpläne und Ansagen.

Wenn die türkischen Söhne die Übermacht hatten – und sie sahen zu, dass sie diese Übermacht so oft wie möglich herstellen konnten –, begrabschten und beschimpften sie die deutschen Mädchen sogar vor ihren Freunden. Das war widerwärtig und feige. Sie hatten zu Hause nicht gelernt, wie man liebevoll mit einem Mädchen umgeht. Also erniedrigten sie sie, und sie taten es doppelt, indem sie auch ihre Begleiter erniedrigten, auf die sie neidisch waren.

Die türkischen Jungs blieben also alleine, unter sich, in der starken Gruppe. Und das alles kommt heute wieder. Ich sehe es fast jeden Tag. In der U-Bahn, auf der Straße, vor den Clubs. Ich sehe junge türkische Männer und Jugendliche der *Generation Wut*, sie sind zehn, 15 oder 20 Jahre alt, und sie beschimpfen und beleidigen deutsche Mädchen. So entsteht Rassismus. Ich kann verstehen, warum Mädchen und Jungen, die als Schweinefleischfresser und Nutten beleidigt werden, Hass und Feindseligkeit gegenüber Türken entwickeln.

In Istanbul gibt es einen berühmten Professor, der sich auf Eheberatung spezialisiert hat. Zu ihm pilgern Tausende Männer und Frauen aus der ganzen Türkei. Ich meine, sie geben einen Haufen Geld aus, um dorthin zu gelangen und ihn um Rat zu fragen, weil ihre Ehe arrangiert worden ist und sie keine Ahnung haben, was sie miteinander reden oder wie sie miteinander schlafen sollen.

Auch ich hatte Angst, mich wie ein Idiot zu benehmen. Ich hatte immer Angst, Mädchen anzusprechen. Ich wusste nie, wie man sich ihnen nähert.

Was soll ich sagen?

Liebe türkische Jungs: Lasst die Gewalt. Beleidigt nicht die Deutschen, beleidigt nicht die Mädchen. Seid nett zu ihnen. Dann sind sie auch nett zu euch. Liebe deutsche Mädchen, schaut euch die Migranten genauer an, bevor ihr sie vor-verurteilt.

Wir gingen an den Wochenenden manchmal in die Nobeldiskothek Trinity, deren Geschäftsführer der Partykönig Michael Ammer war. Dort verkehrten viele hübsche Mädchen und manche Models. Der Laden war so etwas wie Hamburgs Studio 54. Selbst die Einrichtung war zum großen Teil dem ehemaligen New Yorker Club nachempfunden. Manche meiner Freunde konnten auf der Tanzfläche ziemlich aufdringlich werden. Sie betatschten die Mädchen einfach so, völlig ohne Verstand. Ich stand meist irgendwo herum und guckte arrogant, um meine Schüchternheit zu kaschieren.

Da tanzte eine junge blonde Frau vor mir, und ein Freund kniff sie einfach in den Hintern. Sie drehte sich um und dachte wohl, ich wäre es gewesen. Ich zuckte mit den Schultern. Kurz darauf machte mein Kumpel dasselbe wieder, er lachte sich dabei kaputt. Sie drehte sich diesmal wütend um, trat mir voll auf den Fuß und drückte noch mal drauf. Ich wollte mir keinen Schmerz anmerken lassen und sagte auf Englisch:

»I didn't do it.«

»Ja, ja, ja.«

Ich sah sie später an der Bar wieder und sprach sie an. Ich entschuldigte mich nochmals auf Englisch, I didn't do it, und sie lächelte und antwortete auch auf Englisch. Sie war Dänin. Wir kamen ins Gespräch und sie fragte, ob ich mit ihr etwas trinken wolle.

Ich hatte ja kein Geld. Ein 50-Mark-Schein war Riesenkohle für uns. Wenn wir Geld hatten, zogen wir uns vor der Disco ein paar Bier rein, und manchmal hatten wir das Glück, dass uns jemand ein paar Getränkegutscheine gab. Aber sie wollte mich einladen. Sie wedelte mit ein paar Coupons, sie sei Model, sagte sie, und bekomme umsonst Getränke.

Wir tranken Tequila.

Als sie fragte, woher ich käme, bekam ich es mit der Angst zu tun. Ich bin halb Italiener, halb Deutscher, log ich. »My name is Sam. My father was Italian, but he died early. My mom is German.«

Ich konnte einfach nicht sagen: Ich bin Türke. Ich dachte, sie würde weglaufen.

»Oh, I was so often in Italy.«

Sie war groß, schlank und hatte grüne Augen. Sie war wunderschön. Wir verabredeten uns. Eine richtige Granate, dachte ich an diesem Abend. Sie wurde auch mächtig hofiert und chauffiert vom Partykönig und seinen Hofschranzen. Ich würde ihr gern Hamburg zeigen, versprach ich ihr.

So lernte ich Dorte kennen. Das war ein Freitag.

Am nächsten Tag hatte ich die Hosen voll. Ich schaffte es nicht einmal, sie anzurufen. Ich war total aufgeregt. Stattdessen rief ich meine Cousine an und fragte sie, ob ich das Mädchen wirklich gleich anrufen solle. Zappeln lassen. Bloß nicht anrufen, sagte meine Cousine. Ich war verliebt. Ich hielt es nicht mehr aus und rief sie doch an. Wir verabredeten uns für Montag. Was ich damals empfand, war für mich ein völlig neues Gefühl.

Ich hatte mit Martina mal geknutscht, ich war Sandra nahegekommen. Beides Schülerinnen an meinem Gymnasium. Aber beide hatten mir gesagt, sie könnten mit mir nicht zusammen sein, ihre Mütter würden es nicht erlauben. Weil ich Türke war. Ich war 20 Jahre alt, und ich hatte nur einmal mit einem Mädchen geschlafen, in Amerika. Es hatten sich noch einige andere hübsche Mädchen für mich interessiert, aber die waren mir egal. Nun war ich verliebt und ich hatte Angst, wie jeder Verliebte Angst hat. Vielleicht lag es auch daran, dass es mir mein Vater nie erklärt hat. Wie man mit Mädchen redet. Wie man mit ihnen flirtet. Das wussten wir alle nicht. Wir gaben uns alle andere Namen. Der eine nannte sich »Alessandro«, der andere »Roberto«. Wir gaben vor, Italiener zu sein, weil wir dachten, Italiener seien bei deutschen Mädchen beliebt, erfolgreich. Die Story mit meinem toten italienischen Vater habe ich nicht erst an diesem Abend erfunden. Ich hatte sie mir lange zurechtgelegt. Wir haben uns diese Storys alle lange zurechtgelegt.

Erst nach drei Wochen gestand ich ihr, dass ich Türke bin. Sie hat gelacht. Total gelacht. Dorte war meine große Jugendliebe, und sie blieb in Hamburg. Sie wohnte noch eine Weile mit einer Freundin in einem Model-Appartment, dann zog sie zu mir ins Elternhaus nach Neuallermöhe. Das war kein besonders glücklicher Zustand, aber ich hatte noch kein Geld und auch Dorte war nicht die Top-Verdienerin. Sie fuhr mit der Bahn zu ihren Jobs, und ich wollte nicht auf ihre Kosten leben.

Da war ein Informationstag an der Uni, und ich wollte dort die eine oder andere Veranstaltung besuchen. Dorte war zu einem Casting in die City gefahren. Ich hatte mir vorgenommen, mich bei den Juristen umzusehen, Jura war meine erste Wahl. Psychologie wäre die zweite gewesen. Es war Mitte März 1990, Ende des Sommers sollte das erste Semester losgehen, und ich hörte, wie mein Vater meine Mutter unten im Wohnzimmer anschrie.

Diese Wutanfälle häuften sich in der letzten Zeit. Manchmal bekamen wir Söhne seinen Zorn ab, meistens aber Mutter. Sie ertrug das stoisch, außerstande sich zu wehren. Ich legte die Unterlagen beiseite, um zu sehen, was los war.

Vater tobte wie Rumpelstilzchen. Er fuchtelte mit den Armen herum, rannte hin und her und hielt Mutter die Faust unter die

Nase. Immer wieder schrie er sie auf Türkisch an: »Du Hure, du Nichts, du Stück Scheiße!«

»Oruspu! Kahpe! Bok kadin!«

Er brüllte sie an, sie sei verschwenderisch, warum sie schon wieder die Gardinen gewaschen habe und derartigen Unsinn.

Dann schlug er ihr mit der flachen Hand direkt ins Gesicht.

Ich ging sofort dazwischen. Für einen kurzen Moment besann er sich. Er fragte mich:

»Ich hab doch recht, oder nicht?«

Sogleich wandte er sich wieder Mutter zu und schrie.

»Oruspu!«

Ich konnte es nicht mehr ertragen.

»Halt deinen Mund und lass meine Mutter in Frieden«, brüllte ich zurück.

Jetzt wurde er wütend auf mich. Es war das erste Mal in meinem Leben, dass ich ihn angeschrien hatte. Ich sah, wie sich seine Augen verdrehten, er ging auf mich los und versuchte, mir ins Gesicht zu schlagen. Ich wehrte seinen Angriff ab. Völlig mühelos. Das machte ihn noch wütender. Er haute weiter zu, aber seine Schläge machten mir nicht viel aus.

»Wie kannst du es wagen, mir zu widersprechen, du Schmarotzer, Hurensohn!«

Ich war wütend und enttäuscht zugleich. Mir kamen Tränen.

»Meine Hand werde ich heute nicht gegen dich erheben, Vater. Das habe ich noch nie getan. Wenn ich zurückschlagen würde, könnte ich dich verletzen.«

Langsam beruhigte er sich. Ich sah meine beiden jüngeren Brüder am Türpfosten der Küche stehen. Hilflos schauten sie uns zu. Ich versuchte, einen ruhigen Ton anzuschlagen.

»Hör zu. Du zerstörst unsere Familie. Ich ertrage es einfach nicht mehr, wenn du unsere Mutter schlägst und beschimpfst!«

Ich glaube, ich habe sogar geweint.

»Ich kann hier nicht mehr leben. Ich kann für nichts mehr garantieren, wenn du Mutter und mich angreifst …«

»Du drohst deinem Vater? Du Hurensohn drohst deinem eigenen Vater? Du bist ein Nichtsnutz. Du lebst von meinem Geld, aus dir wird nie etwas werden. Geh arbeiten, glaub ja nicht, dass du noch einen Pfennig für ein Studium von mir bekommst. Verdien dir dein Geld selbst.«

»Was willst du von mir? Warum behandelst du mich so? Wir hatten doch diesen Traum von einem Studium, das Abitur, das habe ich doch auch für dich getan, warum zerstörst du alles ...?«

Er sagte nichts.

»So kann ich nicht weiterleben«, sagte ich. So einfach sollte Vater nicht davonkommen. »Es gibt nur zwei Möglichkeiten. Entweder ziehen wir das jetzt durch und du unterstützt mich oder ich gehe den anderen Weg.«

Vater sagte nichts. Gar nichts.

»Ich mach dir einen Vorschlag. Entweder kommst du deinen Vaterpflichten nach, du hilfst mir, mein Studium durchzuziehen und einen guten Abschluss zu bekommen. Du hast mir sogar einen Sportwagen zum Abi versprochen. Den brauch ich nicht. Will ich auch nicht. Aber zum Studieren brauche ich deine Unterstützung. Wenn du dein Versprechen brechen willst, bitte. Dann werd ich eben Gangster und lande im Knast oder gehe drauf. Also. Entscheide dich. Wenn es die zweite Variante ist, dann gib mir für den Anfang ein Darlehen von 5000 Mark und ich verlasse morgen früh das Haus! So kommst du billiger weg. Dann bist du mich für immer los.«

Warum habe ich das in diesem Bruchteil einer Sekunde so entschieden?

Vielleicht hatte ich gehofft, er würde einlenken. Er würde sagen: Nein, bitte tu's nicht. Bleib hier, Cem, lass uns reden. Ich habe auf eine Entschuldigung von ihm gewartet.

Er sagte nichts. Wortlos ging er in sein Zimmer.

Meine Brüder schlichen auch in ihre Zimmer. Keiner sprach mehr ein Wort.

In meinem Kopf tobten die Gedanken. Scheiße, meine Familie bricht auseinander! Aber Papa war doch nicht immer schlecht zu uns gewesen? Als ich einmal mit Roby beim Klauen erwischt wurde – es war ein T-Shirt! –, fiel er aus allen Wolken. Papa, ich hab doch nie Geld, du gibst uns ja nichts, und ich habe auch Bedürfnisse, sagte ich ihm. Da ging er sofort mit mir Kleidung und Cowboystiefel kaufen. Aber seit ich aus den USA zurückgekommen war, hielt er mich wieder knapp. Ich musste um jede Hose betteln.

Dabei hatte er als Taxifahrer immer eine Menge Geld zu Hause. Es waren stets einige Tausend Mark in einer Kellnertasche, die er zwischen seinen Kleidern im Schrank versteckt hielt. Ich hatte die Geldbörse als Jugendlicher einmal entdeckt. Ab und zu hatte ich mir heimlich 10 oder 20 Mark herausgenommen. Ich weiß nicht, ob er es je bemerkte, jedenfalls hatte er nie etwas gesagt.

Dieses Mal war es anders. Ich weiß, dass er unheimlich enttäuscht gewesen sein muss. Vielleicht war er auch deswegen so sauer auf mich.

Die anderen hatten mich ins Spielcasino mitgenommen. Ich sah, wie sie Black Jack spielten und auch gewannen. Ich dachte, das ist ja ganz einfach, ich könnte Geld von Vater nehmen und es hier vermehren und dann wieder zurücklegen. Dann hätte ich etwas Geld. Ich wollte feiern gehen und mich nicht immer einladen lassen müssen von meinen Freunden oder Onkel Can. Ich dachte, ich muss doch irgendwie Geld besorgen. Ich habe zuerst 500 Mark genommen.

Natürlich habe ich verloren. Ich bin noch am gleichen Tag zurück nach Hause gefahren und habe noch mehr Geld aus seinem Schrank geholt. Am nächsten Tag noch mal. Insgesamt 2500 Mark. Da war noch mehr Geld in der Börse, aber das rührte ich nicht mehr an. Ich hatte keinen Pfennig mehr, alles verzockt. Diese 2500 Mark konnte er nicht hinnehmen. Vater tat mir leid. Ich fühlte mich richtig schlecht. Er hatte so hart für das Geld gearbeitet, er gönnte sich nie etwas, nicht einmal eine Cola, wenn er im Taxi Durst hatte.

Ich hätte gern mit ihm darüber geredet. Wie ich das Geld verdienen und zurückzahlen konnte. Aber Vater hatte nie mit uns gesprochen. Er war kein Mann, der mit seinen Söhnen väterliche Gespräche führte. Er war immer nur in Eile oder todmüde.

Er zeigte nie seine Gefühle. Er hatte mir nie gesagt: Ich liebe dich.

Aber ich hatte noch Hoffnung, dass Vater wieder zur Vernunft kommen würde. Dass sich irgendwie alles wenden würde. Mein Gott, er war doch mein Vater, den ich trotz allem immer geliebt hatte? Er hatte sich verändert, grausam verändert. So weit, dass er in seinem Hass gegen Mutter sogar versucht hatte, mich auf seine Seite zu ziehen und mich gegen sie aufzubringen. Er kannte nur noch schwarz oder weiß. Wer nicht für ihn war, war gegen ihn.

Ich schlief schlecht.

Wie an jedem Morgen stand ich auf, ging ins Bad und danach ins Esszimmer. Vater saß bereits am Tisch, wir waren alleine. Er sah mich nicht an, er sagte kein Wort. Vor ihm lag ein Haufen Geldscheine auf dem Tisch. Er stand auf, drückte mir das Geld in die Hand, drehte sich um, holte seine Jacke und verließ das Haus.

Okay, dachte ich. Wenn du es so willst.

Ich zählte. Es waren genau 5000 Mark.

Ich packte unsere Sachen, meine und Dortes Koffer. Dann verabschiedete ich mich von Mutter und meinen Brüdern. Meine Mutter weinte. Mein Bruder Can hielt mich noch am Ärmel fest.

»Lass uns mit dem Irren nicht alleine.«

Ich habe mich damals davongestohlen. Ich glaube, ich habe mich in diesem Moment vor der Verantwortung gedrückt, meinen Brüdern und Mutter gegenüber. Ich war froh, dass ich raus war. Kaum war ich aus der Tür, spürte ich die Freiheit. Dieser Druck fiel plötzlich von mir ab. Ich war erleichtert.

Ich nahm mir mit Dorte eine Wohnung. Ein kleines Ein-Zimmer-Apartment in der Marie-Luise-Straße, in dem sie als Model schon gewohnt hatte. Freunde sagten mir, sie würden mir helfen, wenn ich Geld bräuchte, aber das brauchte ich ja erst mal nicht.

Den Informationstag an der Uni hatte ich sausen lassen. Ich hatte keine Lust mehr, mich dort umzusehen. Wie sollte ich denn ein ganzes Studium finanzieren? Fünf oder sechs Jahre? Noch dazu als Türke? Das war doch noch viel schwieriger, so war es immer. Mit Nebenjobs? Darunter leidet nur das Studium. Und dann würde ich noch länger brauchen, vielleicht sieben oder acht Jahre, vielleicht noch dazu mit schlechtem Abschluss. Hätte ich dann auf dem Arbeitsmarkt überhaupt noch eine Chance? Gerade war in Berlin die Mauer gefallen. Die Ostdeutschen drängten in den Westen, auch an die Unis. Würde man im Job einen Ostdeutschen nicht jederzeit einem Türken vorziehen?

Kurzum: Waren sie nicht alle gegen mich? Mein Vater wie das ganze ungerechte System?

Viele Jahre habe ich mir eingeredet, Vater sei an allem schuld. Er trage die Schuld daran, dass ich kriminell geworden bin. Es war Vater. Er hat mich dazu gebracht. Er hat mich da hineingetrieben, er hat es ja nicht anders gewollt. Daran habe ich mich festgehalten wie ein Kind. Dafür hasste ich ihn genauso sehr wie für das, was er Mutter angetan hatte. Er war es gewesen.

Oder habe ich nur nach einem Grund gesucht, nicht studieren zu müssen. War die Auseinandersetzung mit Vater nicht der letzte Anlass, den ich noch brauchte? Aber vielleicht hätte ich doch gerne von ihm gehört: Geh studieren, Cem. Ich helfe dir. Werde Anwalt. Werde Manager. Dann wird es uns allen gut gehen in dieser Gesellschaft. Er hätte mir das sagen können.

Er war es.

»Was ich einmal ausgekotzt hab, ess ich nicht noch mal«, hat M., der Pate, immer gesagt.

Wie wird man Gangster?

Ganz einfach. Man trifft eine Entscheidung. Und dann hat man einen Onkel, der ein Gangster ist. Onkel Can. Noch am selben Tag rief ich ihn an.

Ich war fasziniert von diesen Luxusartikeln. Diesem Luxusleben, diesen dicken Autos, dem ganzen Geld, das Can ständig in der Hosentasche trug, direkt vorne bei den Eiern. Dauernd zog er dieses fette, zusammengerollte Bündel heraus. Schnippte lässig das Gummiband zur Seite und zupfte einen Schein heraus. Als wär's gar nichts. Ich meine, es war ihm gar nicht wichtig. Er hatte ja genug davon. Er konnte es sich leisten, Trinkgelder zu geben, von denen ich eine Woche hätte leben können.

Er fuhr einen nagelneuen Porsche Carrera. Er hatte teure Anzüge. Geile Lederjacken. Die abgefahrensten Stiefel und Mäntel. Er war immer gut gelaunt. Alle seine Freunde fuhren tolle Sportwagen. Im Sommer kurvten sie manchmal jeden Tag nach Timmendorfer Strand und ließen die Sau raus. Einfach so. Sie machten Wettrennen auf der Autobahn. Sie hatten alle Geld, ich hatte nie welches. Sie hatten Spaß, ich hatte nur Verdruss. Ich habe immer allen anderen die Schuld gegeben. Meinem Trainer, der mich nicht nominiert hatte. Bertie Vogts, der keine Türken in seinen Teams wollte. Dem Direktor, der nicht zulassen konnte, dass ich Schulsprecher wurde. Dem Schüler, der sein Abitur als wertlos empfand, ja sogar den Ossis, die jetzt bevorzugt wurden. Alle waren gegen mich. Ich habe der ganzen Welt die Schuld gegeben.

Fakt ist: Ich hatte einfach Bock darauf, Gangster zu werden.

Ich wollte so sein wie Onkel Can, wie seine Freunde. Ich wollte dazugehören. Warum auch nicht?

Ich hatte meine Schuldigkeit getan und das Abitur gemacht.

Als mir Papa in der Küche das Geld gab, hatte er mich aufgegeben. Er hatte mich verstoßen und der Weg zu Can war frei. Ich war raus. Vielleicht kam es mir einfach gelegen, mich von meiner Familie zu lösen, um endlich mein eigenes Ding machen zu können. Ich war frei. Und Can war mein Vorbild. Er hatte Macht. Er genoß Respekt und er konnte sich jeden Wunsch erfüllen.

Warum sollte ich ihm nicht nacheifern?

»Ciao, ich bin's, Cem.«

Ich konnte meine Traurigkeit noch nicht ganz verstecken.

»Hey, Sam, wie geht's?«, fragte Can.

»Ich muss mit dir sprechen. Ich wohne nicht mehr zu Hause. Ich hab Streit gehabt mit Papa. Ich brauch deinen Rat ...«

»Okay. Heut Abend gehe ich zum Training. Du kennst den Club. Ich erwarte dich um 18 Uhr am Eingang, dann trainieren wir und können uns in Ruhe unterhalten.«

»Bin da. Bis dann.«

Can stand mir von der väterlichen Seite am nächsten. Obwohl er mein Onkel war, war er gar nicht so alt. Im Grunde war er für mich wie ein älterer Bruder. Er war cool, er war erfolgreich und er war Profiboxer. Er hatte Abitur gemacht und studierte Betriebswirtschaft. Ich kannte keinen anderen Türken wie ihn. Can hatte es geschafft. Völlig klar. Er hatte mich schon öfter gefragt, ob ich nicht mitmachen wolle. Da gebe es gute Möglichkeiten, Geld zu verdienen, sagte Onkel Can.

Sam, du bist wie gemacht für das Gangsterleben. Da kannst du richtig Erfolg haben. Du musst nur lernen, wie.

Ich hatte es ja mit eigenen Augen gesehen. Ich bewunderte ihn. Und hey, er studierte und hatte trotzdem immer Geld. Mit seiner Hilfe konnte ich immer noch Anwalt werden, wenn mir danach war. Scheiß erst mal auf die Uni.

Vor dem Fitnesscenter wartete ich auf ihn. Sein schwarzer Porsche fuhr auf den Parkplatz. Can trug einen seiner eleganten Designeranzüge. Da war er, Al Pacino. Ja, dachte ich, als er ausstieg, er sieht aus wie Al Pacino. Wir umarmten uns. Während wir uns umzogen, redeten wir kurz über die Familien. Da gab es ja eine ganze Menge Leute abzuchecken, in Hamburg wie in der Türkei.

Wir gingen an die Geräte.

»Ich bin von zu Hause weg. Vater und ich hatten einen schweren Streit wegen meiner Mutter. Du kennst ihn ja, er ist total cholerisch. Er hat sich in den letzten Jahren extrem verändert, es ist immer schlimmer geworden mit ihm. Dauernd greift er Mama an und meistens wegen nix. Er hat sie angeschrien, weil sie wieder die Gardinen gewaschen hat und er der Meinung war, die Gardinen wären noch sauber. Das sei Geldverschwendung, meinte er. Dann hat er ihr eine geknallt. Kannst du dir das vorstellen?«

Can schüttelte nur den Kopf.

»Ich bin natürlich sofort dazwischen. Dann ging er wie ein Mongo auf mich los. Glaub mir, ein Schlag hätte gereicht. Ich denke, er merkt, dass sie sich langsam von ihm trennen will. Kein Wunder.«

»Da hast du recht.«

»Auch meine Brüder müssen dauernd seine miese Laune aushalten. Es ist zum Kotzen. Wir sind seinem ständigen Terror ausgesetzt. Er sagt, dass wir alle nichts taugen und ihm auf der Tasche liegen. Meine Mutter hat mir erzählt, dass er immer über mich und Dorte ablästert. Gestern ist mir dann echt der Kragen geplatzt. Zum ersten Mal hab ich mich richtig gegen ihn aufgelehnt. Du weißt, dass ich ihm immer Respekt entgegengebracht habe …«

Can saß in der Beinmaschine, ich stand am Latissimus-Zug.

»Na ja. Dann hab ich ihm gesagt, mein Studium kostet viel Geld. Also entweder du unterstützt mich oder du gibst mir jetzt 5000 Mark, ich zieh aus und werd Gangster. Eigentlich wollte ich ja nur bluffen. Aber heute Morgen hat er mir das Geld hingelegt. In der Küche. Zack. Einfach so. Ohne was zu sagen. Das hat schon ganz schön wehgetan.«

Can sah mich mit großen Augen an.

»Und?«

»Und was? Ich hab die Kohle eingesteckt. Ich bin jetzt dabei. Ich hab die Schnauze voll, ich will nicht mehr abhängig sein. Soll ich wie er enden? Ich seh doch, was aus ihm geworden ist. Nee, ich will nicht mehr wie so'n Assi leben. Ich will Respekt und Anerkennung. Ich will kein Obst- und Gemüsefritze sein oder Taxifahrer. Als Türke hast du doch keine faire Chance, selbst wenn du Talent hast. Welcher Türke hat denn schon was Großartiges geschafft? Auf ehrliche Weise. Ich kenn keinen. Wen kann ich mir schon zum Vorbild nehmen? Wen denn? Alles Verarschung hier. Ich bin hundert Prozent entschlossen. Ich will so werden wie du.«

Er sah mich nur an. Dann nickte er, leicht.

Ich pumpte.

»Du hast recht, Sam. Bloß siehst du das mit dem Studieren falsch. Du kannst beides machen. Wenn du Jura studierst oder Betriebswirtschaft, dann hast du's viel leichter, oben in der Gesellschaft Fuß zu fassen. Ganz oben. Die da oben akzeptieren dich, wenn du einen akademischen Titel vorweisen kannst. Ich mach auf jeden Fall noch meinen Doktor. Und was glaubst denn du? Meinst du, nur Gangster machen krumme Dinger? Die sogenannte feine deutsche Gesellschaft verdient verdammt viel Geld mit halbseidenen Geschäften, glaub mir. Damit kannst du dein Studium bequem finanzieren. Glaub mir, doppelt hält besser.«

Genau das wollte ich hören.

»Cem, ich find's gut, dass du dich so entschieden hast«, sagte Onkel Can. »Du hast die Situation richtig eingeschätzt. Ehrlich, ich hab dich ja schon länger im Auge. Ich habe immer viel von dir gehalten. Du kannst mal ein ganz Großer werden. Du bist intelligent und hast Aura. Das brauchst du, um ein Topgangster zu sein, um auch Erfolg zu haben. Dir fehlt nur die Ausbildung, damit du weißt, wie du dich verhalten sollst. Und die wirst du durch mich bekommen.«

So einfach ist das, dachte ich.

Onkel Can wischte sich den Schweiß von der Stirn. Ich zog an der Latissimus-Maschine, als hingen Federn am anderen Ende des Drahtseils. Er traute mir also eine Menge zu. Na klar. Da war ich mir sicher, ich werde das auch schaffen. Can schälte sich aus der Beinpresse und gab mir einen anerkennenden Schlag auf die Schulter. Wir wechselten die Gerätestationen.

Meine Ausbildung hatte begonnen.

Am nächsten Tag fuhr ich mit dem Bus in die Stadt. Wir wollten uns im Uni-Café treffen, um eins. Can wollte mir erste Tipps geben. Ich war viel zu früh dran. Da saßen sie, die Studenten, bei Kaffee und Kuchen. Ich verließ den Raum und ging zur Studienberatung im Hauptgebäude am Dammtor. Dort wollte ich mich mal umsehen. Es waren Immatrikulationstage. Junge Tutoren wiesen die Neuankömmlinge ein. Ich wurde einem Tutor zugeteilt, der für Jurastudenten zuständig war. Mit ihm ging ich in einen Vorlesungssaal, in dem die Erstsemester saßen. Ich suchte mir einen Platz und sah mich um. Ich war, soweit ich das überblicken konnte, der einzige Türke im Saal.

Wir hatten nichts miteinander zu tun. Wir sind verschieden, dachte ich. Ich verstand ihre Sprache, aber es waren andere Menschen. Fremde. Niemand lächelte mich mal an oder gab mir das Gefühl, dazuzugehören. Ich konnte sie schon jetzt nicht leiden. Ich gehörte dort nicht hin. Der Dozent da vorne erzählte irgendetwas, seine Worte rauschten nur an mir vorbei. Das war nicht meine Welt. Man muss sich entscheiden, für eine Seite. In diesem Punkt wollte ich Can nicht recht geben.

Das war meine zweite Entscheidung.

Es klingt vielleicht komisch, aber der Weg, Gangster zu werden, schien mir nicht nur einfacher, sondern auch sicherer. Das Studium hätte ich schon geschafft. Auch ohne Vaters Hilfe. Aber ich hatte Angst vor dieser Ungewissheit. Dass meine Leistungen wieder nicht belohnt werden würden. Dass mich das System wieder kurz vor dem Ziel ausspucken würde.

Ich verließ den Hörsaal und ging zurück ins Café. Can saß schon am Tisch.

»Ich möchte nichts mit Zuhälterei oder Drogen zu tun haben.

Dafür hab ich nichts übrig. Zuhälter kann man doch nur sein, wenn man seine Mutter hasst. Und Kinder vergiften will ich auch nicht. Auf keinen Fall.«

Can nickte.

»Okay, Sam.«

Ich hatte schon so eine Vorstellung. Ich wollte ins Warentermingeschäft. Dort arbeiteten bereits Freunde von mir. Was sollte daran so schlimm sein? Das Geld kam doch sowieso von den Reichen, und das meiste war Schwarzgeld, so viel hatte ich schon verstanden. Es war ohnehin illegales Geld. Und statt irgendeines Staates würden wir es ihnen abnehmen. Onkel Can fand das in Ordnung. Das wäre der richtige Einstieg mit schnellen Gewinnaussichten. Ich müsse nur klein anfangen und alles über das Geschäft lernen. Dann könnte ich irgendwann eine eigene Firma besitzen.

»Mach dir keine Sorgen, Sam. Wir werden jetzt oft zusammen sein. Du bist mein Neffe und ich liebe dich. Das gleiche Blut fließt durch unsere Adern. Aber du musst dich an die wichtigste Regel halten: Du hörst immer auf das, was ich dir sage. Dann wird dir in Hamburg nichts passieren!«

Das sagte er in sehr eindringlicher Weise. Er nippte an seinem Espresso. Dann sah er sich um, als ob uns jemand zuhören könnte. Er legte seine Hand um meinen Nacken und zog meinen Kopf zu sich heran. »Wenn du auf eigene Faust vereinbarte Absprachen änderst, ohne es mir vorher zusagen, dann stehst du mit dem Problem allein da. Unsere Partnerschaft ist dann sofort beendet. Also. Wenn ich dir den Auftrag gebe, jemanden zu erschießen, dann hinterfragst du das nicht oder änderst den Plan, sondern tust es sofort. Okay?! Gib mir dein Wort.«

Erschießen?

»Okay.«

Wenn es sein muss, wenn es um unsere Familie geht, sofort.

Natürlich schwor ich bei meiner Ehre.

»Okay«, sagte Can. »Versteh mich nicht falsch. Ich weiß, was richtig für dich ist. Ich habe Erfahrung. Ich kenne die Gangsterwelt und ihre Regeln. Du bist noch neu. Loyalität ist sehr wichtig für mich, ich meine, du hast sie. Ich würde genauso für dich sterben. Wir sind jetzt eine Familie. Du, deine Brüder, ich und mein Bruder. Wenn sie reif genug sind, holen wir sie dazu. Wir nehmen nur Familienmitglieder im inneren Kreis auf.«

Ich wollte wissen, ob Can alleine arbeitete oder mit Partnern. Ich wollte wissen, wer sie waren. Immerhin gehörte ich ja jetzt dazu. Can machte eine abwiegelnde Handbewegung.

»Ich habe Partner. Die wissen, dass ich Eier habe, aber wichtiger ist, dass sie allein durch meinen Geschäftssinn Geld verdienen. Deswegen respektieren sie mich und ich profitiere durch sie. Sieh es als eine Zweckgemeinschaft an. Aber Blut, das ist was anderes.«

Ich dachte an Vater, aber ich hielt den Mund. Can klang ziemlich überzeugend.

»Okay.«

Onkel Can war bester Laune. Er schien sichtlich zufrieden mit mir und gab sich keinerlei Mühe mehr, sich irgendwie leise oder geheimnisvoll zu verhalten. Er war jetzt der Chef, so etwas wie der Pate im Kino, und ich war sein Novize, der ihm gerade den Ring geküsst hatte. Er bestellte einen Kaffee nach dem anderen und spulte gleich einen ganzen Quelle-Katalog an Regeln ab, die ich unbedingt zu befolgen hatte. Ich meine, keine 300 Meter entfernt hockten Hamburgs zukünftige Richter und Staatsanwälte mit Mappe und Stift in ihrer ersten Vorlesung, und vor mir saß mein Pate, und wir hatten die Sache praktisch schon mit Blut besiegelt.

Was war wohl spannender?

Onkel Can kam richtig in Fahrt. Jedes Mal, wenn er etwas gesagt hatte, haute er mir ordentlich auf die Schulter. Und ich nickte fleißig. Das kleine Gangstereinmaleins.

Erstens: Du musst immer topfit sein. Can boxte und machte Krafttraining. Es gibt nichts Schlimmeres, als einen Fight Mann gegen Mann zu verlieren, meinte Onkel Can. Ich solle aber niemals einer Schlägerei aus dem Weg gehen. So würde ich mir schnell einen guten Namen machen, wenn ich in den Szeneclubs immer wieder Leute umhauen könnte. Möglichst brutal. Denn da hält sich auch die Unterwelt auf, und die bekommt das mit. Dann würde es sich schnell herumsprechen: Der hat was auf dem Kasten. Das leuchtete mir ein. Okay, Onkel Can. Kein Problem.

Zweitens: Ich sollte mich unbedingt smarter kleiden. Klar. Kleider machen nun mal Leute.

Drittens. Keine Drogen. Kein Alkohol. Oder nur in Maßen. Und es stimmte. Mir war immer aufgefallen, dass Can nie mehr als zwei oder drei Gläser Champagner an einem Abend im Club getrunken hatte. Ich hatte ihn noch nie angetrunken oder gar besoffen erlebt. Die beste Droge ist ein klarer Kopf, sagte Can. Sonst machst du dich zum Hampelmann.

Als Nächstes sollte ich sofort einen deutschen Pass beantragen. Damit man mich nicht abschieben konnte, falls es doch mal zu einer Anklage kommen sollte. Ich solle mir auch eine Waffe besorgen. Dabei würde er mir schon helfen.

Und wo bewahrt man die Waffe auf? Im Auto. So hat man sie immer dabei, aber niemals am Körper. Wenn man in eine Situation geriet, die zu eskalieren drohte, konnte man die Waffe jederzeit holen. Zog man die Waffe, schoss man ohne zu zögern. Sonst konnte der Gegner schießen oder einem die Waffe abnehmen und damit erledigen. Aber zuvor musste man einen kühlen Kopf bewahren und zwei Schritte zurückgehen. Zwei Schritte zurück! Nicht einen, zwei! Und wenn man die Waffe gezogen hatte, musste geschossen werden. Unbedingt. Sonst würde man nicht ernst genommen.

Mann, ich hatte noch nie etwas mit Schusswaffen zu tun gehabt. Vor zwei Stunden saß ich noch im Hörsaal der Juristen, und jetzt tat sich plötzlich diese Parallelwelt vor mir auf. Ich sog seine Worte auf wie ein Schwamm. Sprich nie am Telefon über Geschäfte. Triff dich mit deinem Gesprächspartner, wo es laut ist, denn du kannst abgehört werden. Triffst du dich mit einem Gegner, dann nie an einem Treffpunkt, den er vorschlägt. Versuche, einen neutralen Ort zu wählen. Wenn du den Treffpunkt bestimmen kannst, ist die Auseinandersetzung praktisch schon entschieden, denn dann bestimmst du das Geschehen. Schau deinem Gesprächspartner immer in die Augen. Das ist ein Zeichen von Stärke. Siehst du, wie dein Gegner schluckt, dann weißt du, dass er Angst hat. Schau also auch mal auf seinen Adamsapfel. Immer tief und gleichmäßig durchatmen und niemals selbst schlucken, okay?

Okay, Onkel Can.

Eine der wichtigsten Regeln in der Gangsterwelt lautet: Wenn ein anderer Gangster mit dir auf Konfrontationskurs geht, darfst du niemals Angst zeigen, egal, wie mächtig er ist. Du schmiedest dann mit mir einen Plan, wie die Sache zu klären ist. Bei einer direkten Konfrontation drohst du nicht einem Gegner, wenn du weißt, dass er auch was drauf und gleichzeitig mehr Leute bei sich hat. Hitzköpfe und falsche Helden leben nicht lange. Was dann? Du stehst auf. Du stehst einfach auf und gehst. Ohne ein Wort zu sagen. Damit zeigst du Überlegenheit. Dabei schaust du ihm aber immer in die Augen. Dann kann dich der verdammte Molugge nicht einschätzen. Wenn er dann droht, aber keine Aktion startet, hat er verloren. Aber merk dir: Ein Feind kann auch irgendwann dein Freund werden. Also beleidige ihn nicht.

Bagger niemals die Frau eines anderen Gangsters an. Frauen sind es nicht wert, zu sterben oder in den Knast zu gehen. Sei beim Aufteilen der Beute immer ehrlich. Das Dümmste ist es doch, eine gut laufende Partnerschaft durch übertriebene Geldgier zu zerstören. Der Ruf in der Gangsterwelt ist wichtig. Es ist allemal besser, langfristig Geld zu verdienen als einmal was wegzuschnappen. Ich meine, der Mann war Betriebswirt: Schlachte nie eine Cash Cow, solange sie noch eine ist! Das klang alles absolut logisch.

Can leerte seinen letzten Espresso.

»Falls du mal in die Fänge der Polizei gerätst: Sag niemals aus. Halt den Mund und verlange einen Anwalt. Ich kümmere mich darum. Das Wichtigste ist, dass du immer auf mich hörst. Dann garantiere ich dir, dass du einen schnellen Aufstieg hast ohne Risiko. Ich verspreche dir, du wirst nie in den Knast kommen.

Für heute soll's reichen. Wir werden jeden Schritt planen. Du musst ein bisschen Geduld mitbringen.«

Das war die Vorlesung meines Lebens.

»Sag mal, Can, nur so zum Spaß. Wenn ich dir vor anderen Gangstern eine Ohrfeige geben könnte, dann wäre mir doch der Respekt der anderen sofort sicher …«

Can wurde plötzlich sauer.

»Das ist kein Spaß, Sam! Klar. Dann wäre deine Position stärker. Aber du wirst früh genug Gelegenheit bekommen, dich zu beweisen. Bis dahin musst du mir immer Respekt zeigen, damit du meine Position stärkst.«

Ich war vollkommen high. Ich gehörte praktisch schon dazu. Ich sah mich in meinen neuen Designerklamotten in meinen Porsche steigen, nicht ohne einen wohlwollenden Blick auf die verchromte 45er Magnum im Handschuhfach zu werfen …

Dann würde ich durchstarten.

»Sam. Sag mir noch, was du wirklich willst.«

»Ehre, Loyalität, Familie und Macht. Respekt von der deutschen Gesellschaft.«

»Und was noch?«

»Ich glaube, ich will der erste Türke aus Lokstedt sein, der in Beverly Hills wohnt und von Hugh Heffner in die Playboy Mansion eingeladen wird …«

»Okay.«

Jetzt lachte er wieder.

Hat Dorte mitbekommen, wie ich Gangster wurde?

Nein. Ich habe ihr vieles einfach nicht gesagt. Ich habe ihr gesagt, ich mach jetzt mein Abi fertig, und ich sagte ihr, ich arbeite jetzt in einer Finanzfirma. Das war's. Sie hat nie weiter nachgefragt. Ich erzählte ihr nicht von Cans Geschäften. Sie merkte nichts, als ich plötzlich einen waffelgelben Versace-Anzug trug, sie merkte nichts, als ich mit Geld nur so um mich warf. Ich sagte nur: Ich verdiene doch viel Geld als Börsenmakler, Süße. Sie merkte nichts, als Michael Ammer im Trinity mich plötzlich hofierte anstatt sie, sie merkte nichts, als ich mit ihr zu einem

Boxkampf von Mickey Rourke gegen einen weißen Amerikaner ging. Wir saßen in der ersten Reihe neben Can und seinen Soldaten auf Plätzen zu 500 Mark. Sie merkte immer noch nichts. Sie habe sich nur ein wenig unwohl gefühlt, sagte sie am Ende des Abends.

Es saßen so viele Zuhälter um uns herum, dass es für ganz Santa Fu gereicht hätte. Obwohl Can diese Zuhälter auch noch alle gekannt und mich einigen vorgestellt hatte und obwohl mich einer von diesen Typen dabei abfällig angesehen hatte, worauf ihn Can wutentbrannt zur Brust genommen und ihm etwas ins Ohr geflüstert hatte, sodass der sich bei mir sofort entschuldigte, merkte sie nichts. Sie fand nur die ganze Atmosphäre daneben. Ich habe mich irgendwie wie eine Nutte gefühlt, sagte sie. Das möchte ich nicht noch einmal haben. Nein, Lunte roch sie nicht. Hast du das denn nötig, dieses Milieu, sagte sie am Ende des Abends. Ist das denn vernünftig?

»Nein. Aber ist doch alles harmlos. Man kann doch mal zum Boxkampf gehen, Schatz.«

Erst später, als die Schlägereien begannen, als sie sah, wie ich nach Hause kam, fiel ihr auf, dass etwas nicht stimmte.

Mickey Rourke gewann den Kampf. Weil sein Gegner in der siebten Runde auf einmal umfiel, obwohl ihn der Schauspieler gar nicht getroffen hatte.

Ich kannte mal einen älteren Deutschtürken in Hamburg-Wilhelmsburg. Der hat mir damals gesagt: »Ich habe es gehasst, hier aufzuwachsen. Hier zu leben. Wir haben in Kellern gespielt, in diesem verdammten Ghetto. Ich habe alles gehasst. Ich habe meine Eltern gehasst, weil sie ungebildet waren und mir nichts beigebracht haben. Ich habe Katzen die Köpfe abgerissen und Hunden das Genick gebrochen.«

Einfach so.

»Ich habe alle meine deutschen Nachbarn aus dem Haus gejagt. Ich habe die Kinder geschlagen und die Eltern bespuckt.«

Als er 18 wurde, ist er mit dem Auto seines Vaters herumgefahren und von zwei Polizisten gestoppt worden. Sie hätten ihn schikaniert, sagte er. Und dann habe er ihnen gesagt: Ihr könnt mit mir machen, was ihr wollt, weil ihr die Macht habt. Aber dafür werde ich zehn andere Deutsche schlachten. Er benutzte genau dieses Wort: schlachten.

Ich fragte ihn damals, ob er das auch gemacht habe.

Er sagte: Ja.

Hollywood ist mächtig

Im Grunde kann man es so sagen: Talentierte deutsch-türkische junge Männer versammelten sich damals im Gangstermilieu. So wie meine deutschen talentierten Altersgenossen Ärzte, Rechtsanwälte, Schauspieler, Architekten, Designer, Grafiker oder Werber geworden sind, wurden wir Warentermin- und Scheckbetrüger, Waffenhändler, Hehler, Kokaindealer, Zuhälter, Autoverschieber und Schutzgelderpresser.

Je nach Neigung und Möglichkeit und wer immer die Power dazu hatte.

Wir sagten dann, wir arbeiten im Im- und Export. Wir firmierten als Immobilien- und Börsenmakler oder Gastronomen, wir nannten uns Auto-, Obst- und Gemüsegroßhändler, und wer an einem Bordell beteiligt war, tarnte sich als Hotelbesitzer. Das war unser seriöser Anstrich.

Natürlich gab es auch talentierte deutsch-türkische junge Männer und Frauen, die studierten und Ärzte, Rechtsanwälte, Schauspieler, Architekten, Designer, Grafiker oder Werber werden wollten. Aber mal ehrlich: Wie viele dieser Jugendlichen der *Generation Chance* hatten einen Bruder, Cousin, Onkel oder Schwager, der Warenterminbetrüger, Waffenhändler, Kokaindealer, Zuhälter oder Schutzgelderpresser war und nicht unerheblich dazu beitrug, die Familie zu unterstützen und das Jura-, Medizin-, Design- oder Grafikstudium der jüngeren Geschwister zu finanzieren?

Wir haben alle unsere kleinen Brüder unterstützt. Ugur und Tolga schickten ihren jüngsten Bruder auf ein Internat nach New York, damit er Englisch lernen konnte. Sie zogen ihn durch das gesamte Studium. Ich habe meinen kleinen Bruder finanziert, damit er sein Abitur machen konnte. Als Vater aus dem Haus war, unterstützte ich Mutter. Alle türkischen Gangster gaben zu Hause Geld ab. Vielleicht waren wir ja so etwas wie der Diesel in diesem Getriebe.

Heute ist das anders. Heute gibt es immer weniger männliche türkische Jugendliche, die ein Gymnasium besuchen, weil sie von vornherein in diese unsinnigen Hauptschulen abgeschoben werden. Es gibt aber immer noch viele talentierte deutsch-türkische Jugendliche, die kriminell und gewalttätig werden. Nur: Sie haben heute nicht mehr die Wahl zwischen einem Studium und der Gangsterkarriere, wie ich sie noch gehabt hatte, und sie unterstützen auch nicht mehr ihre kleinen Schwestern und Brüder, weil ihre kleinen Schwestern und Brüder ihre Talente ebenso in den Hauptschulen und auf der Straße vergeuden. Talent ist vergänglich. Es stirbt ab, wenn es nicht gefördert und gefordert wird.

Es gibt immer mehr Gewalttäter.

Und sie werden immer brutaler.

Wir verabschiedeten uns vor dem Café. Can schien wirklich stolz auf mich zu sein. Das war ein gutes Gefühl. Er hatte mir die Adresse eines Ladens in der Innenstadt gegeben, in dem ich Klamotten kaufen konnte. Von Vaters 5000 Mark kalkulierte ich 1000 fürs neue Outfit. Zuerst suchte ich mir eine schwarze Lederjacke aus. Die waren total angesagt. Eine Art Blazer. Der Verkäufer war misstrauisch. Er verfolgte mich auf Schritt und Tritt. Ein Türke in der Edelboutique? Das passte nicht. Ich kramte meine 5000 Mark aus der Hosentasche hervor, schnippte das Gummiband vom Bündel und zählte. Auf einmal wurde der Verkäufer ganz servil.

Arschloch.

Ich genoss seine aufgesetzte Freundlichkeit, suchte mir eine Jacke aus, wie ich sie von den Gangstern in den Hollywoodfilmen kannte, und packte noch ein paar schwarze Hemden drauf.

Das nächste Mal können Sie gleich freundlich sein.

Aber bitte gerne.

Danach kaufte ich mir ein paar schwarze Cowboystiefel.

Zu Hause zog ich alles an und betrachtete mich im Spiegel.

Ich machte Schattenboxen. Dann fuhr ich erst mal zur Videothek. Ich lieh mir alle Gangsterfilme, die ich finden konnte. ›Der Pate‹ eins bis drei, ›Scarface‹, ›Good Fellas‹ und so weiter.

Es ist merkwürdig, aber man glaubt gar nicht, wie sehr uns Hollywood beeinflusst hat. Hollywood ist mächtig. Die Abbilder der Wirklichkeit, die dort in den Studios entstehen, prägen diese Wirklichkeit. Die Gangsterfilme aus Hollywood faszinierten uns alle schon als Kinder und Jugendliche. Ich bin mir sicher, dass sie Gangster auf der ganzen Welt beeinflusst haben und immer noch beeinflussen. Die Mafia-Filme Hollywoods waren unsere Bibel. Al Pacino in ›Scarface‹, Jimmy in ›Good Fellas‹, das waren unsere Vorbilder.

Wir kleideten uns wie sie, wir sprachen wie sie. Wir benahmen uns wie die Mobster. Die Trilogie des Paten nach den Romanen von Mario Puzo haben wir alle studiert. Wir trugen stets glatte, schwarze Lederblazer und goldene Uhren wie Al Pacino und Johnny Depp in dem Film ›Donnie Brasco‹. Dazu Jeans, schwarze Hemden, Sneakers oder Cowboystiefel. Damit konnte man gut kämpfen und sie machen größer. Am Anfang waren schwarze Bomberjacken unser Markenzeichen gewesen. Später, als wir richtig Kohle hatten, war es die Rolex Daytona mit der Bomberjacke.

Manchmal trugen wir auch dunkle Anzüge. Designerware natürlich. Kurze Haare, normaler Schnitt. Wie Johnny Depp und Al Pacino hatten wir alle das Geld immer in dicken Bündeln mit einem Gummiband oder einer Klammer in der Hosentasche. Ein Portemonnaie zu haben wäre ganz peinlich gewesen. Kleingeld kannten wir nicht. Wir ließen uns nie Wechselgeld geben, nicht einmal beim Bäcker, an der Tankstelle oder im Supermarkt. Wir legten niemals unsere Handys auf den Tisch, auch wenn sie noch so teuer waren. Sie konnten ja abgehört werden.

Wenn wir etwas nicht mochten, sagten wir: Leck mich. Und wenn wir etwas mochten, sagten wir dasselbe. Weil Jonny Depp und Al Pacino das den ganzen Film über sagen: Piss die Wand an. Das war cool. Wir erfanden dazu unsere eigene Sprache.

Mensch, Alter, biste weich? Oder: Erzähl nich so'n Scheiß. Das passte zu allem, ganz egal. Hauptsächlich aber sprachen wir ein gepflegtes Deutsch. Auch darauf legten wir Wert. Wir sprachen nicht dieses prollige Deutsch, das heute in den Ghettos gesprochen wird. Wir wollten nicht nur gefürchtet, sondern auch geschätzt werden. Die Sprache war sehr wichtig. Wir waren Türken, aber wer uns kennenlernte, der sah, dass wir uns sehr smart artikulieren konnten, auf diesen Effekt bauten wir. Natürlich hatten wir auch unseren Gangster-Sprech. Deutsche nannten wir Türken nur noch: Hans. Oder Kartoffel. Hey, was macht denn der Hans hier? Warum bringst'n die Kartoffel mit?

Gangster wie uns erkannte man an der Kleidung und am Gang. Es ist ein breitbeiniger Gang, Brust raus, Kopf hoch. M. sagte immer, Sam, geh aufrecht. Senke niemals den Kopf. Zeige, dass du stark bist und Stolz hast. Es ist ein aufrechter, arroganter Gang, und man sollte nie zu viel lächeln. Dreitagebart, grundsätzlich.

Man macht nicht den Wilden, keinen Stress, sondern strahlt Ruhe aus und dreht nicht gleich durch. Gangster sind höfliche Menschen. Sie erkennen sich untereinander sofort an dieser respektvollen Art miteinander zu reden. Doch das Wichtigste war: keine Angst zu zeigen. Leck mich. Man durfte nie klein sein.

Und hey, die Sache funktionierte!

Um elf Uhr rief ich Reece an. Ich hatte ihn über Roby kennengelernt. Er war kaum drei Jahre älter als ich, und Reece war Loader in einer großen Warenterminfirma. Er lud mich ein, zu ihm zu kommen. Wir vereinbarten einen Termin mit seinem Geschäftsführer.

Ich nahm mir vor, vor dem Frühstück jeden Morgen 100 Liegestütze am Stück zu machen. Kalte Dusche, rohe Eier. Neue Jacke, ein Blick in den Spiegel – ich war zufrieden.

Das Büro lag in Altona. Ich nahm ein Taxi, um nicht zu spät zu kommen. Die renovierte Fabrikhalle befand sich in einem Hinterhof und wirkte schon von außen imposant. Auf dem Parkplatz standen nur Nobelkarossen. Porsche, Mercedes, Jaguar. Hier war ich richtig. An der Rezeption empfing mich eine hübsche Frau. Reece und sein Kumpel Christoph begrüßten mich persönlich.

»Sam, herzlich willkommen in unserer Firma! schön, dass du hier bist.«

»Danke, ich freu mich schon. Bin echt gespannt.«

»Komm, wir zeigen dir alles, bevor wir reden. Was sagst du, wie findest du es hier?«

Alle Schreibtische waren mit Monitoren ausgestattet. Die Büros waren verglast, alles wuselte herum und telefonierte, manche schrien im Stehen in den Hörer, andere saßen ganz entspannt auf ihren Stühlen, während sie telefonierten. In der oberen Etage befand sich das Büro des Geschäftsführers. Peter.

»Hallo, Sam. Reece erzählte schon von dir. Wir freuen uns, dass du dich für uns entschieden hast!«

Eine Sekretärin brachte Kaffee.

»Du kannst sofort als Akquiser anfangen. Du bekommst kein Festgehalt, aber jede Broschüre, die du an den Mann bringst und die dann zu einem Geschäft durch einen Verkäufer führt, wird honoriert. Du erhältst 3,75 Prozent vom Einsatz des Kunden plus Trades. Ist das für dich okay?«

»Ja, sicher, ich bin einverstanden.«

Ich wusste von Reece, dass dies der faire und reguläre Einstieg war. Dass ich höhere Ziele vor Augen hatte, behielt ich für mich. Ich musste mich erst einmal bewähren.

»Wir zeigen dir jetzt deinen Platz, stellen dich ein paar Leuten vor, dann kannst du morgen loslegen. Aber vorher möchten wir mit dir die Einzelheiten des Geschäfts besprechen, du musst noch ein paar Dinge wissen und die Regeln kennenlernen. Gehen wir doch was essen.«

Im Restaurant Vespucci saßen wir an einem Tisch in einer ruhigen Ecke. Wir bestellten das Tagesgericht. Alle tranken wir Mineralwasser. Peter und Reece erklärten mir, was der sogenannte Broschemann zu tun hatte. Nichts weiter als Broschüren an potenzielle Investoren zu vermitteln. Diese Kunden sucht er sich aus allerlei Telefonlisten aus dem In- und Ausland zusammen. Große und mittelständische Firmen wie kleine Betriebe, Zahnärzte, Rechtsanwälte. Jeder, der irgendwie Geld hatte, konnte infrage kommen. Der Broschemann ruft diese Personen an und fragt, ob er ihnen unverbindlich Informationsmaterial zu ihrer persönlichen Kapitalanlage schicken dürfe. Zeigt sich jemand auch nur annähernd interessiert, schickt er ihm die Broschüre. Das ist alles. Das war mein Job.

Zwei Wochen später übernimmt ein Verkäufer den Kunden. Er ruft ihn an und bietet ihm lukrative Anlagemöglichkeiten an. Er verspricht sehr hohe Gewinne bei geringem Risiko. Das sei alles völlig legal, sagte Peter. Wenn ich mich als Broschemann bewährte, könne ich zum Verkäufer aufsteigen. Der Verkäufer bekommt eine höhere Gewinnbeteiligung. Jetzt ging es noch um den Ehrenkodex. Ich musste eine Art Treueschwur leisten: kein Wort nach draußen. Kein Wort über die Firma und alle an ihr beteiligten Personen. Zu niemandem.

Ehrensache.

Chris übernahm die Rechnung. Am nächsten Tag um zehn Uhr würde mein erster Arbeitstag beginnen. Reece wollte mich sogar mit seinem Wagen abholen. Zu Hause rief ich meinen Onkel an: »Ich bin dabei, Can!«

Am Abend ging ich in die neue Thaiboxschule, die ich mir ausgesucht hatte, Budokan. Ich wusste, das würde hart werden. Ich hatte gehört, dass sie Türken dort nicht besonders mochten und gern hart rannahmen. Aber es musste sein, und genau das reizte mich. Zudem trainierten dort viele Türsteher, und es konnte nicht schaden, ein paar Connections zu machen und sich ein wenig Respekt zu verschaffen. Es gibt nichts Peinlicheres für einen Gangster, als an einer Discotür abgewiesen zu werden. Ein Neuling in der Kampfsportschule wurde nie mit Samthandschuhen angefasst. Manche gingen vom Training gleich in die Notfallaufnahme.

An der Rezeption meldete ich mich für ein Probetraining an. Es war das Fortgeschrittenentraining, und man legte mir nahe, daran nicht teilzunehmen, doch ich bestand darauf, dass ich Kampfsporterfahrung habe. »Dein Risiko!«, sagte der Mann.

Im Trainingsraum sah ich nur kurz geschorene Muskelpakete. Einige guckten mich ziemlich grantig an. Jetzt wurde mir doch mulmig. Der Trainer kam in den Gym. Ein Typ Anfang 50, aber irre drahtig. Es folgte ein hartes Aufwärmtraining, dann zogen alle die Handschuhe an.

»Du! Wir beide«, sagte der Trainer und zeigte auf mich.

»In den Ring!«

Hinter meinem Rücken hörte ich eine Stimme.

»Jetzt kriegt der Kanake eins aufs Maul.«

Der Trainer stand mir gegenüber, ich nahm die Grundstellung ein, und sofort schlug er wie ein Besessener auf mich ein. Ich war völlig überrascht, schlug aber zurück. Dann gelang es mir, ihn in den Clinch zu nehmen. Ich hob ihn hoch und warf ihn auf den Boden. Mit dieser Aktion machte ich ihn richtig aggressiv. Er warf mich mit einem Judogriff zu Boden und bohrte seinen Ellenbogen in meinen Bauch. Dann stand er auf.

»Partnerwechsel«, rief er. »Rolf. Gut gekämpft, Junge. Weiter so.«

Am Ende des Trainings stellte mich Rolf den anderen vor.

»Dann darf ich wiederkommen?«

An diesem Abend war ich nicht der einzige Neuling gewesen. Ein junger Jugoslawe hatte sich eine blutige Nase geholt. Glatte Fraktur. Zu Hause rief ich Can an. Er war stolz auf mich.

Um zehn Uhr stand Reece unten an der Tür. Ich stieg in seinen roten Alpha Spider, und wir fuhren mit offenem Verdeck und lauter Musik durch Hamburg. So hatte ich mir das Leben vorgestellt. Ich gehörte jetzt zu seiner Gruppe, das waren insgesamt 12 Mann. Er wies mir einen Platz zu und drückte mir eine Liste in die Hand. Potenzielle Kunden, die ich anzurufen hatte. Innerhalb kurzer Zeit konnte ich mehrere Interessenten klarmachen. Das war gar nicht so schwer. Ab und zu schauten Reece und Chris vorbei. Falls ich irgendetwas brauchte, sollte ich mich melden.

Die meisten in meiner Gruppe waren Broschemänner wie ich, die anderen Verkäufer. Wie Chris. An diesem Tag tätigte er Geschäftsabschlüsse im Wert von rund 150 000 Dollar. Die Summe malte er auf ein Flipchart, die Geldtafel, an der man erkennen konnte, wer welche Umsätze machte. Rote Zahlen standen für Gelder, die noch ausstanden, schwarze Zahlen bedeuteten den Zahlungseingang. Das motivierte unheimlich. Jeder wollte auf der Geldtafel möglichst weit oben stehen. Chris war die absolute Nummer eins.

Hinter seinem Namen stand: 600 000 Dollar.

Ich wusste, das ist das richtige Geschäft für mich. Ich war an der Börse angekommen, wo es um großes Geld ging, um Millionen. Es lief den ganzen Tag so weiter. Ich wurde richtig heiß und telefonierte ohne Unterbrechung. Am Abend fuhr mich Reece auch wieder nach Hause. Ich packte meine Trainingsklamotten, sie waren noch nicht einmal trocken, und machte mich auf den Weg. Diesmal verlief das Training ruhiger. Die Veteranen verhielten sich sehr nett mir gegenüber. Nach dem Duschen fuhr ich schnell nach Hause. Um Mitternacht würde ich Can vor dem Palladium in Barmbek treffen. Er wollte mich seinen Partnern vorstellen. Richtigen Gangstern.

Aber Can war weit und breit nicht zu sehen. Ich rief ihn an. Nach ein paar Minuten kam ein schlanker Türke im grauen Anzug auf mich zu, vielleicht Anfang 30.

»Ich bin Seko. Du musst Cans Neffe sein.«

Er nahm mich in den Arm.

»Augenblick noch, ich muss nur kurz was aus dem Wagen holen.«

Seko ging auf einen schwarzen Wagen zu, ein 500er SL, der genau vor dem Eingang parkte. Er kramte nach etwas in der Konsole, das ich als einen Revolver zu identifizieren glaubte, und steckte sich das Ding in die Innentasche seiner Jacke.

»Jetzt können wir reingehen.«

Vor dem Eingang hatten sich hünenhafte, muskelbepackte und glatzköpfige Türsteher postiert. Eine ganze Traube von Gästen wartete brav in der Schlange. Wir gingen an ihnen vorbei.

»Der gehört zu mir«, sagte Seko kurz zu den Glatzen.

Die Typen nickten, und mir war so, als seien ihre Köpfe irgendwie in ihre Schultern gesackt. Einige Gäste in der Schlange nörgelten.

»Was sollen wir machen? Wenn wir die nicht reinlassen, ballern sie uns über den Haufen«, entschuldigte sich einer der Türsteher.

Hoppla! Was war das sonst für ein Spießrutenlauf für uns gewesen? Junge Türken, die in einen angesagten Hamburger Club wollten? Wie oft waren wir abgewiesen worden? Und auf einmal hatten die richtig Schiss? Ein Haufen riesige Glatzen machte einen Bückling vor einem einzigen Türken. Und wir mussten noch nicht mal bezahlen. Sensationell. Ich hatte ein echtes Gefühl von Macht. Auch wenn es nicht meine Macht war.

Seko brachte mich in den zweiten Stock in den VIP-Bereich. Dort war Can. Wir begrüßten uns, und ich war noch ganz aufgeregt darüber, wie cool Seko an den Glatzen vorbeimarschiert war.

»Nur kein Neid. Da kommst du auch noch hin, schneller, als du denkst!«

Seko war also einer von Cans Partnern. Der zweite Partner war Momo, auch ein Türke. Vielleicht einsachtzig groß, aber sehr kräftig gebaut. Momo reichte mir sofort die Hand.

»Du gehörst jetzt zu uns, Kleiner. Du gehörst jetzt zur Familie, keiner kann dir irgendetwas zuleide tun. Wir stehen füreinander ein. Bis zum Tod.«

Er hatte schon ein paar Gläser intus. Aber das ging runter wie Öl.

Wir tranken und amüsierten uns, und auf einmal kam der Partykönig Michael Ammer zu Seko und Momo. Can nahm mich ein paar Meter beiseite. Seine Partner hätten etwas Geschäftliches mit Ammer zu besprechen, sagte er. Ich musste immer wieder rüberschielen. Sie tranken Champagner, nahmen sich in die Arme und steckten die Köpfe zusammen. Das ging eine ganze Weile so.

»Was machen die da?«

»Er zahlt an uns. Dafür schützen wir ihn. So läuft das.«

Mann. Umsonst feiern und auch noch abkassieren, dachte ich.

Irgendwann kamen die drei wieder zu uns, die Nacht war geschmeidig, ab und zu kamen ein paar andere Gangster dazu und grüßten, dazwischen auch mal ein paar Models. Irgendwann brachte jemand eine Rechnung. Can zahlte, 500 Mark.

»Warum zahlst du denn, wenn ihr doch Geld von ihm bekommt?«

»Wenn mal was schiefläuft mit Ammer, kann kein Kellner oder Barmann gegenüber der Polizei behaupten, dass wir auf lau getrunken haben. Das wäre dann den Bullen schwer zu erklären. Wenn wir zahlen, sieht es so aus, als ob wir normale Gäste sind. Das Geld kriegen wir sowieso später von Ammer zurück.«

Wieder so eine Nummer aus Onkel Cans Regelwerk.

Can und ich waren jetzt oft unterwegs. Ich konnte gar nicht genug bekommen. Die Macht, die Mädchen, dieser Respekt. Die Welt war auf einmal grenzenlos freundlich zur mir. Ich brauchte nicht mehr gebückt zu gehen. Ich brauchte nicht mehr zu fragen, wenn ich einen Drink an der Bar haben wollte, ich brauchte nicht mehr an mir zu zweifeln. Das war wie ein Rausch. Ich machte jeden Morgen meine 100 Liegestütze, ich rief am Tag meine Kunden an, ich ging am Abend zum Thaiboxen und in der Nacht feiern. Wir feierten fast jede Nacht. Ich hatte Vater schon völlig vergessen. Geld ist Macht, und Macht ist Freiheit, sagte Onkel Can.

Am Ende des Monats hatte ich drei Wochen in der Firma gearbeitet. Am Freitag gab es die Auszahlung bei CiRox. Dann versammelte sich das ganze Team in Reece's Büro. Reece und Chris saßen in Peters Büro und hielten Briefumschläge in den Händen. Einer nach dem anderen ging hinein und holte sich seinen Umschlag ab. Chris zeigte mir, was er in diesem Monat verdient hatte: 65 000 Mark. In Tausendern. Ein anderer Verkäufer wedelte mir 20 000 Mark ins Gesicht.

»So verdient man Geld, also hau in die Tasten.«

Ich rang mir ein Lächeln ab. Durch meine Broschüren war noch keine einzige Mark Umsatz entstanden. Doch ich war beeindruckt. Ich hatte noch nie so viel Geld gesehen.

Nach den Verkäufern kamen die Broschemänner dran. Schließlich ich. Verwundert sah ich Chris an. Hinter meinem Namen stand ja noch eine Null auf dem Flipchart. Chris und ich gingen ins Büro des Geschäftsführers. Auf dem Tisch lag ein riesiger Stapel Geldscheine. Alles Tausender. Chris grinste. Peter nahm einen Tausendmarkschein vom Stapel und reichte ihn mir.

»Das kann ich nicht annehmen. Ich habe noch nichts geleistet.«

»Nimm schon. Sieh es als Vorschuss auf deine zukünftigen Leistungen, Cem.«

Damit konnte ich leben. Ich nahm das Geld an. Mein erstes eigenes Geld!

Ich rief Can an und berichtete ihm von dem vielen Geld, das ich gesehen hatte. Er gratulierte mir zu meinem ersten Verdienst. Ich versprach Can, ihn zum Essen einzuladen. Er bedankte sich.

Am Abend war ich mit Chris, Reece und ein paar Freunden im Traxx verabredet, um die Auszahlung zu feiern. Das Traxx war jetzt Hamburgs In-Club. Alles, was Rang und Namen hatte, ging am Wochenende dorthin. Vor dem Eingang bildeten sich lange Schlangen und die Türsteher selektierten scharf.

Kurz vor Mitternacht holte mich Chris mit seinem roten Porsche Cabriolet ab. Er hielt direkt vor dem Traxx, wir gingen rein, ohne zu bezahlen, und die Wartenden waren zur Seite gegangen als hätte sich eine Furt aufgetan. An der Bar wurden Plätze für uns frei gemacht. Wir hatten nicht einmal darum gebeten. Chris bestellte Champagner und Wodka. David und Luciano kamen dazu, Freunde von Reece. Ich tanzte, als mich jemand anrempelte. Eh, pass auf, wo du hintrittst, raunte der Typ. Hey, bleib locker, Mann. Das Übliche.

Aber kaum hatte ich das gesagt, schlug er mir ins Gesicht. Instinktiv schlug ich zurück. Eine Links-Rechts-Kombination.

Dieses Mal klappte es.

Er ging zu Boden.

Warum er mich geschlagen hatte, verstand ich nicht. Ich war von einer Sekunde auf die andere so wütend geworden, dass ich mich sofort auf ihn schmeißen wollte, aber meine Freunde hielten mich zurück. Luciano hielt sich mit beiden Händen die Ohren zu, als ob er nichts hören wollte. Der schöne David hielt sich die Nase zu, als würde es hier stinken. Dabei quatschten sie auf mich ein. Dann fiel es mir ein: Sie hatten fast zeitgleich eine Ohren- und eine Nasenoperation hinter sich gebracht. Ich musste lachen, und währenddessen kam der Typ wieder zu sich. Er blutete aus der Nase und über dem Auge und fing an, mich wieder herauszufordern. Dich mach ich fertig. Das wird ein Nachspiel haben, Kanake!

Wie bitte?

Ich kann das Wort nicht ertragen. Ich hasse Derogative. Das Wort Kanake. Polacke. Jugo. Spaghettifresser. Fresser hat etwas Tierisches. Das sind Tiere, keine Menschen. Das bedeuten diese Worte. Wenn ich sie höre, drehe ich durch.

»Dem hast du richtig eingeschenkt. Lass gut sein, wir wollen feiern«, meinte Reece.

Ich dachte jetzt auch an Can. Du machst dir einen Namen, indem du brutale Gewalt anwendest. Ich behielt den Mann im Auge. Ich beruhigte meine Freunde, alles wieder okay, lasst uns was trinken. Er ging auf die Toilette. Der schöne David durchschaute mich als Einziger, aber er konnte mich nicht mehr aufhalten.

Ich riss die Toilettentür auf, er stand am Waschbecken und wusch sich. Er sah kurz auf, ich schlug sofort zu. Ich stürzte mich auf ihn, er ging zu Boden, ich schlug wie von Sinnen immer wieder zu. Ich hörte das dumpfe Klatschten meiner Schläge, bis ich völlig erschöpft war. Plötzlich riss mich jemand zurück. Ein Hüne von Türsteher.

»Aufhören, beide sofort raus!«

Hinter dem Türsteher stand David und versuchte zu schlichten. Ich war wie in Trance. Jetzt erst nahm ich wahr, dass meine ganze Kleidung mit Blut bespritzt war. Dann sah ich dieses kaputte Gesicht am Boden. Das rechte Auge war überhaupt nicht mehr zu erkennen. Der Türsteher schrie.

»Du hast Hausverbot!«

»Lass mich in Ruhe.«

Es krachte in meinem Gesicht. Ich reagierte sofort und schlug auf den Türsteher ein, wieder wie ein Berserker. Ich drückte ihn an die Wand, und er versuchte, mich mit seinen langen Armen auf Distanz zu halten. So konnte er nicht schlagen. Bald waren wir von anderen Türstehern umringt. Einen erkannte ich, Marc. Ich kannte ihn vom Kampfsportverein Thai-Hollics.

»Sam, bleib ruhig«, sagte er.

»Bring den Wichser vor die Tür.«

»Okay, let's go«, brüllte er.

Er ließ mir den Vortritt. Ich ging zum Ausgang, immer mit Blickkontakt auf den Türsteher. Ein paar Schritte vor dem Eingang blieb ich stehen. Draußen hatte sich bereits eine Menschenmenge versammelt. Da war sie, die große Bühne. Publikum. Jetzt hatte ich die Gelegenheit, mir einen Namen zu machen. Dazu musste ich den Türsteher umboxen. Ich dachte nicht daran, dass ich diesen Kampf auch verlieren könnte. Daran denkt man nicht in einem solchen Moment. Das Adrenalin schießt in den Kopf, ich spürte nur noch Hass und Wut.

Der schöne David sagte mir später, meine Augen seien herausgetreten wie bei einem Psychopathen. Ich hatte jede Kontrolle verloren. Ich stand draußen im Publikum und schnaubte, die Leute wichen zurück. Aber der Türsteher stellte sich nicht. Ich beleidigte ihn mit den schlimmsten Worten. Hurensohn. Deine Mutter ist eine Hure. Deine Schwestern sind Huren. Ich ficke sie alle. Komm her, du Feigling.

Er kam nicht. Stattdessen erschienen die anderen Türsteher auf der Bühne und zogen Schlagstöcke. Ich wich keinen Zentimeter. Kommt doch alle!

Sie ließen mich in Ruhe.

Als ich wieder zu mir kam, war mir klar, dass ich die Regeln verletzt hatte. Der Türsteher hatte sein Gesicht verloren. Aber ich hatte nicht gewonnen. Wenn man eine Beleidigung ausspricht, muss eine Aktion folgen, hatte Can gesagt. Ich konnte aber schlecht auf alle Türsteher losgehen. Reece und die anderen hatten mich weggeschleppt, und ich war mir sicher: Das wird ein Nachspiel haben. Ich musste meinen Onkel um Rat fragen.

Um ein Uhr wachte ich auf und hatte einen dicken Kopf. Ich wählte Cans Nummer.

»Hi, Can, du, ich hatte gestern Abend zwei Schlägereien.«

»Ist dir etwas passiert?«

»Nein, ich bin okay.«

»Lass uns treffen, im Maybach, 15 Uhr.«

Klar. Can besprach solche Dinge ja nicht am Telefon.

Ich wusste nicht, ob ich mich richtig verhalten hatte. Irgendwie schämte ich mich für die Beleidigungen. Ich hätte das über seine Mutter und seine Schwestern nicht sagen dürfen. Natürlich hatte ich das fast jeden Tag auf der Straße gehört, in der Lenzsiedlung oder in Bergedorf. Aber ich habe dieses Scheißgehabe immer gehasst. Gleichzeitig machte mich der Gedanke wütend, der Türsteher habe vielleicht nicht genug abgekriegt. Letztlich hatte ich doch das Gesicht verloren. Ich hatte Hausverbot im wichtigsten Club Hamburgs. Nein, ich hatte Scheiß gebaut. Ich war nicht der Sieger, ich war der Verlierer.

Can war schon da, und zu meiner Überraschung saßen Momo und Seko bei ihm. Wie immer umarmten wir uns alle ausgiebig und Can hielt mich ein wenig länger fest als nötig. Vielleicht wollte er mein Gesicht nach Beulen absuchen. Ich hatte aber nur einen Kratzer unter dem Auge, den mir der Türsteher verpasst hatte.

»Wie steht's mit den Bräuten, Sam?«

Can wollte ständig etwas aus meinem Sexualleben erfahren.

»Ich habe gestern ein paar geile Bräute gesehen.«

Irgendwie schien es ihn zu erregen, wenn ich so was sagte.

»Sam wird uns noch alle Frauen ausspannen, erst recht, wenn er ein Großer wird in der Szene. Lass uns ein paar Bräute übrig, okay?«, sagte Seko.

Can wollte wissen, was passiert war, in allen Einzelheiten.

»Den Laden stürmen wir. Niemand vergreift sich an einem Mitglied der Familie. Wir werden Eric die Ohren lang ziehen«, meinte Momo.

»Danach machen wir den Laden fest«, sagte Seko.

Einen Laden festmachen bedeutete, Schutzgeld zu erpressen. Das passierte oft nach diesem Muster. Gangsterbanden veranstalten eine Auseinandersetzung zwischen den Türstehern und Türken, die vom Chef geschickt worden sind. Sie erscheinen in einer größeren Gruppe vor der Tür. Sie wissen schon im Voraus, dass die Türsteher sie nicht reinlassen werden. Es kommt zum Streit, dann zur Eskalation. Gehen die Türken als Sieger hervor, bleibt dem Clubbesitzer nichts anderes übrig, als dem Chef der türkischen Gang Schutzgeld zu zahlen. Tut er es nicht, wiederholt sich das Szenario. So lange, bis die Gäste ausbleiben und er seinen Laden dichtmachen kann. Will er Top-Türsteher beschäftigen, die auch Eier in der Hose haben, muss er genauso tief in die Tasche greifen. So oder so, an irgendjemanden muss er zahlen.

Mein Streit kam ihnen also gelegen. Aber Can winkte ab.

»Das Problem klärt Sam selbst. Er hat sich falsch verhalten. Nicht bei den Schlägereien, aber danach. Beleidigungen zählen nichts. Türsteher werden jeden Abend beleidigt. Und du hast Hausverbot, das kann nicht sein. Wenn du schon was sagst, Sam, hättest du sagen müssen, ich wünsch dir einen schönen Abend. Mehr nicht.«

Er grinste.

»Das ist doch eine gute Gelegenheit zur Bewährung«, meinte er.

Eine Bewährungsprobe? Jetzt war ich aber gespannt.

»Natürlich kann ich für dich die Sache klären, ich kenne den Geschäftsführer. Eric. Ich habe seine Telefonnummer. Der macht sich in die Hose, aber das wäre zu einfach und bringt dir keinen Respekt ein. Du musst hingehen und die Sache klären. Allein.«

»Das ist zu gefährlich. Can, lass uns den Laden festmachen«, protestierte Momo.

Can wurde wütend.

»Sam ist mein Neffe und ich weiß, was richtig ist für ihn. Ihr haltet euch da raus! Hier geht es nicht um Geld, das ist etwas Persönliches. Wenn er tut, was ich ihm sage, wird alles gut gehen. Er muss sich seine eigenen Lorbeeren verdienen. Sam, du gehst alleine hin und forderst eine Entschuldigung.«

Damit hatte ich nicht gerechnet. Mir hatte Sekos und Momos Vorschlag sehr viel besser gefallen. Aber ich durfte jetzt keine Schwäche zeigen. Nicht vor Seko und Momo. Ich musste meine Eier zusammenhalten. Natürlich war ich einverstanden.

»Aber wie stellst du dir das überhaupt vor? Kann ich wenigstens bewaffnet hingehen?«

Can schüttelte den Kopf.

»Keine Waffen. Du rufst Eric gegen 20 Uhr heute Abend an. Er ist bestimmt im Laden, heute ist Samstag. Du fragst ihn nach einem Treffen um 21 Uhr und sagst ihm, dass der Türsteher von gestern auch dabei sein soll.«

»Und was ist, wenn er das ablehnt?«

»Das wird er nicht. Weil er dann das Gesicht verliert und andere Gangster annehmen könnten, er wäre schwach. Die Blöße wird er sich vor seinen Türstehern nicht geben. Erwähne aber auf keinen Fall meinen Namen. Bevor sie dich ins Büro lassen, werden sie dich nach Waffen durchsuchen. Er wird dich im kleinen Büro erwarten, ich war schon mal dort. Zeige auf keinen Fall Angst, das ist ganz wichtig! Du verlangst dann eine Entschuldigung von ihm und verlässt den Laden nicht, bevor du sie erhältst. Wenn er dich fragt, warum, sagst du ihm, sein Türsteher solle sich zweimal überlegen, wem gegenüber er die Hand erhebt. Und gerade in Hamburg sollte er vorsichtig sein, weil man ganz schnell an die falsche Familie geraten kann. Mehr brauchst du nicht zu sagen.«

»Okay.«

So lief das also. Trotzdem war mir reichlich mulmig zumute. Immerhin hatte ich den Türsteher übel beleidigt. Und was, wenn die mir eine Falle stellten?

Nach dem Joggen fühlte ich mich etwas besser. Kurz vor 19 Uhr rief ich Eric an. Er schien überhaupt nicht überrascht. Im Gegenteil. Er werde da sein und dafür sorgen, dass auch der Türsteher anwesend ist. Warum lief das wie am Schnürchen? Hatte Can doch etwas gefingert? Ich lief in meinem Zimmer wie ein Tiger im Käfig umher. Sollte ich wirklich keine Waffen mitnehmen? Irgendwas brauchte ich doch für meinen Schutz?

Wie wär's mit einer Rasierklinge? Die finden sie bestimmt nicht. Ich steckte eine einzelne Rasierklinge in meine Jacke. Wenn es drauf ankäme, würde ich einem die Rasierklinge durchs Gesicht ziehen. Damit fühlte ich mich wohler. Um 19.30 Uhr meldete ich mich bei Can. Ich würde jetzt losfahren. Er versprach, in der Nähe zu sein. Wenn es schiefgehen sollte, müsste ich nur einen Weg finden, ihn anzufunken. Dann käme er sofort.

»Und wenn schon. Ist nicht so schlimm, ein paar Schläge einzustecken«, meinte Can.

Sehr witzig.

Hundert Meter vor dem Traxx stieg ich aus dem Taxi. Mir war wieder flau im Bauch. Ich kramte die Rasierklinge ganz vorsichtig hervor und warf sie in den Rinnstein. Cans Plan musste einfach klappen. Er war der Boss, er hatte die Erfahrung. Und war es nicht auch so in den Gangsterfilmen? Beherzter Einzelgänger geht allein in die Höhle des Löwen – und alle kriegen Angst?

Ich klingelte.

Der Türsteher, mit dem ich gestern aneinandergeraten war, öffnete. Er sah mich böse an. Dann kam er einen Schritt heraus und sah sich um.

»Ich muss dich durchsuchen.«

Wieder hatte Can recht behalten.

»Hier lang, ins Büro.«

Es war ein kleines Büro. Der Geschäftsführer erwartete mich schon. Ich setzte mich ihm gegenüber. Der Türsteher schloss die Tür von innen und stellte sich breitbeinig und mit verschränkten Armen davor.

»Was kann ich für dich tun?«

Er schien genervt.

»Wir müssen die Sache von gestern klären. Die Schlägerei auf der Tanzfläche war nicht meine Schuld.«

»Weißt du überhaupt, wie der Junge aussah? Ich habe noch nie so ein übel zugerichtetes Auge gesehen, nicht mal beim Profiboxen. Der Junge musste ins Krankenhaus und operiert werden! Was willst du jetzt von mir? Wir haben der Polizei nichts von dir erzählt.«

»Ich will eine Entschuldigung.«

Ich konnte beinahe hören, wie dem Türsteher die Kinnlade herunterfiel. Auch Eric wurde etwas blasser.

»Wa... Warum von ... von mir? Was habe ich damit zu tun?«

Er hatte tatsächlich gestottert. Jetzt fühlte ich mich schon überlegen.

»Dein Türsteher hat mir ohne Vorwarnung eine von der Seite verpasst, und das war ein großer Fehler. Er kann hier in Hamburg nicht einfach bei jedem zuschlagen, ohne vorher zu checken, wer er ist! Das kann ich nicht auf mir sitzen lassen!«

Der Mann an der Tür bekam einen roten Kopf. Eric verlor die Fassung. Er deutete mit dem Finger auf seinen Türsteher.

»Ich habe nichts damit zu tun. Er muss sich bei dir entschuldigen, außerdem hast du ihn doch auch geschlagen und beleidigt.«

»Eric, du kannst mir doch nicht in den Rücken fallen. Du verlangst doch nicht wirklich, dass ich mich bei dem Typen entschuldigen soll?«

Schon gingen sie sich gegenseitig an die Gurgel. Ich hatte die Kontrolle. Ich meine, ich musste wirklich nur noch ein finsteres Gangstergesicht aufsetzen, so eine Mischung aus Gereiztheit, Langeweile und Pomade, und schon klappten sie zusammen. Onkel Can war ein Genie.

»Okay, Eric. Du hast nichts damit zu tun.«

Ich drehte mich um.

»Du entschuldigst dich jetzt oder das Problem wird dir eine Nummer zu groß sein. Gestern hattest du die Chance, dich gerade zu machen. Du wolltest nicht. Also, entschuldigst du dich jetzt oder nicht?«

»Ihr mit euren Familien, immer müsst ihr Türken eure Familie einschalten.«

Von einer Familie hatte ich ja noch gar nichts gesagt. Und das brauchte ich jetzt auch nicht mehr. Ich brauchte nur noch aufzustehen und anzudeuten, dass ich gehen wolle. Schon lenkte der Hüne ein.

»Bitte, könnte ich mit dir draußen an der Bar sprechen, ohne Eric?«

Wir verließen das Büro. An der Bar fragte er, ob ich was trinken wolle, ich lehnte ab. Er bettelte darum. Eine Cola ist okay.

»Bitte verlange keine Entschuldigung von mir. Können wir die Sache nicht anders klären?«

»Wie denn?«

»Wenn ich mich entschuldige, verliere ich mein Gesicht bei meinem Chef und den anderen Türstehern. Ich bin der Cheftürsteher, ich verdiene hier mein Brot. Was hältst du davon, wenn du und deine Freunde jederzeit herzlich willkommen seid? Natürlich braucht ihr keinen Eintritt zu zahlen?«

Ich dachte, ich setze noch einen drauf. Einen Moment blieb ich still.

»Ich kann das nicht alleine entscheiden. Ich kann damit leben, aber du verstehst, die Familie.«

»Okay, ja, ich geb dir meine Rufnummer und du sagst mir heute noch Bescheid. Ist das okay für dich?«

Wir gaben uns die Hand darauf.

Draußen fühlte ich mich wie ein König. Das war ein großartiges Gefühl von Macht. Und diesmal war es fast schon meine eigene Macht. Ich war der Sieger.

Heute frage ich mich: Ist das nicht einfach eine lächerliche Heldennummer? Es ging ja nur um eine banale Discoschlägerei und nicht um einen Millionendeal.

Aber das Prinzip ist dasselbe. Can und Hollywood waren gar nicht so dumm.

Durchschlagkraft

Die Tür. Was ist nur dran an dieser dummen Tür?

Alle Türen zu Clubs, die in irgendeiner Form eine Auswahl unter ihren Gästen trafen, waren in Hamburg für Türken verschlossen. Nun sagen die Deutschen: Aber wir kommen doch auch nicht in jede Diskothek hinein. Das ist richtig. Aber zu 99 Prozent hielten sich nun mal Deutsche in diesen Diskotheken auf. Früher war es eben so, dass wir partout nicht hineingelassen wurden, egal, wie wir aussahen, ob wir Geld hatten oder nicht. Es waren einfach keine Türken in diesen Diskotheken.

Diese Türen waren wie der Schlüssel zur deutschen Gesellschaft. Durch diese Türen hindurchgelassen zu werden bedeutete Anerkennung, Respekt, Akzeptanz. Und wenn man an den Türstehern nicht nur vorbeikam, sondern an der Schlange vorbeiging, nicht zahlen musste und auch noch hofiert wurde, dann standen wir sogar über den Deutschen, denn die mussten ja warten und zahlen. Deshalb haben wir eine solche Energie darauf verwendet, dort möglichst elegant hineinzukommen.

Diese Tür hatte aber noch eine weitere Bedeutung. Sie war der Einlass in die Gangsterwelt. Wenn man in diese Welt hineinwollte, musste man in die Szeneclubs eingelassen werden. Wenn man sich ablehnen ließ, hatte man keine Chance, jemals wahrgenommen zu werden und aufsteigen zu können.

Oder sagen wir so: Jeder sitzt doch gerne in der Businessclass. Um dahin zu gelangen, muss man Energie aufwenden. Wir saßen immer hinten, und wir wollten nach vorne. Daher gibt es in allen großen Städten, diese Auseinandersetzungen mit türkischen Gangs an den Club-Türen. Das ist noch heute so. Weil sich die Türken, wenn sie nicht eingelassen werden, in ihrer Ehre herabgesetzt fühlen, weil sie glauben, vor ihren Freunden und Freundinnen das Gesicht zu verlieren.

Ich war stolz darauf, dass wir es geschafft haben, irgendwann überall an den Zwei-Meter-Germanen vorbeizukommen. Und natürlich war es ein geiles Gefühl, wenn so ein Hans in der Schlange plötzlich greinte: Wieso können die durchgehen und wir müssen hier warten? Ich habe eben Initiative ergriffen. Bei den richtigen Rechtsradikalen ging es nur mit einer Schlägerei. Mit den etwas verständnisvolleren Türstehern redete ich. Man kann an der Tür auch verhandeln. Wir wollten ja nicht nur als brutal dastehen, sondern auch gerne dort gesehen werden.

Das Selbstwertgefühl, wenn man in diese Clubs eingelassen wurde, war deshalb so groß, weil wir immer aussortiert worden waren. Ob als Schulsprecher oder Auswahlspieler oder von den Eltern der Mädchen, in die wir verliebt waren. Und die Türkei war ja nicht einmal ein beliebtes Land. Keine wirkliche Demokratie, dachten die Deutschen, nur ein Haufen anatolischer Bauern und Analphabeten. Wir haben nichts erfunden. Wir bauten keine Autos. Niemand wollte dort Urlaub machen, und im Fußball waren wir auch Nieten. Wenn man in Hamburg Italiener war, konnte man darauf stolz sein. Dolce Vita, Pizza, Pasta, Michelangelo, die Renaissance. Die Deutschen reisten dauernd nach Spanien und Griechenland, und sie schwärmten jeden Abend bei Zaziki, Retsina und Paella von diesen Ländern. Auf was hätten wir stolz sein können? Auf den Döner?

Der Döner ist erst 1986 erfunden worden. In Deutschland.

Nein, wir waren ein minderwertiges Volk. Das rieb man uns immer unter die Nase. Vielleicht redeten wir uns das auch selbst ein. Ich hatte lange Komplexe wegen meiner Herkunft. Das ist ein ätzendes Gefühl. Heute ist das anders. Die Türkei ist eine Demokratie, es gibt rund 2000 deutsche Firmen dort, viele türkische Unternehmen sind in Deutschland ansässig. Millionen Deutsche machen Urlaub an der Ägäis und in Istanbul. Früher dagegen gab es nur Gastarbeiter, die Drecksjobs machten, und diese Türen, die für uns verschlossen waren.

Worauf sollten wir da stolz sein?

Wenn man kämpft, muss man den Kampf gewinnen. Bei einer Eins-zu-eins-Situation darf man nicht verlieren. Es gibt keine Alternative zum Sieg.

Die Bereitschaft, wirklich zuzuschlagen, entstand durch das, was mein Onkel gesagt hatte. Wenn ich im Gangsterleben einen Namen haben wolle, müsse ich durch Brutalität auffallen. Brutalität schreckt die Menschen ab, sagte er. Sie bekommen Angst. Angst ist Respekt. Auch die anderen Gangster haben dann Respekt vor dir. Sie erinnern sich an dich und überlegen, ob es die Sache wirklich wert ist, sich mit dir anzulegen. Deshalb sucht man sich Schauplätze. Öffentliche Plätze. Wie Diskotheken. Weil dort die Kunde der brutalen Tat schnell herumgeht. Weil dort viele mächtige deutsche Zuhälter sind und Leute, die gerne Gangster werden wollen, und Türsteher, die es anderen Türstehern noch am gleichen Abend per Handy durchgeben. Das ist der Flurfunk.

Die Schlägerei im Traxx sprach sich sofort herum und auch die Tatsache, dass ich plötzlich kein Hausverbot mehr hatte, sondern äußerst willkommen war. Ich war gerade 20 Jahre alt und ich suchte jetzt die Gewalt. Ich fing keinen Streit an, aber es kam mir sehr gelegen, wenn Freunde Stress hatten und ich mich einmischen konnte. Ich legte es dann darauf an, meine Gegner herauszufordern. Entweder sie gaben klein bei und erniedrigten sich vor allen, oder ich machte sie platt. Dann musste Blut fließen.

Wenn es zur Schlägerei kommt und beim Gegner kein Blut fließt, bist du kein konsequenter Schläger, sagte Onkel Can. Das hieß, man hatte keine Kampferfahrung. Wenn ich nicht wenigstens das Nasenbein des Gegners brach durch einen Kopfstoß, war ich nicht konsequent. Das war meine Spezialität. Ich brach vielen Leuten die Nase mit meiner Stirn. Der Kopf ist eine unglaubliche Waffe.

Der Effekt im Hinblick auf die Anerkennung war gewaltig. Mein Gott, wie hast du das drauf. Jeder klopft dir auf die Schultern und sucht deine Nähe. Wir waren alle sehr brutal in dieser Zeit. Vor allem Tolga und ich. Wir waren wie Springmesser. Wir konnten jederzeit aufklappen und zustechen. Und das war eine andere Art von Gewalt, als ich sie vorher kannte. Es ging nicht mehr darum, sich zu verteidigen, einen Freund oder den Bruder zu schützen. Diese Gewalt diente nur dem Ziel, nach vorne zu kommen als Gangster. Aus der schützenden Gewalt war eine kalkulierte Gewalt geworden.

Vor den Türken gab es diese kalkulierte Gewalt nicht, oder nur in kleinen, abgesonderten Kriminellenkreisen. Die kalkulierte Gewalt vor allem der nachgezogenen Türken der *Generation Kanak Attack* hat wieder neue Gewaltkanäle unter den deutschen Jugendlichen geöffnet. Zuerst als Schutz. Dann wurde auch daraus Rache und schließlich Macht. Na ja. Wenn zwei ehemals so kriegerische Völker aufeinanderprallen, kracht es eben.

Als ich dem jungen Mann fast ein Auge ausgeschlagen hatte, weil er das Wort Kanake gesagt hatte, befriedigte ich ein doppeltes Bedürfnis. Ich wollte diesen fremdenfeindlichen Wichser plattmachen, weil ich genug eingesteckt und endlich den Mumm hatte, mich zu wehren und zurückschlagen zu können. Und ich habe die Situation ausgenutzt. Es war meiner Gangsterkarriere dienlich, ihn richtig fertigzumachen. Früher hätte ich ihn gehen lassen. Jetzt hörte ich im Kampf die Stimme meines Onkels: Du musst brutal sein. Absolut brutal.

Aber ob man aus Wut und Hass zuschlägt oder kalkuliert zur Sache geht, der Blutrausch ist der gleiche, und das Opfer ist traumatisiert. An diesem Abend hatte ich ihn das erste Mal gefühlt, diesen Rausch, und danach vielleicht noch mehrere Dutzend Mal. Oft war es ein Kampf auf Leben und Tod. Das habe ich mir immer eingebläut: zu kämpfen wie ein Krieger, auf Leben und Tod. Wenn du ihn nicht alle machst und er noch die Chance hat, ein Messer zu ziehen oder dir eine Flasche auf den Kopf zu hauen, hast du verloren. Du musst ihn plattmachen! Ich hatte immer eine ungeheure Angst vor Verletzungen. Verletze ihn und du wirst nicht verletzt, das hatte ich schon in Amerika gelernt.

Der Junge, den ich so zugerichtet hatte, wollte unbedingt mit mir reden. Das ließ er mich über Freunde wissen. Wir trafen uns.

Er sei eine Woche im Krankenhaus gewesen, sagte er, er habe beinahe das rechte Augenlicht verloren. Ich sah seine schrecklichen Narben. Jetzt war ich richtig geschockt. Aber ich fühlte mich immer noch im Recht. Du hast Kanake gesagt, du hast angefangen und als Erster zugeschlagen.

»Kannst du mir nicht wenigstens Schmerzensgeld geben?«, fragte er.

Warum sollte ich das tun? Er hatte angefangen und ich habe es beendet. Warum nannte er mich Kanake? Andersherum hätte ich auch nicht nach Schmerzensgeld gefragt.

»Wenn du das willst, musst du dich mit meiner Familie auseinandersetzen.«

Er entschuldigte sich und bat mich, ihn in Zukunft wenigstens in Ruhe zu lassen. Das gefiel mir.

Heute schäme ich mich dafür.

Irgendwann hat es mich einfach befriedigt, Leute, die einen blöden, fremdenfeindlichen Kanakenspruch abgelassen hatten, zu bestrafen. Ich konnte endlich austeilen. Es törnte mich an, wenn sie nach dem Kampf um Gnade bettelten. Und ich machte mir einen Namen, der mir den Aufstieg in der Hierarchie ermöglichen würde.

Man kommt nicht nach oben, wenn man ein Weichei ist. Das lehrt uns Hollywood. Das ist so bei Rockerbanden wie bei Skinheads und allen anderen gewalttätigen Gangs. Und diejenigen, die physisch nicht stark genug sind oder die anderen noch toppen wollen, werden die Unberechenbarsten. Sie ziehen sofort das Messer oder die Pistole. Irgendwann benutzten wir alles.

Auf dem Weg nach Hause rief ich Can an.

»Alles gut gelaufen.«

Can lud mich ins Ponti am Gänsemarkt ein. Er erwartete mich bereits. Wie immer gut gekleidet.

»Siehst du, was habe ich dir gesagt? Wenn du tust, was ich dir sage, geht alles gut. Ich bin stolz auf dich, du hast deine Sache gut gemacht und die Bewährungsprobe bestanden. Wenn etwas schief gelaufen wäre …«

Can lehnte sich ein wenig zurück und zeigte auf seine 38er unter dem Hemd.

»Du hast kein Hausverbot und hast dein Gesicht gewahrt, das reicht uns!«

Wir bestellten Nudeln. Am Abend rief ich den Türsteher an. Meine Familie sei einverstanden mit der Lösung. Er schien erleichtert. Ich solle am Wochenende unbedingt kommen, mit möglichst vielen Freunden.

Am Montag grüßten mich in der Firma Leute, die vorher keine Notiz von mir genommen hatten. Andere sahen weg und vermieden den Augenkontakt. Jemand musste geredet haben. Reece und Chris grüßten herzlich. Wir lachten über Luciano und den schönen David, die Primadonnen, und Mesut gesellte sich dazu.

Mesut war Kurde. Mittelgroß, schlank, sportlich. Er arbeitete als Loader in der Firma. Ich wusste, dass er ein guter Freund von Chris und Reece war. Mesut hatte harte Gesichtszüge und einen dunklen Teint. Er lief fast immer in einer Bomberjacke herum. Eine goldene Rolex Daytona baumelte an seinem Handgelenk, und er hatte stets einen kleinen Mischlingshund namens Gismo an der Leine. Das war ein seltsames Bild. Er fuhr ein Porsche Cabrio. Er war dort, wo ich hinwollte.

»Ich habe schon von dir gehört, Sam. Du scheinst was auf dem Kasten zu haben. Ich möchte, dass du am Samstag zu einem Umtrunk bei Peter vorbeikommst. Du gehört jetzt zu uns!«, sagte Mesut.

Plötzlich war ich in der Chefetage.

Mesut kam jetzt öfter mit zum Mittagessen. Wir beschnupperten uns vorsichtig. Einmal erwähnte er, dass er Türken eigentlich nicht besonders leiden könne. Kurden und Türken sind sich oft nicht grün. Man muss das verstehen. Kurden haben eine andere Kultur als die Türken, haben aber keinen eigenen Pass, keinen eigenen Staat. Dennoch sind sie ein eigenes Volk, und viele möchten nicht als Türken gelten oder gesehen werden. Das sollte man respektieren. Daher sind Kurden oft in ihrem Stolz verletzt. Man muss unterscheiden. Im Positiven wie im Negativen. Oft wurden auch Türken pauschal für Taten verantwortlich gemacht, die Kurden begangen haben.

Mesut trainierte bei den Thaiholics in Norderstedt. Auch das verband uns. Am Samstag fuhr ich mit Reece zu Peter. Mesut, Chris und Geza waren schon dort. Eigentlich hatte ich mir eine große bürgerliche Wohnung irgendwo an der Außenalster vorgestellt. Peter, der Boss, wohnte relativ bescheiden. Die Wohnung war klein, aber sehr teuer eingerichtet. Auf dem gläsernen Wohnzimmertisch standen unzählige Flaschen Alkohol. In der Mitte lag Kokain wie ein kleiner Kaliberg. Daneben zusammengerollte Geldscheine und ein Spiegel, auf dem sie das Koks mit einer Kreditkarte zerkleinerten und die Lines zogen. Peter bot mir sofort an, eine Line zu ziehen. Ich lehnte ab. Ich hatte noch nie Kokain genommen. Ich rauchte ja noch nicht einmal.

Peter nickte.

»Sam, hol mir doch mal ’ne Cola aus der Küche, bitte«, sagte er.

Als ich die Küche betrat, traute ich meinen Augen nicht. Dort lag ein riesiger Haufen Geld auf dem Tisch. Vielleicht 50 000 oder 70 000 Mark, schätzte ich. Es lag dort in Stapeln als sei das völlig normal. Mich überkam ein ungutes Gefühl. Ich war schließlich nicht der Einzige, der sich an diesem Abend alleine in der Küche aufhalten würde. Was, wenn später etwas von dem Geld fehlen sollte? Geza zum Beispiel wäre in der Lage gewesen, Geld zu entwenden. Er arbeitete als Verkäufer in der Firma. Ich war neu. Wen würden sie wohl verdächtigen? War das ein Test?

Ich nahm eine Cola aus dem Eisschrank und beeilte mich, ins Wohnzimmer zurückzukehren. Gegen Mitternacht wollten Chris, Reece und ich noch feiern gehen. Die anderen blieben. Das verstand ich nicht. Es waren doch keine Mädchen da. Sie quatschten die ganze Zeit nur über Geschäfte.

»Das ist doch langweilig hier«, sagte ich zu Chris.

»Wenn du Koks ziehst, willst du nur quatschen. Du kannst dich regelrecht tot quatschen, und es ist dir egal, wo du das machst. Hier in der Wohnung ist es entspannter als draußen.«

Das wusste ich noch nicht.

Wir fuhren ins Gala, eine Nobeldiskothek im ebenso noblen Hamburger Stadtteil Pöseldorf. Dort verkehrten jede Menge Promis. Ich hatte nur einmal versucht, in diesen Club zu gelangen, und ich war damals an der Tür abgewiesen worden.

Der Türsteher lächelte und winkte uns rein. Ich wollte zahlen, er lehnte entrüstet ab. »Budokan-Leute zahlen nicht.«

Er grinste.

»Wenn du Stress bekommst, helfe ich dir.«

Ich grinste zurück.

»Ebenso.«

Der Flurfunk hatte funktioniert.

Chris, Reece, Mesut, Geza und ich gingen immer öfter zusammen aus. Sie waren jetzt meine besten Freunde. Es fiel auf, dass sich Chris und Reece seit der Schlägerei im Traxx anders benahmen. Sie gaben sich in den Clubs viel selbstbewusster, wenn Mesut und ich in ihrer Nähe waren, ja sie waren regelrecht frech zu anderen Gästen. Manchmal fühlte ich mich wie ein Bodyguard. Okay. Geza und Mesut waren auch nicht ohne, aber ich fühlte mich stets berufen, als Erster dazwischenzugehen, wenn es zum Streit kam. Und es kam oft zum Streit, vor allem im Traxx. Einmal legte sich Chris mit jemandem an, ein andermal war es Reece. Ich versuchte zu schlichten, dann wurde es meine Sache. Ich gab dem Gegner immer eine Chance, den Rückwärtsgang einzulegen. Wenn er nicht gehorchte, gute Nacht.

Der Muskelberg, den Reece provoziert hatte, wollte einfach nicht das Weite suchen. Ich legte meine Hand um seinen Nacken in einer Art freundschaftlicher, schlichtender Geste. Dann zog ich seinen Kopf blitzschnell zu mir herunter und schlug mit der Stirn zu. Seine Nase brach sofort. Er blutete stark, und ich wollte nachsetzen, aber der Mann hatte Glück. Seine Freundin ging dazwischen. Das war der einzige Weg, mich aufzuhalten.

Ich würde niemals einer Frau auch nur drohen. Ich habe fremde Kerle furchtbar verprügelt, weil sie ihre Frauen in meiner Anwesenheit geschlagen hatten. In diesen Momenten sah ich Vater, wie er Mutter schlug, und dann rastete ich aus. Das Mädchen nahm ihren Freund in den Arm und sie verließen den Club.

Keiner der Türsteher hatte sich blicken lassen, obwohl die Sache für einiges Aufsehen gesorgt hatte. An einem anderen Abend schlug ich einen Ausländer, der Streit mit Reece gehabt hatte, zusammen. Auf dem Boden hatte sich eine große Blutlache gebildet. Ein Türsteher kam dazu und wollte wissen, was geschehen war. Ich zeigte auf den Mann am Boden.

»Er hat Scheiße gebaut.«

»Was soll ich Eric sagen?«

»Sag ihm, dass er Koks verkaufen wollte.«

Der Türsteher hob den armen Kerl auf und warf ihn raus. Danach feierten wir weiter, als wäre nichts gewesen. Ich hatte Narrenfreiheit.

Wenn bei einer Schlägerei doch mal die Polizei kam, gaben mir die Türsteher Bescheid. Sie versteckten mich dann im Lager, bis die Polizei wieder verschwunden war. Niemand verriet mich. Vielleicht dachten sie, das könne Konsequenzen nach sich ziehen. Andere mochten mich. Unter den Thaiboxern und Budokan-Leuten gibt es eine Art Kodex. Man hilft sich. Als Gegenleistung kam ich ab und zu mit zur Tür, wenn sie dort Probleme hatten. Das war für mich eine gute Bühne. Meist reichte es aus, böse zu gucken, um potenzielle Schläger einzuschüchtern. Die Leute hatten Angst vor Türken.

Die Unterweltgrößen, die mich inzwischen kannten oder denen mich Can vorgestellt hatte, grüßten mich jetzt. Sie gaben mir die Hand und nickten freundlich.

Ich bin plötzlich wieder Vaters Sohn

Jahrelang hat man in Hamburg weggesehen. Warentermingeschäfte waren ja eine hanseatische Domäne. Es waren deutsche Kaufleute, keine Ausländer, und sie haben betrogen nach Strich und Faden. Erst nach und nach kamen wir Türken dazu und haben uns eine dicke Scheibe vom Kuchen abgesäbelt.

Warum hat die Justiz weggeschaut? Weil die Stadt reicher geworden war. Der Konsum wurde gesteigert. Die Autohäuser hatten Hochkonjunktur, die Restaurantbesitzer volle Häuser. Viel Geld ging in die Wirtschaft. Manche meinen, Hamburg sei erst durch die Warenterminszene wirklich reich geworden. Zumindest kamen ein paar Milliarden hinzu. Weil die Leute das viele illegal erworbene Geld nicht ins Ausland bringen konnten. Also haben sie es hier ausgegeben. Und solange wir vor allem Schweden, Belgier, Österreicher oder Schweizer ausnahmen, hat das in Hamburg niemanden gestört. Obwohl die Justiz davon wusste. Die Betrogenen hatten ja oft genug Anzeige erstattet. Erst nach der Wiedervereinigung begannen die Behörden, uns zu jagen.

Klar, nachdem die Mauer gefallen war und die armen Ossis auch noch abgezockt wurden, kam es zu tragischen Szenen. Wir hatten eine Kundin aus den neuen Bundesländern. Sie kam zwei oder dreimal mit ihrem eigenen Chauffeur nach Hamburg und brachte das Geld in einem kleinen Handkoffer mit. Chris und Mesut legten sie rein. Nachdem sie Millionen verloren hatte, brachte sie sich um. Sie hatte subventionierte Firmengelder veruntreut. Die Ossis wollten natürlich so schnell wie möglich mitzocken. Die Ostdeutschen bekamen vom Staat Subventionen, sie haben ihre Häuser, Höfe und Äcker verkauft und Kredite aufgenommen, und die Hamburger Warenterminbetrüger haben ihnen alles abgenommen. Indirekt wurde also auch der Staat betrogen.

Dann war das Geschrei groß.

Plötzlich fanden in den feinen Büroetagen an der Alster, am Mittelweg oder am Gänsemarkt Razzien statt. Die Staatsanwaltschaft beschlagnahmte Lkw-weise Akten. Fachleute der Kripo nahmen die Unternehmen auseinander, Richter schlossen die Firmen. Aber es nützte nicht viel. Hatte der Staatsanwalt am Montag ein Betrügernest ausgehoben, machte am Donnerstag eine andere Firma woanders wieder auf. Hinter der schönen Fassade des Büros am Mittelweg oder in der Ost-West-Straße saß ja nur ein deutscher Ali Baba. Die 40 Räuber hockten in den geheimen Backoffices ein paar Straßen weiter. Darunter waren jetzt immer mehr Türken. Der deutsche Ali Baba wurde geschnappt, die 40 Räuber suchten sich einen neuen Geschäftsführer und machten fröhlich weiter.

Wirtschaftskriminalität ist das beste schmutzige Geschäft. In den USA nennt man es »white collar crime«, das Verbrechen der Herren mit den weißen Krägen. Betrug ist immer schwer nachzuweisen, und die Strafen sind gering. Lässt jemand eine Ladenkasse mitgehen und hält dem Kassierer dabei ein Messer vor, geht er fünf Jahre in den Bau. Prellt man Leute um Millionen, kommt man meist mit Bewährung davon.

Die ganze Warenterminszene existiert noch heute in Hamburg. Sie ist kriminell unterwandert wie ehedem. Das Geschäft bleibt immer das Gleiche. Es gibt Leute, die betrügen, und Leute, die betrogen werden wollen. Und dann gibt es Leute, die von den Betrügern Schutzgeld kassieren. Natürlich kann man das Geschäft auch von Kanada oder den Bahamas aus machen. Dann hat man eben ein Büro und einen Geschäftssitz in Gibraltar. Es gibt immer Aufsteiger, die smart sind und schnell begreifen. Das Geschäft wird so lange weitergehen, wie es Leute gibt, die gierig sind und möglichst schnell möglichst hohe Gewinne erzielen wollen.

Also immer.

Als ich bei CiRox anfing, sagten sie mir noch, es sei alles seriös. So sah es auch aus. Da waren fast nur Deutsche im Büro, alles Hanseaten. Die liefen in Anzügen und mit Aktentaschen herum. Ein Riesengebäude, schöne Autos. Aber ich war nicht dumm. Ich wusste von Anfang an, dass sie ihre Kunden verarschten. Wo es Gewinner gab, musste es auch Verlierer geben.

Das war klar.

Nach einer Weile hieß es, die verlieren doch sowieso nur Schwarzgeld. Wir zockten Leute ab, die selber zockten. Wir haben hauptsächlich Schweizer, Österreicher, Belgier und Luxemburger aufs Korn genommen. Das waren die Steueroasen, in denen die deutschen Steuerhinterzieher ihre Schwarzgelder parkten. Genau genommen haben wir es nur nach Deutschland zurückgeholt und in Hamburg verprasst.

Was sollte daran so schlimm sein?

Ich wurde nach nur sechs Wochen zum Verkäufer befördert. Viel schneller als üblich. Andere Broschemänner mussten sich mindestens ein halbes Jahr oder ein Jahr beweisen, bevor sie eine Stufe höher steigen konnten. Chris wollte, dass ich an seinem Tisch verkaufte, damit er mir noch einiges über das Geschäft beibringen konnte. Wir verbrachten viel Zeit miteinander.

Mein rasanter Aufstieg hatte sicherlich auch etwas mit der Brutalität und Stärke zu tun, die ich in meiner Freizeit bewiesen hatte. Sie kannten Can flüchtig, und sie wussten, dass wir eine Familie waren. Aber Can hatte niemanden in der Firma dazu überreden müssen, mich zu befördern. Er war auch nicht Teilhaber der Firma, er hatte mit der ganzen Sache nichts zu tun.

In meiner Gegenwart fühlten sich Chris und Reece einfach beschützt. Vor allem Chris benahm sich anderen gegenüber oft unangenehm. Er hatte wenig Respekt übrig für Menschen, die in seinen Augen niedere Tätigkeiten ausübten. Das konnte der Broschemann sein wie der Bäcker an der Ecke oder der Barmann im Club. Ich hatte für seinen Hochmut wenig Verständnis, aber ich spürte seine Dankbarkeit für meine Freundschaft. Er war nicht gerade beliebt in der Hamburger Szene, und manche Leute wären ihm gern an den Kragen gegangen. Ich mochte ihn, und ich wollte von ihm lernen.

Jetzt machte ich mein erstes Opening, und die Überweisung kam prompt am nächsten Tag. Das erste Mal fühlte sich an wie ein Orgasmus. Mein Kunde war Schwede. Er sprach Englisch, und bald übernahm ihn Reece. Er übernahm alle englischsprachigen Kunden, da er indischer Abstammung und Englisch seine Muttersprache war. Nach einer Woche überwies der Kunde weitere 50 000 Dollar. Ein Geschäft, das ich noch als Broschemann eingefädelt hatte, brachte noch mal 40 000 Dollar ein. Ich würde am Monatsende schon eine Auszahlung von 7000 Mark bekommen.

»Sam, ich will, dass du morgen früh nicht ins Büro kommst.«

Chris klang ernst.

Er rief am Abend an und seine Stimme war freundlich, aber bestimmt. Ich fragte ihn nicht, warum. Es war klar, dass es etwas Ernstes sein musste.

Am Morgen blieb ich zu Hause und vertrieb mir die Zeit mit fernsehen. Gegen 11 Uhr rief Reece an, er werde mich gegen 14 Uhr abholen. Pünktlich wie immer stand er unten. Wir fuhren nach Eppendorf. Im Maybach erwarteten uns Chris, Mesut, Geza und einige andere Verkäufer in einem separaten Raum. Niemand sprach ein Wort, bis der Kellner verschwunden war.

Mesut stand auf.

»So, Leute. Es gibt etwas, das ich euch sagen muss. Gestern habt ihr alle einen Anruf von uns erhalten, heute nicht im Büro zu erscheinen. Heute war die Polizei dort und hat die Firma CiRox geschlossen. Einige Mitarbeiter wurden verhaftet. Peter auch. Es ist vorbei. CiRox ist Geschichte. Aber macht euch keine Sorgen, wir machen weiter.«

So etwas hatte ich mir schon gedacht. Aber warum war Peter nicht auch gewarnt worden so wie wir? Warum waren überhaupt Leute verhaftet worden und warum nicht wir? Und woher hatten Mesut und Chris von der Razzia gewusst?

»Hey, das ist doch der perfekte Zeitpunkt, sich jetzt selbstständig zu machen«, fuhr Mesut fort. Er schien sogar bester Laune zu sein. Offenbar übernahm er jetzt das Ruder.

»Wir haben heute Morgen die Firma Comsico gegründet, und wir starten nächste Woche. Dann ziehen wir in die neuen Räumlichkeiten ein. Ihr kennt mich. Ich weiß, ihr seid loyal und wir können uns auf euch verlassen. Ihr seid alle klasse Jungs, und wenn ihr uns folgt, dann werden wir eine Familie sein. Bei uns bekommt ihr sogar höhere Prozente.«

Alle sahen sich verwundert an.

»Also? Wer ist dabei?«

Die Verwunderung wich allgemeiner Begeisterung. Mehr Geld? Und alles läuft weiter wie bisher? Jeder hob die Hand. Alle wollten dabei sein. Jemand fragte, wie hoch die Prozente ausfallen würden.

»Ihr könnt mit doppelten Beträgen rechnen«, sagte Chris.

Niemand stellte weitere Fragen. Warum sie uns ausgesucht hatten, und woher sie von dem Polizeieinsatz gewusst hatten. Im Grunde war es mir auch egal. Es ging weiter. Ich würde als Verkäufer gutes Geld verdienen mit Leuten, die meine Freunde geworden waren. Nur das zählte.

Ich hatte fünf Tage Zeit fürs Training und zum Feiern. Ich hatte 7000 Mark, ich kaufte neue Klamotten, einen neuen Fernseher, ein Sofa, und ein riesiges Bett. Dinge, die ich mir vorher nie leisten konnte. Dorte war begeistert.

Die neuen Räumlichkeiten lagen in der Nähe der Ost-West-Straße, im Herrengraben. Es war alles nagelneu eingerichtet. Durch die Glaswände blinkten die neuesten Kopiermaschinen und Bildschirme, Faxgeräte, Rechner, Ticker. Reece, Mesut und Chris hatten keine Kosten gescheut. Sogar die Aktenregale waren bereits gefüllt und die Ordner säuberlich beschriftet. Es sah aus, als würde schon Jahre hier gearbeitet. Ab 10 Uhr liefen alle nacheinander ein. Wir waren acht Verkäufer aus der alten Firma und vier Broschemänner. Reece fungierte jetzt als Verkaufsleiter. Chris und Mesut waren die Chefs. Die Stimmung war euphorisch.

Niemand hielt sich mit langen Ansprachen auf. Wir griffen sofort zu den Hörern. Chris und Mesut hatten sämtliche Adressen und Telefonlisten von CiRox mitgehen lassen. Arbeit gab es genug. Nur ein Gesicht kannte ich nicht. Er hieß Ugur. Er war ein mittelgroßer, schlanker Türke, der sich recht elegant kleidete. Ugur war ein paar Jahre älter als ich und Mesuts Jugendfreund. Noch am selben Tag lernte ich auch Tolga kennen, seinen jüngeren Bruder. Er sah sich neugierig in den Büros um. Tolga war mir auf Anhieb sympathisch. Mesut stellte uns vor. Tolga war ein bisschen kleiner als ich, aber sehr kräftig gebaut. Er blieb nicht lange, weil er als Einziger in der Hektik nichts zu tun hatte, aber ich wusste, diesen Türken würde ich wiedersehen.

Mesut schneite wieder herein und meinte, ich solle mich für ein Gespräch mit ihm und Chris bereithalten. Durch die Glaswand sah ich, dass bereits drei Verkäufer jeweils einzeln zu den Chefs ins Büro gingen. Nach ein paar Minuten kehrten sie wieder an ihren Platz zurück. Irgendwie war jetzt in ihren Gesichtern weniger von der anfänglichen Euphorie zu lesen gewesen. Ich war an der Reihe.

Chris saß hinter seinem Schreibtisch, Mesut auf einem gleichwertigen Ledersessel am Kopfende des Tisches. Ich nahm auf dem Besucherstuhl vor Chris' Schreibtisch Platz.

»Na, Sam, alles klar?«, fragte Chris.

»Ja, bestens.«

»Wir haben euch versprochen, dass es bei uns eine höhere Provision gibt als bei CiRox. Wir schlagen 0,25 Prozent drauf.«

Chris lehnte sich zurück. Er schien auf eine Reaktion zu warten. Das war nicht gerade viel, dachte ich.

»Ihr habt von doppelten Prozenten gesprochen.«

Beide rutschten etwas unruhig in ihren Ledersesseln herum.

»Was ist mit Peter, habt ihr was von ihm gehört«, wollte ich wissen.

»Scheiß auf Peter. Peter ist verbrannt«, sagte Chris.

Mesut stand auf. Er kam auf mich zu und legte seinen Arm um meine Schulter.

»Wir sind jetzt eine große Familie. Sieh in die Zukunft, nicht in die Vergangenheit. Die Anfangsphase wird schwierig. Wir haben hohe Kosten. Trotzdem bekommt ihr jetzt schon mehr als vorher. Wenn alles gut läuft, erhöhen wir die Prozente. Versprochen!«

Damit konnte ich leben.

Nur was Peter anging, hatte ich Bedenken. Der schwule Peter war gut zu mir gewesen, und sie hatten ihn einfach über die Klinge springen lassen. Auf der anderen Seite: Als Gangster konnte ich mir Mitleid nicht leisten. Das hier war schließlich eine kriminelle Bude, völlig klar, und CiRox war auch eine kriminelle Bude gewesen. Es ging nur um Betrug. Peter hatte gezockt, und er hatte verloren. Er war nicht schlau genug gewesen, und er war nicht Teil einer Familie.

Basta.

Im Verkaufsraum war eine heftige Diskussion unter den Verkäufern ausgebrochen. Es ging um die Prozente. Ugur versuchte die anderen aufzuhetzen. Von wegen erst groß rumtönen und dann 0,25 Prozent. Reine Verarschung, maulte er. Ich beschwichtigte ihn, auch wenn er eigentlich recht hatte. Hatten sie uns nicht versprochen, dass sie mehr zahlen würden, sobald es läuft?

»Hey«, sagte ich an alle gerichtet, »hier können wir alle Geld verdienen, zeigen wir es ihnen, dann werden sie es schon honorieren.«

Alle gingen wieder an ihre Plätze, nur Ugur nicht.

»Ugur, ich versteh dich nicht. Hier müssen wir nicht als Gastarbeiter malochen wie unsere Eltern. Von morgens bis abends die beschissenen Diskriminierungen schlucken. Hier haben wir super Arbeitsbedingungen, und es liegt nur an uns, wie viel Geld wir verdienen wollen. Sag mir doch mal eine Alternative. Wo haben denn Türken fette Jobs und verdienen Geld? Ich kenne keine Türken, die Topmanager bei Siemens sind oder eine Riesenrechtsanwaltskanzlei haben, oder wie siehst du das?«

Ugur sah mich nachdenklich an. Langsam trottete er zu seinem Platz, nahm das Telefon in die Hand und wählte.

Schon im ersten Monat machte ich zwei Abschlüsse. Beides Schweizer Kunden, die mir auf den Leim gegangen waren. Die Abschlüsse beliefen sich auf insgesamt 24 000 Dollar. Danach übernahm sie Mesut als Loader, um noch mehr Geld herauszuquetschen. Mit einem der beiden Kunden kam er nicht zurecht, es war ein Erdbeerbauer, und er gab ihn mir zurück. Ich bearbeitete ihn mit Engelszungen und versprach ihm die abenteuerlichsten Renditen. Der Erdbeerbauer vertraute mir. Er schickte weitere 30 000 Dollar. Ich hatte ihn richtig an der Angel. Ein Glücksgefühl überkam mich, so ein Brocken war für einen Newcomer wirklich nicht alltäglich. Ein richtiges Loading. Das waren die Highlights in dieser Branche und sie brachten das große Geld.

Es war die Zeit, als das Börsenspiel immer wildere Gewinne versprach. Jeder Zahnarzt und Imbissbetreiber, der seine Kohle bisher ins Kopfkissen gestopft hatte, jeder Steuerberater und Immobilienmakler, Kneipenwirt und Elektrohändler wollte mitspielen und sein gebunkertes Schwarzgeld vervielfachen. Alle wollten etwas abhaben vom großen Kuchen, und warum auch nicht? Wir versprachen ihnen die fettesten Stücke von dieser Sahnetorte. Es war kinderleicht, und es wurde praktisch von Tag zu Tag leichter. Alle suchten nach einem Börsenmakler, der Wasser zu Wein machen würde. Dabei waren sie bester Laune.

Ich telefonierte jeden Tag mit meinem Erdbeerbauern. Er erzählte mir sein halbes Leben, so glücklich war er. Wie ein Kind freute er sich jeden Tag auf die Gewinne, die ich ihm versprach. Als Erstes wollte er sich einen Porsche kaufen. Klar. Also haben wir erst mal über sämtliche Porsche-Typen gesprochen. Selbst wenn ich ihm gesagt hätte: Junge, wir legen dich jetzt rein – er hätte das gar nicht hören wollen. Das hätte er einfach nicht geglaubt.

Irgendwann hat ihn Mesut doch wieder übernommen, und der arme Tropf schickte ihm noch mal 68 000 Dollar. Am Ende verlor er 110 000 Dollar. Dafür hätte er sich zwei Porsches kaufen können, dachte ich, und er müsste wieder eine Menge Erdbeeren pflanzen, um seinen Verlust hereinzuholen. Er tat mir irgendwie leid. Aber ich freute mich über meine Gewinne. Das würde ein Batzen Geld werden am Tag der Auszahlung.

»Du darfst in diesem Geschäft keine Gnade zeigen. Außerdem schicken sie doch nur Schwarzgeld und sind damit selber Betrüger«, sagte Chris.

Chris übernahm jetzt den Erdbeerbauern und machte ihn richtig platt. Er versprach ihm sogenannte Rescue-Käufe, mit denen er wenigstens die Hälfte seines Geldes zurückbekommen könnte. Dazu müsse er allerdings einen hohen Betrag auf ein Treuhandkonto überweisen. Darauf ließ er sich aber nicht mehr ein.

»Sam, der Erdbeerbauer hat angerufen. Er will nach Hamburg kommen und dich mit seiner Uzi über den Haufen schießen«, sagte Mesut.

Er lachte.

Wir nahmen solche Drohungen nicht ernst. Auch wenn so etwas schon vorgekommen war. Ich war stolz auf meinen Verdienst, und ich wusste, wem ich das zu verdanken hatte. Es war Mesut, der Kurde, der in mir das Potenzial gerochen und mir eine Chance gegeben hatte. Nicht die deutsche Gesellschaft.

Der zweite Schweizer Kunde, den ich als Verkäufer aufgerissen hatte, war noch gieriger. Mesut, Reece und Chris bearbeiteten ihn abwechselnd. Er schickte uns insgesamt 470 000 Dollar. In der Firma herrschte Aufregung. Wir hatten einen Haufen Geld gemacht, und die beiden Goldesel waren auf mein Konto gegangen. Ich hatte einen guten Riecher bewiesen. Ich hatte geahnt, dass die beiden Kunden immer mehr Geld schicken würden. Meine erste Auszahlung bei Comisco belief sich auf 72 000 Mark. 72 000 Mark in einem Monat, und ich war 21 Jahre alt.

So viel hatte noch kein Gastarbeiter in einem ganzen Jahr verdient.

Am Auszahlungstag zog Mesut die übliche Show ab. Er gab mir das ganze Geld in bar. Vor allen Leuten. Ich hatte noch nie so viel Geld in den Händen gehabt. Ich war der King.

Ich hatte mir extra eine Reisetasche dafür besorgt.

Es war ein unbeschreibliches Gefühl, so viel Geld zu haben. Aus eigener Kraft. Ich war frei, das Geld verhalf mir dazu. Ich konnte meinem Vater jetzt beweisen, dass ich kein Nichtsnutz war, so, wie er es prophezeit hatte, dass ich es schaffen würde. Ich fuhr sofort nach Neuallermöhe. Seit dem Streit mit Vater war ich nicht mehr zu Hause gewesen. Ich hatte mit Mutter telefoniert und mit Soner, aber niemals mit Vater gesprochen. Ich war gespannt auf unser Wiedersehen. Ich hatte noch die Schlüssel. Im Flur hörte ich, wie der Fernseher im Wohnzimmer lief. Mama war nicht da, Soner und Can auch nicht. Vater saß im Wohnzimmer vor dem Fernseher. Er beachtete mich gar nicht. Ich setzte mich neben ihn aufs Sofa, und wir schwiegen. Dann holte ich das Geld aus der Tasche und warf es auf den Tisch. 72000 Mark. 72 Bündel zu jeweils zehn 100-Mark-Scheinen. Frisch aus dem Office. Auf einmal erhellte sich sein Gesicht. Er sprang auf.

»Was ist denn das? Oğlum, wo hast du das Geld her?«

Oğlum hatte er gesagt. Mein Sohn. Plötzlich war ich wieder sein Sohn.

»So viel Geld!«

Vater nahm das Geld in die Hand und zählte es. Er zählte es bis zum letzten Schein. Die ganzen 72000 Mark. Er nahm die Bündel und presste sie sich auf die Brust. Er lief damit im Wohnzimmer herum, als wolle er tanzen. »Wie hast du das nur gemacht? So viel Geld …«

Jetzt tanzte er wirklich. Er drehte sich wie ein Derwisch, warf einige Bündel in die Luft und fing sie wieder auf. Er war wie von Sinnen.

»Ich hab dir doch gesagt, dass ich es schaffen würde. Du hast immer gesagt, ich kann das nicht. Ich bin ein Nichts, ein Niemand.«

»Das hab ich nie gesagt.«

Er weinte.

Er wusste genau, woher ich das Geld hatte, wie ich es verdiente. Zumindest konnte er es ahnen. Es schien ihm egal zu sein. Er drückte die Bündel an seine Brust und liebkoste sie. Dann rannte er damit nach oben. Als er wieder runterkam, hatte er es nicht mehr bei sich.

»Wo ist das Geld? Bring das Geld wieder runter!«

»Warum? Ich bewahre es für dich auf ...«

Letztlich ging er die Treppe hinauf und brachte alles wieder herunter. Er umarmte mich innig und drückte mich ganz fest. Das hatte er viele Jahre nicht mehr getan.

»Ich liebe dich«, sagte er.

Ich zählte ab.

»Hier sind die 2500 Mark, die ich dir gestohlen habe.«

Ich zählte weiter.

»Und hier die 5000, die du mir gegeben hast. Und hier sind noch mal 5000.«

Vater strahlte.

»Zinsen«, sagte ich.

Ich glaube, er war endlich einmal glücklich.

»Scheiß drauf. Ist Geld für dich alles, Papa?«

»Cem, was in dieser Gesellschaft zählt, ist nur Geld. Ich habe mein Leben lang malocht, und ich bin ein Nichts.«

»Aber Papa, was ist mit Liebe? Und Familie?«

»Ich liebe dich doch, Oğlum. Aber das hier ist wichtiger.«

»Papa, ich werde diesen Weg weitergehen ...«

Er stand auf und umarmte mich wieder, als wolle er mich dafür segnen.

»Ich hab zu tun«, sagte ich und ging.

Es war friedlich in Neuallermöhe und still in der Dunkelheit, ein Laubfrosch überquerte das Pflaster. Ich war traurig. Es war das erste Mal in meinem Leben, dass Papa gesagt hatte: Ich liebe dich.

Im nächsten Monat verdiente ich 15000 Mark. Ich ging ins Autohaus und kaufte mir einen Porsche. Carrera, anthrazit, mit Ledersitzen.

Vielleicht hätte ich gerne von Vater gehört: Nein, Cem, tu das nicht, Geld ist nicht wichtig. Geh studieren, Cem, ich helfe dir.

Nimm die 70000 Mark und mach etwas Vernünftiges aus dir. Er sagte das nicht.

Er hatte sich verändert. Er schimpfte nur noch auf die Deutschen, was er früher nie getan hätte.

»Sie haben uns immer nur ausgenutzt, die Schweine«, höre ich Vater noch heute.

Das Geld anderer Leute

Wie funktioniert ein Warentermingeschäft?
Ganz einfach.

Ein Warentermingeschäft ist zunächst ein an der Warenbörse abgeschlossenes Termingeschäft. Dabei wird eine Warengattung, etwa Devisen oder Güter wie Kaffee, Öl oder Schweinehälften, zu einem festen Kurs ge- oder verkauft. Die Ware muss aber erst zu einem späteren Termin zur Verfügung gestellt werden. Da nur 5 bis 10 Prozent des Kontraktwertes sofort bezahlt werden müssen, eignet sich das Warentermingeschäft besonders für die Spekulation. Anders als bei Zeitgeschäften an der Aktienbörse, bei denen nur ein bis drei Monate voraus notiert wird, liegen die Termine bei den Warentermingeschäften bis zu 14 Monaten später.

Im Welthandel sind diese Geschäfte unverzichtbar. Der eigentliche Sinn dieses Handels besteht darin, sich gegen hohe Preisschwankungen für eine später zu liefernde Ware abzusichern. Ein Kaffeehändler kann sich so gegen einen ständig steigenden oder fallenden Kaffeepreis wappnen.

Wird also an der Börse erwartet, dass der Kaffeepreis demnächst steigt, schließt der Händler einen Kaffeekontrakt ab, das heißt, er kauft Kaffeeoptionen zum gegenwärtigen Preis. Zum Beispiel 5000 Sack zum Preis von 175 Cent/lbs, Lieferung in 6 Monaten. Dafür zahlt der Händler noch einen Risikozuschlag von 5 Cent /lbs. Der Kaffee kostet ihn somit 180 Cent/lbs. Steigt der Kaffeepreis tatsächlich innerhalb dieser 6 Monate auf 200 Cent/lbs, hat der Unternehmer einen Gewinn gemacht. Fällt der Preis auf 170 Cent/lbs, hat er Pech gehabt, denn seine Preisabsicherung ist nichts mehr Wert und er hat 10 Cent/lbs Verlust gemacht.

Jetzt schalten sich aber die Warenterminfirmen dazwischen und fungieren als »Anlageberater«. Es sind Tausende, weltweit. Sie sagen sich: Was der Kaffeegroßhändler kann, das können wir auch. Psychologisch geschulte und hoch motivierte Mitarbeiter rufen Kleinanleger in allen möglichen Ländern und Städten an und verkaufen ihnen Optionen, die in der Summe sowohl bei steigenden als auch fallenden Kaffeepreisen eine Hebelwirkung auslösen sollen. Schon mit 3000 Dollar ist der Kleinanleger dabei. Mit diesen 3000 Dollar kann er Kaffee im Wert von 150 000 Dollar zum Preis von 175 Cent/lbs kaufen. Der Anlageberater platziert diese Option in einem Brokerhaus, das zum Beispiel an der New Yorker Börse (NYSE) zugelassen ist.

Was will nun der Zahnarzt in Gummersbach mit 5000 Sack Kaffee, die im Hafen von Costa Rica stehen und deren fiktiven Wert jemand in New York mit 150 000 US-Dollar an der Wall Street platziert?

Er kauft diese Menge ja nicht wirklich. Er kauft nur eine Option, und diese wird, falls der Kaffeepreis steigt, sofort weiterverkauft. Er macht dann einen Gewinn, der sehr schnell bei 5000 Dollar liegen kann. Nach Abzug der Servicekosten für den Anlageberater bleibt ihm immer noch ein Gewinn von rund 3000 Dollar. Er hat sein Geld also verdoppelt. Fällt aber der Kaffeepreis, ist er sein ganzes Geld los.

Es ist wie im Spielcasino. Jeder weiß, dass er viel gewinnen, aber auch alles verlieren kann. Der Gewinner ist immer die Bank.

Neben den durchaus legalen und seriösen Geschäften haben sich in diesem Bereich viele Warenterminfirmen von vornherein auf Betrug spezialisiert. Wie bei einem seriösen Broker bekommt der Kunde eine Eingangs- und Platzierungsbestätigung. Er sieht, dass sein Geld an einen Broker in New York weitergeleitet wurde. Tatsächlich wird es aber sofort wieder abgerufen und landet über verschiedene Konten in Liechtenstein oder in Luxemburg wieder beim Anlageberater.

Immer wieder bekommt der Kunde so Kontoauszüge, in denen Gewinne ausgewiesen sind. Die Verkäufer plaudern täglich mit ihm und lügen ihm was vor. Der Kunde ist überglücklich, er schickt noch mehr Geld, so lange, bis er nicht mehr kann. Bis er ausgenommen ist und sich vielleicht noch verschuldet hat. Dann bekommt er einen letzten Kontoauszug. Darin steht, dass er leider alles verloren hat.

Jetzt wird der Kunde sauer und erkundigt sich zum ersten Mal bei einem seriösen Brokerhaus. Er merkt, dass die Daten in seinem Auszug nicht stimmen können. Er schaltet einen Rechtsanwalt ein. Dieser mahnt dreimal, dann erstattet er Anzeige. Die Behörden ermitteln. Der Anwalt der Anlageberater streitet alles ab. Es kommt zunächst zur zivilen Verhandlung, und der Kunde bekommt recht. Es werden ein Mahn- und ein Vollstreckungsbescheid erlassen mit dem Ergebnis, dass die Warenterminfirma unpfändbar ist, weil es sie gar nicht mehr gibt. Andere Firmen verschwinden sofort mit dem Anlegergeld, ohne es überhaupt am Markt angelegt zu haben. Wieder andere verlangen derart horrende Gebühren und handeln so exzessiv, dass ein Gewinn des Anlegers ausgeschlossen ist.

Wir gingen den goldenen Mittelweg und wurden reich damit.

Noch zu kompliziert?

Es war wie bei der Telekom-Aktie. Wir gaukelten den Leuten etwas vor. Mit dem einzigen Unterschied, dass wir keine Rentner und Kleinanleger, kein ganzes Volk prellten.

Wir haben fast ausschließlich mit Devisen gehandelt. Da gibt es täglich hohe Schwankungen, und so konnten wir den Kunden schnell hohe Verluste und Gewinne vortäuschen. Der spekulative Wert eines Kontraktes ist um ein Vielfaches höher als der tatsächliche Einsatz. Das vermittelte den Opfern die Illusion, sie handelten mit Millionensummen. Wir haben in der Regel auch real gehandelt, einfach nur deshalb, um die entsprechenden Papiere und Unterlagen aus New York zu bekommen. Es ging ja nicht darum, ein legales Geschäft zu machen. Es ging darum, den Anschein eines legalen Geschäftes zu erwecken und über einen langen Zeitraum zu wahren. Es sieht einfach seriöser aus, wenn man Papiere der New Yorker Börse vorweisen kann.

Natürlich handelten wir ständig legal mit Poolgeschäften.

Wir kauften, sagen wir 50 Kontrakte auf fallenden Preis und 50 auf steigenden Preis, also auf fallenden *und* steigenden Dollar. So konnten wir selbst nur wenig Verluste machen. Diese Werte aber konnten wir allen Kunden zurechnen, sei es im Positiven wie im Negativen, je nachdem, wie wir entschieden. Kein Kunde wusste von dem anderen, und sie konnten nicht ahnen, dass alle dieselben Kontrakte kauften. Das war das Scheingeschäft. Wir handelten an der New Yorker Börse, aber nur mit einem Bruchteil dessen, was die Kunden bei uns investierten. Sie hatten ja bei uns Hunderte Kontrakte bestellt und bezahlt. Hatte eine Bewegung stattgefunden, konnte man den Verlust dieser 50 Kontrakte auf mehrere Kunden verteilen.

Der Unterschied zu einem seriösen Broker bestand darin, dass wir freie Hand hatten. Das stand sogar im Vertrag. Wenn der Dollar stieg, konnten wir jederzeit sagen, wir haben leider auf fallenden Dollar gesetzt – oder umgekehrt.

Wir entschieden, ob wir dem Kunden Gewinne oder Verluste gaben.

Das war der Betrug.

Immer noch zu abstrakt?

Als Broschemann hatte ich den Kontakt zum Kunden hergestellt und sandte ihm das Informationsmaterial. Am Anfang waren es noch Hochglanzbroschüren. Darin wurde alles über das Warentermingeschäft erklärt, es waren sogar Verträge darin. Später hat man das per Fax und schließlich elektronisch versandt. Der Broschemann ist so etwas wie der Vertreter, der seinen Text aufsagt und immer einen falschen Namen nennt. Wie alle. Niemand gibt seinen wirklichen Namen preis.

Guten Tag, Herr Sörensen, mein Name ist Konrad, ich bin von der Firma CiRox, und wir haben hier die super Möglichkeit an der amerikanischen Börse Geld zu verdienen. Haben Sie kurz Zeit? Dürfen wir Ihnen unsere Informationen schicken?

Der Broschemann legt eine Karteikarte über diesen Schweden an. Die Karteikarte gibt er an den Verkäufer weiter. Darauf steht: Interessiert. Oder: Erst in drei Wochen. Nach zwei Wochen ruft der Verkäufer an.

»Hallo, Herr Sörensen, mein Name ist Schmidt. Ich bin von der Firma CiRox, ein Mitarbeiter hat Ihnen unsere Broschüre geschickt.«

Natürlich erinnert sich der Schwede nicht mehr daran, weil er viele derartige Angebote bekommt. Dann kommt der Text des Verkäufers.

»Wir haben gerade fantastische Angebote. Der Dollar ist eingebrochen. Der Ölpreis explodiert. 30 bis 70 Prozent können wir in den nächsten Wochen verdienen«, verspricht er.

Etwas in der Art. Manchmal greift das schon. Wenn einer sagt: Ja, was können wir denn da machen? ist das ein Selbstgänger. In den Zeiten des ersten Irakkrieges gab es Verkäufer, die 20 Openings im Monat machten. Jeder wollte von diesem Krieg und an seinen Toten profitieren. Da verliert man das Mitleid mit den Leuten, die geprellt werden. Besonders die lieben Schweden. Sie investierten derart viel Geld in diesen Krieg, dass die schwedischen Banken an dessen Ende am Rande des Bankrotts standen.

Hatte Herr Sörensen die Broschüre weggeschmissen und war nicht so leicht zu ködern, legte ihm der Verkäufer ein Angebot aufs Fax. Eine Erklärung, welche Hebelwirkung er habe, ein Chart, wie die Schwankungen aussahen, und eine Orderbestätigung. Die musste er ausgefüllt, unterschrieben und mit Bankverbindung zurückschicken. Damit orderte er zum Beispiel zwei Kontrakte Schweizer Franken gegen Dollar. Auf der Order steht auch der Name des amerikanischen Brokerhauses, ganz seriös. Das ist das Opening, das Testgeschäft.

Wenn er weiter rumzickt, wird man energischer.

»Sie müssen diese Möglichkeit doch erkennen«, und so weiter, »aber ich mache Ihnen einen Vorschlag. Investieren Sie doch erst mal einen oder zwei Kontrakte. Wir machen ein Testgeschäft. Ich werde Ihnen beweisen, dass ich in kürzester Zeit 30 Prozent für Sie erwirtschaften kann, Herr Sörensen. Das tut Ihnen doch nicht weh, 10 000 Dollar. Sie sind Geschäftsmann, Sie haben doch Geld.«

Der Schwede fühlt sich geschmeichelt. Noch ziert er sich.

Zwei Tage später werde ich wieder energischer.

»Herr Sörensen, haben Sie gehört, was hier passiert ist? Unglaubliche Gewinne! Wir können nicht länger warten! Sonst sind wir die Dummen! Ich brauche die Kontrakte, dann kann ich für Sie schon vorverhandeln. Jetzt muss es schnell gehen. Wir gehen für Sie in den Vorschuss und gleich rein in den Markt! Sie brauchen kein Geld zu überweisen. Morgen kann ich Ihnen schon sagen, wie viel Gewinn wir gemacht haben. Schicken Sie mir nur das Fax. Nehmen Sie jetzt einen Stift und den Zettel in die Hand. Haben Sie noch die Orderbestätigung? Nein? Gut. Wir schicken sie gleich noch mal. Wir haben hier keine Zeit mehr zu verlieren!«

In diesem Moment steht der Broschemann am Fax und schickt die Orderbestätigung. Wenn der Verkäufer gut ist, diktiert er dem Kunden gleich am Telefon:

»Hiermit ordere ich, Gunnar Sörensen, zwei Kontrakte, Wert 12 000 Dollar, Unterschrift, Datum. Faxen Sie mir das sofort in die Firma!«

Zwei Minuten später kommt das Fax aus Stockholm. Sörensen hat unterschrieben. Broschemann und Verkäufer klatschen sich ab. Kurz darauf ruft ihn der Verkäufer wieder an.

»Herr Sörensen, vielen Dank für Ihr Vertrauen. Ich werde alles in meiner Macht Stehende tun, denn ich möchte mit Ihnen ja noch viel größere Geschäfte machen. Sie werden sich noch wundern! Übrigens, mit diesem Fax haben Sie schon 2500 Dollar Gewinn gemacht. Es hat gerade einen Cent Bewegung gegeben! Glückwunsch.«

Spätestens am nächsten Tag schickt Herr Sörensen das Geld.

Dann handelt man ein bisschen. Man macht aus seinen 12 000 Dollar zunächst 15 000. Aber nicht zu viel. Sonst könnte er misstrauisch werden. Manchmal bekommt er in der ersten Zeit auch gar keinen Gewinn. Reines Fingerspitzengefühl. Wer mal im Casino war, der weiß: Wenn man gewinnt, wird man vorsichtiger. Man investiert weiter, aber wenig, weil man den Gewinn halten möchte. Oder hört sogar ganz auf. Wir gaben dem Kunden also zunächst mehrere ganz kleine Gewinne, um ihn anzuheizen.

Wir schickten ihm ständig Kontoauszüge per Fax. Die bekamen wir vom Trader. Das ist derjenige, der den tatsächlichen Handel mit der Börse in New York tätigt. Auf den New Yorker Bankauszügen sieht der Kunde: Er steht jetzt bei 17000, er hat also schon 5000 Dollar Gewinn gemacht. Herr Sörensen freut sich. Der Verkäufer betreut den Kunden noch eine Weile weiter. Dann sagt er ihm: »Herr Sörensen, die Situation ist derzeit so heiß, ich habe hier einen Broker aus New York, einen Mann mit Spitzenkontakten. Soll er Sie mal anrufen?«

Jetzt kommt der Loader. Das sind die Top-Verkäufer der Firma. Der Loader haut ihn auf eine richtige Summe an. 200000 Tausend Dollar, eine halbe Million. Meist hatten wir zwei oder drei Loader, wie Chris und Mesut und Reece. Wenn der Kunde auf den ersten Loader nicht anspringt, ruft zwei Tage später der zweite Loader an.

Wenn der Loader merkt, der Kunde will keine größere Summe schicken, drückt er ihm die ersten Verluste rein. Er bringt ihn von 17000 auf 3000 runter. Dann investiert Herr Sörensen ein bisschen mehr, weil er den Verlust wieder reinholen möchte. Das hat ihm der Loader versprochen. Er könne mit einem Deal alles wieder wettmachen. Das klappt dann auch, und jetzt ist er reif. Irgendwann haben ihn das Spiel und die Aussicht auf einen richtig hohen Gewinn mürbe gemacht.

Oft war die Sache wirklich surreal. Als Michael – wir nannten ihn Chicken George – sein erstes Opening machte, stand in Hamburg gerade wegen eines Streiks der Müll in den Straßen und wurde nicht abgeholt. Ich hörte, wie Chicken George mit einem Schweizer telefonierte.

»Ja, verstehen Sie denn nicht? Der Müll steht hier auf den Straßen. Deutschland versinkt im Müll!«

Chicken George war jetzt in seinem Element.

»Es stinkt überall bis zum Himmel!«, brüllte er.

»Mann, die Deutsche Mark kackt ab und der Schweizer Franken geht rauf! Ist doch klar! Schicken Sie sofort das Fax!«

Nur wenige Augenblicke später kam das Fax und noch am gleichen Tag das Geld.

Jeder Kunde war speziell, und jeder bekam den Loader, der zu ihm passte. Manche wollten mit ausgesuchter Höflichkeit behandelt werden, andere musste man hart anfassen. Ich habe es erlebt, wie Chris über Stunden mit einem Dänen am Telefon verhandelte. Verhandelte? Er schrie ihn an.

»Mensch, du kleiner Wichser, du mieser Pisser! Verstehst du die Situation nicht, oder willst du nicht kapieren? Mann, der Markt geht hoch! Schick sofort das Geld, du Schwuchtel.«

Chris stellte dann manchmal laut.

»Was? Hab ich dich richtig verstanden? Sag mal, hast du keinen Schwanz in der Hose? Du bist doch 'ne Fotze! Schick sofort die 50000!«

»Ja, ja ...« Der Typ am anderen Ende schluckte.

»Meinen Sie?«, hörten wir den Dänen.

Zuerst war ich geschockt. Wie redete Chris mit dem Kunden? Dann mussten wir unser Lachen unterdrücken. Der Typ schickte tatsächlich 50000 Dollar. Und Chris spielte weiter die männliche Domina. Wenn er ihm Verluste reindrückte, sagte Chris:

»Man kann doch auch mal verlieren. Das ist so, du Honk. Jetzt musst du nachschießen! Hörst du?«

Und der Däne schoss nach. Er stand darauf, wie ein Idiot behandelt zu werden.

Es gab eben solche und solche. Ein anderer Kunde aus Österreich hatte eine Million Mark geschickt. Chris hatte das erste Loading gemacht, Mesut wollte ihn übernehmen, aber er kam mit dem Österreicher nicht klar. Er sagte einfach: »Behalten Sie das Geld. Wissen Sie eigentlich, wer ich bin? Rufen Sie mich nie wieder an.« Klick. Wir konnten die Million behalten – er hatte sie uns einfach geschenkt. Das Geld schien ihm egal zu sein. Wieder ein anderer Kunde, dem Reece 500000 Dollar abgenommen hatte, schickte ihm noch Jahre später Geburtstags- und Weihnachtsgeschenke. Ich meine, in dieser Branche musste man sich schon sehr wundern. Der Typ hatte sich noch entschuldigt, dass er nicht mehr genug Geld zum Investieren hatte.

Man konnte den Kunden auch ein paar Monate auf seinem Level halten. Wir handelten dann ein bisschen hin und her, der

Kunde bekam immer seine Auszüge mit vielen Zahlen und Kürzeln darauf und sah, aha, es ist alles professionell, prima. Immer wieder wurde er von verschiedenen Loadern angerufen. Irgendwann hatte er Bock auf einen der Loader, den er gut leiden konnte. Ich habe es dann eingeführt, den Kunden ein Vierteljahr oder auch mal ein ganzes Jahr zu betreuen, bis wir ihn richtig ausnehmen konnten.

Wenn der Kunde dann heiß war, kam er mit einer richtigen Summe rüber. 100 000 Dollar oder mehr. Dann wurde er auf jeden Fall abgezockt. Wir hatten schließlich Unkosten. Der Verkäufer und der Loader wollten bezahlt werden, die Büromiete und die Trades in den USA. Dann wartete man auf eine Situation im Handel. Jeden Tag passierte etwas, und nach einer Weile sagten wir dem Kunden, dass er sein Geld verloren hat.

Das sah trotz des hohen Verlustes immer legal aus. Nur dass wir die Gewinne und Verluste eben steuerten. Der Trick war das Vertrauen. Das war auch nicht anders als bei den Heilsverkündern der Neuen Märkte. Der einzige Unterschied war, dass wir nur einen Bruchteil der Gelder wirklich handelten. Und das war schon ein Luxus. Andere Warenterminbetrüger machten sich gar nicht die Mühe, irgendetwas zu handeln. Sie nahmen den Kunden einfach so das Geld ab und meldeten sich nicht mehr. Diese Firmen konnten aber auch schneller auffliegen und von der Polizei kassiert werden.

Im Laufe der Jahre haben wir dazugelernt: Zieht man einen Kunden komplett aus, sollte man ihm wenigstens eine kleine Summe wiedergeben. Hat er 100 000 Dollar verloren, schickt man ihm zum Schluss 10 000 zurück. Dann ist das Risiko einer Anzeige kleiner. Die Geprellten konnten uns schließlich jeden Tag anzeigen, und wir wollten mit jeder Firma möglichst lange im Geschäft bleiben. Die meisten Kunden machten keinen Ärger, weil wir ihnen etwas zurückgaben.

Wenn man merkte, der Kunde ist ausgelutscht, da ist nichts mehr zu holen, riefen wir ihn an und sagten ihm: Herr Sörensen, wir haben 15 000 Gewinn für Sie gemacht mit Firmenkontrakten. Das freute ihn nicht wirklich, aber es beruhigte ihn.

Das Geld gaben wir ihm wieder, damit er keinen Stress machte. Und wenn ein Kunde mal richtig Stress machte, einigte man sich mit ihm. Dann wurde eine Art Vergleich geschlossen. Wir sagten: O.k., vielleicht waren wir nicht sorgfältig genug in Ihrem Fall. Sie haben 100 000 investiert, wir sind bereit, Ihnen 40 000 wiederzugeben. Wir haben keine Zeit, uns mit Ihren Anwälten auseinanderzusetzen. Das sah der Kunde ein. Die Sache war erledigt, und wir hatten trotzdem 60 000 verdient.

Es gab auch Firmen, die völlig brutal waren. Sie drückten ihren Opfern immer mehr Verluste rein und sagten ihnen, nehmen Sie einen Kredit auf oder eine Hypothek, leih dir Geld, nimm es aus dem Geschäft. Das taten wir nicht. Wir haben sogar manchmal einem Kunden Geld wiedergegeben, wenn wir gemerkt haben, das ist ein ganz kleiner Fisch. Wir sagten dem Kunden: Nehmen Sie keinen Kredit auf, keine Hypothek. Nehmen Sie nur Geld, das Sie riskieren können. Am besten Schwarzgeld. Ich habe es den Kunden sogar klipp und klar gesagt: Ich will Ihr Schwarzgeld! Ich verdopple es für Sie und danach ist es weiß, wie gewaschen!

Ich will mich hier nicht selbst reinwaschen. Es war und ist glatter Betrug. Aber selbst die Richter schüttelten oft genug den Kopf und fragten die Geprellten: Wie kann man denn jemandem so viel Geld anvertrauen, den man noch nicht einmal gesehen hat?

Weil die Verkäufer und Loader ein Vertrauensverhältnis zum Kunden aufbauten und ihm das Gefühl vermittelten, ein richtiger Börsianer, ein echter Maklerprofi ist nur für sie da. Die fanden das großartig, dass sie einen eigenen Broker hatten. Damit plusterten sie sich in ihrer Geschäftswelt und vor ihren Freunden auf. Mein Broker hat gerade am Handy angerufen, wir haben einen Riesendeal gemacht! Das bekamen wir ja bei den Gesprächen mit, wie sie sich brüsteten.

Wir haben ein Vertrauensverhältnis aufgebaut und dieses missbraucht. Wir haben von der Gier und von der Dummheit gelebt. Das ist schon übel. Aber jeder, der in ein Spielcasino geht, weiß doch, dass er am Ende verlieren wird, wenn er auch nur annähernd suchtgefährdet ist. Oder nicht?

Die Leute machen es trotzdem.

Manchmal haben wir auch selbst gehandelt. Aus Spaß. Ich habe einmal 30 000 Dollar gewonnen. Manchmal haben wir wieder verloren. Unser Trick war besser: Wir haben niemanden gewinnen lassen.

Ich rief Can an und erzählte ihm von meinem hohen Verdienst. Ich lud ihn zum Abendessen ins Vespucci ein. Eigentlich erwartete ich immer, dass er von mir einen Anteil verlangte, doch er tat es nicht. Gut, er war ohnehin reich und brauchte mein Geld nicht, dachte ich. Ich ging jeden Tag ins Büro und machte gute Deals. Im folgenden Monat verdiente ich 30 000 Mark. Auch die anderen Verkäufer verdienten gut.

Ich war nicht der Einzige, der sich ein neues Auto zugelegt hatte. Chris und Mesut fuhren jetzt nagelneue 500 SL, Reece ein neues Cabrio. Die Firmenlogik war einfach: Kauft euch Porsches, sagten die Bosse. Das verleiht euch einen anderen Status, Respekt und Anerkennung. Natürlich wollten sie meine Gier wecken. Je mehr sich ein Rookie wie ich leistete, umso mehr musste er bringen. Damit glaubten sie mich in der Hand zu haben. Wir hatten ja keine Ahnung. Ich wusste gar nicht, wie teuer so ein Auto ist. Allein das Benzin oder ein paar neue Reifen. Ständig ging etwas kaputt und die Reparatur kostete Tausende.

Die Chefs stachelten alle an, es ihnen gleichzutun. Jeder sollte sich einen standesgemäßen Flitzer kaufen. Das nahm bizarre Züge an. Eines Morgens kam Chicken George ganz aufgeregt in mein Zimmer. Er habe sich jetzt auch einen Porsche gekauft.

»Lass uns mal 'ne Spritztour machen«, bettelte er regelrecht.

Ich hatte keine Lust.

»Komm, bitte, ich will dir mal zeigen, was das für ein geiles Auto ist.«

Wir gingen in die Tiefgarage und setzten uns in seinen Carrera. Er ließ ihn aufheulen, dann fuhr er ein paar Schritte aus der Garage heraus, bremste, legte den Rückwärtsgang ein, fuhr zurück und parkte wieder ein.

Ich sah ihn entgeistert an.

»Sach ma, ist das alles? Ich denke, wir wollten ’ne Spritztour machen?«

»Ja, haben wir doch! War doch ’n geiles Feeling, oder?«

»Willst du mich verarschen? Lass uns mal rausfahrn, nach Timmendorfer Strand …«

»Ja, würd ich ja auch gern. Aber kann ich nicht. Hab ja keinen Führerschein.«

»Alter, biste weich? Was kaufst du dir ’n Porsche, wenn du gar keinen Führerschein hast?«

Chicken George schien plötzlich ganz geknickt. Die Sache mit den Porsches hatte auch ihre Haken.

Unsere neuen Porsches und 500 SL standen alle in der Tiefgarage. Eines Tages bemerkte Chris zwei Männer, die vor der Firma herumlungerten. Ein kleiner schmaler und ein großer kräftiger. Womöglich Polen. Chris meinte, sie würden unsere Autos ins Visier nehmen. Das war nicht ungewöhnlich in dieser Zeit. In Berlin ist sogar einmal der Dienstwagen des Polizeichefs gestohlen worden – er tauchte zwei Jahre später in Russland wieder auf.

»Ich geh runter und kläre die Sache«, sagte ich.

Chris warnte mich. Mit der Polenmafia sei doch nicht zu spaßen. Ach Quatsch. Ich winkte ab. Ugur wollte mitkommen, aber ich gab ihm zu verstehen, dass ich die Sache allein klären wolle. Ugur drückte mir eine Gaspistole in die Hand. Ich lief runter.

Dort standen die beiden im Hof vor dem Eingang zur Tiefgarage. Ein kleiner Pinscher und ein dicker Depp, dachte ich.

»Hey, was wollt ihr hier, verpisst euch«, schrie ich ihnen sofort entgegen.

Die beiden zuckten nur mit den Schultern.

»Ihr versteht kein Deutsch? Haut ab, ich will euch hier nie wieder sehen. Die Autos sind für euch tabu.«

Die beiden stellten sich blöd. Ich gab dem Größeren eine schallende Ohrfeige.

»Verstanden?«

Der Dicke nickte erschrocken. Dann zeigte ich ihm die Waffe unter meinem T-Shirt. Die beiden ergriffen die Flucht. Sie rannten nicht, aber sie beeilten sich gewaltig. Wir sahen sie nie wieder.

Meinen Porsche klauen? Ja, wo leben wir denn hier? Diese Stadt gehörte jetzt mir und keiner durfte mir mein Eigentum streitig machen. Das war nur eine kleine Abschreckung. Wir waren keine Opfer mehr. Als ich wieder nach oben ging, wurde ich von den anderen gefeiert. Sie hatten alles vom Fenster aus mit angesehen.

Mesut rief mich an einem Abend zu Hause an. Er brauche mich als Rückendeckung. Ein Familienstreit. Sein Bruder fühle sich massiv bedroht von seinem Vater und seinem Schwager. Die Sache solle geklärt werden. Man würde sich treffen und reden. Ob ich ihm helfen und als Back-up zu dem Treffen mitkommen würde?

Ich sagte zu. Auch wenn ich wusste, dass kurdische Familienfehden mitunter ins Auge gehen konnten. Ich mochte Mesut, er war mein Chef und ich stand hinter ihm. Er konnte das nicht von mir verlangen wie Can, aber es war eine Frage der Loyalität für mich. Und Loyalität bedeutete für mich, ich würde für den anderen einstehen.

Wir trafen uns vor der Firma und ich stieg zu Mesut ins Auto. Ich spürte, dass er Angst hatte. Sein jüngerer Bruder werde von seinem eigenen Vater und dem Schwager massiv bedroht, sagte Mesut. Ich wusste nicht, worum es genau ging, und wollte mich auch nicht weiter einmischen oder Fragen stellen. Wir hielten vor McDonald's in Mundsburg.

Als wir dort ankamen, stand bereits sein Vater, ein ganz kleiner Mann mit einem grauen Bart, mit einigen Leuten im Restaurant zusammen, und sie diskutierten. Dann flippte irgendeiner von ihnen aus, ich wusste gar nicht, wer er war. Er fuchtelte mit den Armen vor Mesuts Gesicht herum. Ich packte ihn, warf ihn zu Boden und wollte zuschlagen.

»Nein, nicht den, das ist doch mein Bruder«, sagte Mesut und deutete auf einen anderen, der wohl der Schwager sein musste.

Ich ließ Mesuts Bruder los und stellte mich vor den Schwager, sodass der sich überhaupt nicht bewegen konnte. Er blieb auch ganz still.

Mesut rastete jetzt völlig aus. Er schrie seinen Vater an:

»Ich bringe dich um! Du lässt meinen Bruder in Ruhe!«

Mesut zog eine Knarre aus dem Kreuz. Das war nicht abgemacht gewesen.

»Ich bring dich um! Ich bring dich um! Ich bring dich um«, brüllte er.

Er drückte seinem Vater wie wild die Pistole an die Schläfe.

»Ben seni vuracam, vuracam, vuracam! Anladinmi?«

»Hast du verstanden?«

Ich hörte eine Polizeisirene.

Mesut schreckte auf und packte die Knarre sofort weg.

Die Polizisten kamen auf uns zu. Ich begrüßte sie freundlich und erklärte ihnen, dass es sich nur um eine kleine kurdische Familienfehde handle, ein Streit, nichts Ungewöhnliches, und dass gar nichts passiert sei. Niemand sagte ein Wort.

Die Beamten nahmen nicht einmal die Personalien auf. Sie entfernten sich so leise, wie sie gekommen waren. Dann ging der Streit weiter. Mesut drohte seinem Vater wieder, ihn umzubringen, nur ließ er diesmal die Pistole stecken. Ich hielt den Schwager weiter in Schach. Mesuts Vater bekam es mit der Angst zu tun und lief jetzt weg. Sein Schwager wollte ihm folgen – ich ließ ihn ziehen. Wir hatten Mesuts Bruder aus ihren Klauen gerettet. Mehr wollte ich davon gar nicht wissen.

Merkwürdig. Warum hatten sich die Polizisten so schnell entfernt? Vielleicht hatten sie Angst bekommen. Vielleicht, dachte ich, war es ihnen auch einfach egal, wenn sich Ausländer gegenseitig umbrachten. Das hatte ich später noch öfter erlebt. Bei Streitigkeiten unter Ausländern hielt sich die Hamburger Polizei gern raus. Entweder kamen sie gar nicht oder erst zwei Stunden, nachdem sie gerufen worden waren.

Mein Porsche hatte mich 65 000 Mark gekostet, und damit war ich fast wieder bargeldlos. Ein neuer Wagen will eingefahren werden. Da bot es sich an, mit meinem Freund Fabian dessen

Freundin im schwedischen Christiansstadt zu besuchen. Chris, Mesut und Reece waren sofort mit von der Partie. Unterwegs veranstalteten wir eine regelrechte Ralley und in Schweden lebten wir aus den Vollen. Mädchen, Discos und wieder Mädchen. Wir fühlten uns wie Popstars. Zwei Mädchen prügelten sich sogar um Reece, das war schon komisch anzusehen.

Bald darauf luden Chris und Mesut alle zum Betriebsurlaub nach Tunesien ein. Eine Woche im Club Med, jede Menge Mädchen und eine Riesenschlägerei. Wo wir auch hinkamen, es ging fast immer zur Sache.

Ich liebte dieses Leben. Diesen Wechsel aus Adrenalinausstoß und anschließendem Feiern und Gefeiertwerden. Große Hotels, Poolbars, schneeweiße Handtücher. Auch in Hamburg setzten wir uns in Szene. Manchmal fuhren wir mehrmals am Tag hintereinander im Autocorso um den Gänsemarkt und machten den Dicken. Manchmal hörte ich das Wort »Drogendealer«. Oder »Zuhälter«. Einer meiner Onkels wollte nicht mehr, dass ich seinen Obst- und Gemüseladen betrete. Er hatte Angst um seinen Ruf.

Aber die Sache mit den Porsches und Parties hatte eben auch einen Nachteil. Wir brauchten immer mehr Geld. Es dauerte eine Weile, bis ich verstand, was die Chefs damit bezweckten. Wir mussten immer höhere Umsätze bringen. Wir standen unter permanentem Druck, Geld heranzuschaffen.

Einige Verkäufer, deren Geschäfte stagnierten, muckten auf. Vor allem Ugur. Immer wieder wiegelte er die anderen auf. Die Chefs würden uns verarschen. »Familie Bullshit«, sagte er. Und irgendwie hatte er recht. Die versprochene Erhöhung der Prozente blieb aus. Obwohl Mesut und Chris satte Gewinne einfuhren. Schließlich kam es zum Streit zwischen Ugur und Mesut, der dazu führte, dass Ugur die Firma verließ. Diesmal hatte ich keine Argumente, Ugur zum Bleiben zu überreden.

Immer neue Verkäufer kamen dazu, die für immer weniger Geld arbeiteten. Die Stimmung in der Firma kippte langsam. Nur Chris und Mesut verdienten sich weiter dumm, sie wurden immer gieriger. Das machte mich traurig. Es war eine prima

Zeit gewesen, und ich hatte gedacht, so etwas wie eine Familie gefunden zu haben, in der wir für einander einstanden, so, wie ich für Chris und Reece eingestanden war, in den vielen wilden Schlägereien von Hamburg bis nach Tunesien.

Da hatte ich mich geirrt.

Ich verbrachte wieder mehr Zeit mit Dorte und ging seltener mit den anderen aus. Chris wurde immer launischer. Er fing an, in der Firma gegen mich zu sticheln. Anscheinend fehlte ihm nachts sein Beschützer. Er konnte nicht mehr pöbeln, wie er wollte. Ich warnte ihn ein paar Mal, aber er wollte nicht aufhören. Mesut versuchte uns beide zu beruhigen. Irgendwann kam es zu einem heftigen Streit zwischen Chris und mir. Ich konnte mich kaum noch beherrschen. Ich wollte ihn zusammenschlagen. Als er auch noch etwas über Dorte sagte, schmiss ich seinen Adresskasten gegen die Wand.

»Du kannst mich am Arsch lecken, du Wichser. Noch ein Wort und ich garantiere für nichts mehr«, schrie ich ihn an.

Mesut versuchte zu schlichten. Reece stand da und sagte keinen Ton. Wütend nahm ich meine Jacke und verließ das Büro. Ich ließ alles stehen und liegen. Die Nummern meiner Kunden, meine Unterlagen. Bares Geld. Niemand sollte sagen können, ich hätte etwas mitgehen lassen. Chris hatte gedacht, ich sei von ihm abhängig.

Da hatte er sich geirrt.

Ich fuhr durch die Stadt. Verbrachte ein paar Tage mit Dorte und ging zum Budokan. Wie sollte es jetzt weitergehen? Can hatte angeboten, den Laden auf Schadenersatz festzumachen. Wie er das machen wollte, hatte er nicht gesagt. Mesut und Chris wussten nichts von meiner engen Verbundheit zu Can. Aber ich wollte das nicht, mich hinter Can stellen wie ein kleines Kind. Alex, Roby und Eric wollten mit mir die Firma verlassen, das trieb mir fast die Tränen in die Augen. Ich würde ihnen Bescheid geben, sollte ich in einer anderen Firma anfangen.

Sie erzählten mir, wie die Hasstiraden von Chris gegen mich weitergingen. Ich war enttäuscht. Wie oft hatte ich ihn irgendwo rausgehauen. Irgendwann traf ich ihn zufällig bei Fabian. Er bekam es mit der Angst zu tun und schob alles auf Mesut. Er habe schlecht über mich geredet. Er habe mich vor allen beleidigt.

Ich wusste nicht mehr, was ich glauben sollte.

Es ist so eine Sache mit der Ehre

Wenn die Ehre ins Spiel kommt, und das ist sehr schnell der Fall, flippt man sofort aus. Diese Impulsivität, sobald der Stolz verletzt wird. Da ist eine konstante Energie in uns, vielleicht gespeist von langer Wut und Enttäuschung, eine ständige Kampfesbereitschaft. Das ist oft so bei türkischen Männern, das spürt das Gegenüber, und daher haben Deutsche manchmal das Gefühl, sie müssten sich bei den türkischen Männern ständig entschuldigen.

Gleichzeitig mussten wir sehr vorsichtig sein mit dem, was wir über andere Leute sagten. Man musste die Klappe halten. Sehr schnell konnte man jemanden beleidigen oder bot eine Angriffsfläche. Sofort wird eine Äußerung weitergetragen, und dann hast du ein Problem. Es ist ein ständiger Balanceakt, und deshalb überleben viele Gangster nicht lange. Es kommt immer jemand auf dich zu und sagt: Der und der ist ein Wichser, Oruspu. Dann sage man, selbst wenn man der gleichen Ansicht ist: Rede nicht so über deinen Freund. Das sind Verhaltensregeln, die man beherrschen muss. Eine Art Gewaltpsychologie. Es ist wie in der Politik. Zuerst versucht man es mit Diplomatie. Wenn das nicht fruchtet, zieht man die Waffe.

Irgendwie war ich nicht recht zufrieden. Onkel Can bot mir immer noch nicht an, mit ihm zusammen Geschäfte zu machen. Das empfand ich damals als ziemlich merkwürdig. Bis jetzt war außer Ratschlägen noch gar nichts von ihm gekommen. Vielleicht waren Momo und Seko dagegen. Vielleicht wollten sie niemanden dabeihaben und ihr Geld für sich behalten. Nach einer Woche hatte ich Glück. Eine Warenterminfirma namens Nordec suchte einen Verkäufer. Einer ihrer Verkäufer, Pasquale, den ich aus der Partyszene kannte, schlug mich vor.

Das Büro von Nordec lag mitten in der Innenstadt am Neuen Wall. Die Verkäufer waren alle sehr jung und hatten einen Migrationshintergrund. Sie waren irgendwie eine verschworene Gemeinschaft. Die deutschen Chefs schienen so weit in Ordnung zu sein, nur den Verkaufsleiter mochte ich nicht. Er war ein bekennender Rechtsradikaler und DVU-Mitglied. Fast alle koksten. Den ganzen Tag. Sie zogen sich das Pulver die Nase hinauf, als wäre es Schnupftabak. Es war ein einziges Röcheln, Grunzen und Schniefen.

Für mich lief es weniger gut. In drei Monaten betrug meine höchste Auszahlung gerade 8000 Mark, und ich sah keinerlei Aufstiegsmöglichkeiten. Dann machte ein Verkäufer ein Opening mit einem Luxemburger, der sofort 50 000 Dollar schickte. Das war ungewöhnlich. Der Luxemburger entwickelte sich schnell zum Megakunden. Nach einer Woche schickte er drei Millionen Mark. Eine Sensation. Der Verkäufer würde 300 000 Mark davon abbekommen.

Davon erzählte ich Ugur. Wir trafen uns oft und redeten darüber, wie wir an das ganz große Geld herankommen könnten. Die 300 000 würden wir uns einfach schnappen, meinte Ugur. Und wie?

Ein Überfall.

Ugurs Plan war es, den Geschäftsführer am Auszahlungstag einfach zu überfallen und auszurauben. Er und ein Bekannter von ihm, ein durchgeknallter Türke namens Murat, würden den Raubüberfall durchziehen und die Beute mit mir teilen. Ich brauchte ihnen nur zu sagen, wann er mit dem Geld in der Tiefgarage ankommen würde.

Es ist komisch, aber auf eine solche Idee wäre ich nie gekommen. Jeder in dieser Szene hat so seine eigenen selbst gebastelten Moralvorstellungen. Ein Raubüberfall kam in meinem Gangsterkatalog nicht vor. Aber was sollte es? Wir würden Leute bestehlen, die Leute bestehlen.

Ich hatte Geldsorgen und Ugur eine Lösung.

Es war nicht ganz einfach herauszubekommen, wann die Auszahlung stattfinden würde. Meistens fiel sie auf den letzten

Freitag am Ende des Monats, aber darauf konnte ich mich nicht verlassen. Ugur und Murat hatten inzwischen die Tiefgarage unter die Lupe genommen und einen Fluchtweg ausbaldowert. Wir spekulierten einfach auf den letzten Freitag, anders war es nicht zu machen. Ich beschrieb Ugur den Geschäftsführer, der das Geld von der Bank holen würde, so gut ich konnte.

An diesem Freitag arbeitete ich ganz normal in der Firma. Falls was schief ging, könnte mir niemand etwas anhängen. Ich wusste, ein paar Stockwerke unter mir saßen Ugur und Murat jetzt im Finstern in ihrem Auto. Vermummt mit schwarzen Gesichtskapuzen und mit Kanonen bewaffnet, warteten sie auf den Geschäftsführer. Ich hatte sie dazu ermahnt, bloß keine Gewalt anzuwenden. Ich wusste, Ugur war kein schießwütiger Typ, aber auf Murat würde ich keine Murmel setzen. So etwas ist schon oft genug vorgekommen: Jemand hält dem anderen eine Pistole an den Kopf, und auf einmal geht das Ding los.

Irgendwas musste schief gelaufen sein.

Plötzlich stand der Geschäftsführer mit seiner Aktentasche in der Tür, als wäre nichts gewesen. So verhielt man sich nicht, wenn man gerade in den Lauf einer 9 mm gesehen hatte. Er war also irgendwie an Ugur und Murat vorbeigekommen.

Ich lief sofort runter, mit der Begründung, etwas zu essen zu holen. Als ich in der Garage ankam, saßen die beiden immer noch im Auto und warteten darauf, dass der Geschäftsführer endlich kommen würde.

Sie hatten es einfach verpennt.

Murat schlug vor, stattdessen nach Firmenschluss den Verkäufer auszurauben, wenn er sein Geld heimschleppte. Aber jetzt reichte es mir. Die Sache war für mich erledigt. Keine weiteren Aktionen. Murat protestierte, aber Ugur sah das ein.

Ich ging wieder hoch ins Büro. Der Geschäftsführer gab mir meine 8000 Mark. Als der Verkäufer des Luxemburgers dran war, bekam er nur 60000 Mark ausbezahlt. Den Rest sollte er später erhalten, hieß es. Irgendwie war ich froh. Der Coup hätte sich nicht wirklich gelohnt. Und ich hatte jetzt eine bessere Idee. Ich würde zum Abschied die Telefonnummer des Luxemburgers klauen. Wer so viel Geld schickt, war anfällig für Folgegeschäfte.

Am Montag gingen alle mittags in die umliegenden Cafés und Restaurants. Ich war alleine im Büro geblieben. Niemand schöpfte Verdacht. Ich durchsuchte den Adresskasten des Verkäufers – nichts. Ich ging ins Chefbüro, nichts. Mist, dachte ich. Dann kam mir ein Gedanke. Ich ging an das Telefon des Verkäufers und probierte die Speichertasten. Da erschien auch eine Nummer mit einer Luxemburger Vorwahl. Ich wusste, der Kunde hieß Müller. Ich wählte die Nummer.

»Müller ...«

Bingo.

Am nächsten Morgen kündigte ich.

Ich rief Reece an und bot ihm die Nummer des Megakunden an. Für 100 000 Mark. Nach ein paar Stunden rief er zurück. Er machte einen Gegenvorschlag. Ich bekäme zehn Prozent von allem, was sie dem Luxemburger abnehmen würden. Aufs Wort. Na gut. Ich hatte ja nichts zu verlieren. Auch Can meinte, falls sie mich bescheißen würden, könne er das Geld immer noch eintreiben. Ich sagte zu.

Zwei Tage später rief Mesut an, voller Freude. Der Kunde hatte sofort 100 000 Dollar überwiesen, schon beim Opening. Zwei Wochen später hatten sie ihn so weit. Er überwies weitere 1,1 Million Mark. Ich traf mich mit Mesut und er zahlte mir 150 000 Mark aus.

»Da kommt noch mehr. Sam, und ich will dich etwas fragen. Warum fängst du nicht wieder bei uns an? Nicht als Verkäufer, sondern als Aufpasser? Chris hört auf, es wäre also kein Problem für dich.«

Als Aufpasser? Oder besser: Bodyguard? Wie stellte er sich das vor? Und das Honorar?

»Zehn Prozent vom Firmengewinn. Und natürlich von dem, was wir noch aus dem Luxemburger herausholen.«

»Danke, Mesut, ich überleg's mir.«

Das klang wirklich verlockend. Auch Can fand die Idee gut.

Es wäre eine prima Gelegenheit, mehr über das Geschäft zu erlernen. Wie man eine WTG-Firma leitet. Nur gebe es da ein Problem. Was für ein Problem?

»Seko und Momo sind sauer auf Mesut. Sie wollen frühere Ansprüche geltend machen. Sie planen schon, die Firma zu stürmen.«

Angeblich habe Mesut früher einmal Seko und Momo ein Geschäft vermasselt, als Mesut noch Verkäufer einer Firma namens ATco war. Dort hätten Seko und Momo Schutzgeld von den Chefs kassiert. Alles sei wie geschmiert gelaufen, aber auf einmal hätten sich die Chefs geweigert, weiter zu zahlen. Seit Mesut dort angefangen habe.

Das kam mir nicht unlogisch vor. Ich hatte mich immer gefragt, wie ein Kurde von der Straße so schnell aufsteigen konnte. ATco war eine Vorgängerfirma von CiRox gewesen. Irgendwie musste sich Mesut das Vertrauen der Chefs verdient haben. Er war ziemlich clever. Dann wollten sich die Chefs doch wieder mit Seko treffen, um ihm das Schutzgeld zu übergeben. Bei diesem Treffen sei ein unbekannter Mann dabei gewesen, der für Seko nach Polizei roch. Der Mann sprach ihn auf das Geld an, und Seko zog zurück. Danach verschwanden die beiden Chefs nach Amerika. Seko sei sich sicher, dass Mesut ihn in eine Falle laufen lassen wollte. Ich wusste nicht, ob die Story stimmte. Can winkte ab.

»Fang dort ruhig an. Ich rede schon mit Seko.«

Dann rief Soner an.

Vater drehe total durch.

»Mama will die Scheidung einreichen. Du musst sofort nach Hause kommen. Papa droht, sie umzubringen!«

Ich ließ alles stehen und liegen.

Mutter weinte. Vater hatte sie wieder geschlagen und beschimpft. Er tobte immer noch, er war völlig irre. Er zog mich in die Küche und sagte, ich müsse sie töten. Weil sie eine Hure sei und unsere Ehre befleckt habe. Ich wusste ja, dass er spinnt. Er konnte es einfach nicht ertragen, dass sie ihn verlassen wollte.

Nein, sie sei eine Hure, und wenn ich sie nicht tötete, wäre ich ein Hurensohn ohne Ehre.

Er verlangte allen Ernstes einen Ehrenmord von mir.

An meiner Mutter.

Irgendwann gab er es auf und wurde still, ging ohne ein Wort zu sagen nach oben ins Schlafzimmer. Das machte mich nervös. Stille ist immer gefährlich. Ich redete mit Mutter. Sie sagte, dass sie keine weitere Minute mehr mit diesem Mann leben könne. Sie ekele sich, wenn er versuche sie anzufassen. Sie verweigere sich ihm schon lange, deshalb drehe er durch. Ich versuchte, sie zu beruhigen.

»Mama. Es ist okay. Verlass ihn. Ich bin bei dir.«

Mutter verschwand ins andere Schlafzimmer. Can und Soner mussten Schreckliches miterlebt haben, und ich wollte mich um sie kümmern.

In der Nacht, wir schliefen alle, hörte ich Schreie aus dem Zimmer meiner Mutter. Ich rannte sofort hinauf und riss die Tür auf. Ich sah, wie sich Vater über Mutter gebeugt hatte und sie am Hals würgte. Mutter röchelte.

Ich riss seine Hände von Mutters Hals, warf ihn zu Boden und nahm ihn in den Schwitzkasten. Er war völlig von Sinnen.

»Oruspu! Oruspu!«, schrie er.

Ich drückte fester zu. Aber erst als ich ihm Schläge androhte, beruhigte er sich langsam.

Mutter musste weg von hier. Sofort.

Aber sie wollte bleiben. Mutter konnte auch taff sein. Sie wollte, dass er geht, sie wollte in ihrem Haus bleiben. Widerwillig packte sie schließlich doch ein paar Sachen zusammen. Wir verließen alle unser Haus in Neuallermöhe. Ich fuhr Mutter und meinen Bruder Can zu ihrem jüngeren Bruder. Soner blieb bei mir.

Wie würde das noch enden? So weit war er noch nie gegangen.

Ich machte mir Vorwürfe. Ich hätte sie nicht im Stich lassen dürfen. Jetzt war Mutter auch noch sauer auf mich, weil sie das Haus verlassen musste.

Dabei blieb es.

Meine Mutter nahm sich einen Anwalt und klagte gegen meinen Vater.

Ich war jetzt in Mesuts Firma der Aufpasser. Mesut war schon vorbelastet und konnte sich nicht viel erlauben. Ich sollte einfach nur darauf achten, dass alles reibungslos ablief. Ein Kinderspiel. Ich hatte die Leute zu motivieren und darauf zu achten, dass sie fleißig telefonierten. Ansonsten war nur meine Anwesenheit gefragt. Es sollte sich in der Szene herumsprechen, dass ich täglich da war. Dann überlegten sich andere zweimal, ob sie einen Einlauf machen würden. So nannten wir das, wenn Schutzgelderpresser auftauchten, die Angestellten einschüchterten, alles demolierten und ordentlich Schaden anrichteten. Fast alle Firmen hatten Schutz. Am Anfang beschäftigten sie Leute vom Kiez, aus dem Zuhältermilieu. Später waren wir das, die Türken. Ich wäre auch zuständig gewesen, wenn einer der Verkäufer außerhalb des Büros Stress hatte, etwa in einem Club.

Ich hatte also erst mal nichts zu tun und wurde dafür fürstlich bezahlt. Jetzt normalisierte sich auch die Beziehung zwischen Ugur und Mesut wieder. Ugur kam häufiger vorbei und wir gingen zusammen mit Mesut aus. Ich fühlte mich pudelwohl.

Mein erster Job kam nach ein paar Wochen. Mesut kam genervt zu mir. Er habe herausgefunden, dass eine andere Warenterminfirma in Hamburg versuchte, einen Kunden von uns abzuwerben und uns madig zu machen. Es wurde die Firma viel Geld kosten, wenn der Kunde wechselte.

»Sam, mach diesen Idioten klar, dass sie unsere Kunden in Ruhe lassen sollen. Wir müssen etwas dagegen unternehmen. Sonst spricht sich das herum. Du musst sie einschüchtern. Nimm Ugur mit, ich habe ihm schon Bescheid gesagt, er ist einverstanden. Mach ihnen richtig Angst.«

»Worauf du dich verlassen kannst.«

Ugur holte mich von zu Hause ab, und wir fuhren zu dieser Firma. Die Adresse hatten wir von Mesut. Weder Ugur noch ich trugen eine Waffe bei uns, darum hatte uns Mesut gebeten. Wir parkten den Wagen weit genug entfernt. Das hatte ich von

Can gelernt. Niemand sollte die Chance haben, sich die Autonummer zu notieren. Die Firma hatte unten am Eingang ein Firmenlogo. So wussten wir, in welchem Stockwerk sie ihre Räume hatten. Wir klingelten. Am Empfang saß eine Dame. Ich verlangte nach dem Chef und Jochen, einem Verkäufer. Etwas unsicher führte sie uns ins Chefbüro.

Dort saßen zwei Deutsche, beide Mitte vierzig. Meine Stimmung war ziemlich aggressiv. Ich wollte gleich Nägel mit Köpfen machen, aber Ugur übernahm das Wort.

»Uns ist zu Ohren gekommen, dass ein Verkäufer von euch, Jochen, einen Kunden von uns abwirbt und zum anderen schlecht über uns spricht. Wir sind hier, um die Sache zu klären! Er soll sofort damit aufhören!«

Einer der Männer schaute zwischen uns und seinem Partner hin und her und knetete nervös seine Hände. Der andere ließ sich nicht aus der Ruhe bringen.

»Ich hoffe für euch, ihr habt uns verstanden. Pfeift eure Leute zurück. Sonst kriegt ihr Ärger«, sagte Ugur.

»Verschwindet, ihr Kanaken, alle beide, sofort raus hier!«

Das sagte derjenige, der die Ruhe weghatte.

Das reichte. Ich flippte aus.

»Ich werde dich, deine Frau, deine Mutter und Tochter in den Arsch ficken, du Schwuchtel.« Der Typ zog eine Waffe aus seiner Schreibtischschublade. Es war eine Neun-Millimeter, soweit ich das einschätzen konnte. Er kam auf mich zu und zielte direkt auf meinen Kopf.

Reflexartig sprang ich ein Stück zur Seite. Dann sammelte ich mich. Das war nicht der Zeitpunkt, Angst zu zeigen. Im Gegenteil. Ich traute dem Typen einen Mord, einen Totschlag und selbst Notwehr nicht zu. Dieser Pfeffersack würde nie und nimmer abdrücken. Dazu hatte er nicht den Mumm.

Jetzt ging ich auf ihn zu.

»Schieß doch, du Schwuchtel, sei ein Mann! Pezevenk!«

Ich stand nur wenige Zentimeter von seiner Waffe entfernt und brüllte ihn an.

»Schieß!«

Er fing an zu zittern. Seine Coolness war dahin. Der andere Mann rutschte vom Stuhl. Er erwischte noch die Lehne und rappelte sich wieder auf.

»Hört auf, Mensch, macht keinen Scheiß, Mann, bitte!«, sagte er.

Auch Ugur fiel jetzt beschwörend ein.

»Hey, hey, komm, nimm die Kanone weg …«

Mir war das egal. Ich fühlte mich dem Mann überlegen. Ich hatte keine Angst mehr, weil ich wusste, dass er nicht schießen würde.

»Schieß, du Schwuchtel, oder ich hau dir in die Fresse. Yüreğin yok!«

Jetzt konnte ich ihm die Waffe einfach abnehmen.

Aber in diesem Moment ging die Tür auf und es standen ein paar andere Männer im Raum. Irgendwelche Mitarbeiter. Weiß wie die Wand ließ der Mann den Arm sinken. Er sah auf den Boden.

»Geht bitte«, waren seine letzten Worte.

»Die Polizei ist unterwegs«, sagte einer seiner Angestellten.

Mit war klar, dass er log, doch Ugur ergriff ein bisschen die Panik. Er zog mich am Arm aus dem Büro heraus. Aus allen Türen lugten Köpfe hervor. Die Empfangsdame sprang auf und drückte sich mit dem Rücken an die Wand.

»Keine Angst, Lady. Frauen und Kindern passiert nichts.«

Ich war total übermutig und immer noch wütend. Ich ging zurück ins Chefbüro. Jeder, der mich ansah, zuckte zusammen und wich zurück.

»Wir sehen uns bald wieder.«

Dabei lächelte ich.

Ich wollte Rache. Ich würde diesem Typen auflauern und ihm eine Kugel ins Bein schießen. Diesem Scheißkerl, der mit einer Waffe auf mich gezielt hatte. Das machte ich Mesut klar. Er war absolut dagegen, er wollte keinen Stress. Die Polizei ermittle bereits gegen ihn, so etwas könne er sich nicht leisten. Warten wir's ab, wie sie reagieren, sagte er.

Als ich am nächsten Tag ins Büro kam, fing mich Mesut ab.

Der Kunde habe angerufen. Er bleibe bei uns und habe 50 000 Dollar avisiert. Mesut war sichtlich zufrieden.

»Sam, du hast das Problem topp geregelt. Dein Auftritt gestern muss denen richtig Angst eingejagt haben.«

Aber ich war nicht zufrieden. Vor einem vermeintlich Durchgeknallten hat man immer Angst. Nein, ich wollte endlich eine Kanone benutzen. Ich brannte richtig darauf. Ich hatte in unzähligen Schlägereien Brutalität und Mut bewiesen. Aber als Gangster wollte ich auch beweisen, dass ich keine Angst hatte, eine Kanone zu benutzen. Dieses Mal war es noch nicht so weit. Ich hoffte, bald eine andere Gelegenheit zu bekommen.

Vielleicht war dies der Zeitpunkt, an dem ich endgültig zum Verbrecher geworden bin. Und um ein angesehener Verbrecher zu sein, musste man – wie in der freien Wirtschaft – eine Vita haben. Möglichst mit einer Leiche.

Bald darauf schickte der Luxemburger noch eine Million. Das bedeutete eine satte Provision für mich.

»Es wird Zeit, dass du dir einen neuen Porsche kaufst und dir die Gedanken vertreibst. Komm, wir fahren zum Händler«, sagte Mesut.

Ich suchte mir ein schwarzes Cabrio aus. Mesut zahlte in bar. Später gingen wir am Gänsemarkt spazieren. Beim Juwelier Christ hielt ich an. Es dauerte keine 20 Minuten. Ich wusste genau, was ich wollte. Die goldene Rolex Daytona.

Mesut bezahlte mit dem Rest meiner Provision. 30 000 Mark.

Das war nicht schlecht. Das Leben war gut zu mir. Ich besaß einen Porsche, eine goldene Rolex, und meine Freundin war Model. Wie sagte Robbie Williams bei den MTV-Awards: Ich danke MTV für meine Häuser, meine Autos und meine Model-Freundin. Eben. So etwa in der Art waren meine Ziele. Hatte das nicht Al Pacino als Scarface auch gewollt? An etwas anderes konnte ich schon gar nicht mehr denken. Ich kaufte mir einen fünfschüssigen Trommelrevolver von Smith & Wesson, verchromt, mit Dumdum-Patronen, ohne Sicherung. Diese Geschosse würden sogar eine Schutzweste durchdringen.

Ich kaufte die Waffe von Sülo, zusammen mit der Munition. Ein blonder türkischer Gangster mit blauen Augen. Ich kannte ihn über Ugur. Sülo handelte damals mit Waffen. Ich habe da etwas Schönes für dich, sagte er. Der Revolver kostete 3000 Mark. Ich trug ihn ganz gern bei mir, vorne im Gürtel unter dem T-Shirt oder dem Hemd. Er gab mir ein Gefühl von Überlegenheit, obwohl mir Can empfohlen hatte, ihn im Handschuhfach zu lassen. Aber auch Mesut trug seine Waffe fast immer, obwohl er vorbestraft war. Er hatte sogar eine Handgranate in seinem Schrank. Ugur und sein Bruder Tolga hatten Waffen. Alle rüsteten auf in dieser Zeit. Uzis, Pumpguns, Pistolen. Waffen waren leicht zu bekommen, man musste nur zahlen. Irgendjemand handelte immer mit dem Scheiß. Ich freute mich über meinen Revolver. Mit dieser Waffe fühlte ich mich unverwundbar. Sie war wie eine Penisverlängerung.

Ugur, Tolga und ich fuhren nach Timmendorf in eine Schießsportschule. Ugur kannte dort jemanden. Wir brachten unsere Waffen mit und konnten ohne Auflagen am Schießstand üben. Niemand fragte uns nach dem Ausweis oder einem Waffenschein, wenn man genug zahlte. Es war wie in einer Bowlinghalle. Man ging in den Keller, bekam einen Kopfhörer, lud seine Waffe, und dann ging das Ballern los. Wie auf dem Rummel, nur mit echten Waffen. Wir hatten einen Mordsspaß dabei. Ich war kein besonders guter Schütze. Wir schossen ums Mittagessen, und meistens habe ich verloren. Das gehörte eben dazu. Mesut konnte besonders gut schießen. Tolga war ein Naturtalent.

Good Fellas

Die älteren türkischen Bosse haben noch bei der italienischen Mafia gelernt. Die Italiener waren die ersten Mafiosi in Deutschland. Sie haben hier Restaurants als Geldwaschanlagen installiert. Aber sie wollten nicht, dass ihre Kinder das schmutzige Geschäft übernahmen. Sie haben dann albanische und türkische junge Männer ausgebildet. Ich kann den Namen der italienischen Familie nicht nennen. Von unseren Vätern haben wir es jedenfalls nicht gelernt. Auch Can hat es nicht von seinem Vater gelernt.

Wir tun hier immer so, als hätten wir keine Mafia im Land. Natürlich gibt es mafiöse Strukturen, sogar unter Deutschen. Die Türsteherszene zum Beispiel, die Zuhälterkreise und auch Rockerbanden sind nach dem System der Mafia strukturiert. Türkische und albanische Mafiosi haben oft italienische Partner, bis heute. Selbst kurdische, türkische und albanische Clans hegen bis heute einen großen Respekt gegenüber italienischen Familien, die stets im Hintergrund bleiben.

M. war die Nummer eins. Danach gab es ein Ranking. Wenn man in dieser Hierachie oben steht, genießt man den Respekt der anderen Bosse, die eigene Clans führen. Wenn man mit dem Paten gut befreundet war, stand man in der Hierarchie ganz oben. Man verdiente viel Geld, und ich machte mich auch gerade für ihn. Ich war nicht sein Soldat, aber wir machten die Gangsterorganisation insgesamt größer. Ich hatte meine eigene Gang. Das waren vor allem Ugur und Tolga. M. war die Nummer eins, dann kamen einige Gruppierungen wie wir und die Kurden. M. ist Türke. Es gab auch mächtige Albanerfürsten, aber sie haben M. immer die Ehre erwiesen. Sie haben auch mich respektiert. Noch heute grüßen sie mich respektvoll, wenn sie mich auf der Straße sehen.

M. wurde in Hamburg von allen »der Pate« genannt – wie in Francis Ford Coppolas Filmen. Er baute seine Strukturen durchaus so auf, wie er es von den Italienern in den Hollywood-Adaptionen gelernt hatte. Er hatte einen Berater, so, wie die Paten im Film einen Consigliere hatten. M. hatte Unterbosse und Soldaten. Diese hießen auch Soldaten. Seine Vertrauten, die ganz nah an ihm dran waren, hatte er vorher mit sehr heiklen Aufgaben betraut, um sie zu testen. Dann kamen die Soldaten. Das waren die Männer, die Fahrerdienste machten, die Waffen trugen, auch seine, damit er nicht wegen Waffenbesitzes belangt werden konnte. Sie prügelten sich für ihn und holten sein Geld ab. Sie kümmerten sich um seine Freundin und seine Einkäufe und allerlei anderes. Auch diese Männer mussten sich sein Vertrauen zuerst erwerben. M.s engste Vertraute kannte ich zu einem Teil vom Kampfsport. Sie waren immer in seiner Nähe. Sie trieben die Gelder ein, verhandelten mit anderen Bossen und führten Rache- und Strafaktionen durch, sie leiteten seine Geschäfte. Sie hatten auch die Erlaubnis, eigene Untergruppen zu führen.

Wir hatten keine Fußsoldaten. Das hätte M. auch gar nicht geduldet, denn es hätte seine Autorität untergraben. Bei Auseinandersetzungen machten Tolga und ich uns selbst gerade, dazu benötigten wir niemanden. Und in einem Ernstfall hätten wir jederzeit auf M.s Soldaten zurückgreifen können. Das wäre für M. eine Selbstverständlichkeit und höchstens eine Frage des Preises gewesen. M. hatte mich einmal gefragt, ob ich in seine Organisation eintreten wolle. Als wir uns kennengelernt hatten. Ich hatte ihm gesagt, er solle nicht böse sein. Ich weiß, du bist mächtig, sagte ich ihm, du kannst mir schaden, wenn du willst, aber das ist nicht meine Natur. Ich möchte mein eigenes Ding machen. Er sagte: Dann zahle mir wenigstens im Monat eine Summe, damit ich noch mächtiger bin und meine Jungs bezahlen kann. Sei mir nicht böse, sagte ich, aber auch das kann ich nicht machen. Er sah mich schief an. Aber wenn du mal Unterstützung brauchst, sagte ich, dann bin ich für dich da.

Das habe ich auch gemacht.

Als er selbst im Warentermingeschäft mitmischte, habe ich der Firma zwei gute Leute gegeben und den Laden in Schwung gebracht. Ich erklärte M. das Geschäft. Dadurch lernte er einige Kniffe. Ich überließ ihm einige unserer Kunden, selbst solche, die wir noch nicht ausgelutscht hatten, und M. zockte sie noch einmal ab. Als er einmal im Knast war und sein Bruder draußen beleidigt wurde, habe ich mich vor seinen Bruder gestellt und wir haben diese Leute platt gemacht. Ich habe Rechnungen von seinen Soldaten bezahlt, weil sie nicht mehr liquide waren, darunter eine riesige Geburtstagsfeier.

Sowas merkte er sich.

Mit der Eitelkeit haben wir es ein wenig übertrieben. Man kann schon sagen, es nahm absurde Formen an. Ugur und Sülo hatten einen kleinen Wohlstandsbauch. Das war natürlich peinlich. Wir zeigten unsere Bodys sonst gern als Kampfsportler. Die beiden fuhren mit ihren Freundinnen nach Timmendorfer Strand und sahen jetzt überall diese durchtrainierten Typen. Dann sagten sie, wir fahren zum nächsten Strand, wo es nicht so voll ist. Die Mädels lachten sich kaputt. Sie landeten am Familienstrand, wo sie niemand sehen konnte, der sie gekannt hätte.

Pflege war sehr wichtig. Wir gingen ins Sonnenstudio. Wir gingen zur Maniküre und Pediküre, das war Pflicht. Ich meine, wir waren harte Schläger, und wir zupften uns die Nasenhaare und Augenbrauen, benutzen Feuchtigkeitscremes von Clinique und Shampoos von Guhl. Wir achteten stets auf eine gepflegte Erscheinung. Auch das hatten wir von Hollywood gelernt. Man musste gut aussehen. Es war uns ganz egal, ob man uns in der Hamburger Gesellschaft den Gangster schon von Weitem ansah.

Im Gegenteil. Wir wollten erkannt werden. Dickes Auto, dicke Uhr, dunkler Lederblazer, da weiß doch jeder von den Hänsen gleich, woher du kommst. Sie wussten auch, dass wir gefährlich waren. Sie suchten den Kontakt und die Nähe zu uns, die Partykönige von Hamburg und Sylt. Sie brüsteten sich mit uns. Sie wussten, wenn sie mit uns befreundet waren, blieben sie unantastbar. Wichtiger aber als diese Angeberei war der Status innerhalb der Gangsterwelt, die Erkennungssymbole für andere Gangster. Wir hatten Stil.

Was hieß Stil? Das musste nicht jedem gefallen. Auch eine Kiezgröße wie Neger-Kalle mit seinen reichlich aus der Zeit gerückten Pilotenbrillen wurde fleißig von der Promiwelt hofiert. Stil ist also relativ. Und wir Hamburger hatten immerhin einen Ruf. Ob ich in Dänemark war, auf Sylt, in München oder Holland: Wenn wir in die Nobeldiscos einmarschierten und sagten, wir sind Türken aus Hamburg, zeigte man uns einfach Respekt. Das heißt: Sie hatten Angst. Ich fühlte mich ziemlich mächtig.

Es war vielleicht die beste Zeit, die ich seit der frühen Kindheit hatte. Wir zielten am Schießstand nicht auf Pappkameraden, wir stellten uns nicht vor, wir würden auf Polizisten oder auf Deutsche schießen. Es gab überhaupt weniger Fremdenfeindlichkeit Mitte der 90er-Jahre. Nach Mölln und Solingen beruhigte sich das. Jedenfalls in Hamburg. Wir waren in Timmendorfer Strand alle okay miteinander. Viele junge Türken machten kleine Geschäfte auf und etablierten sich, andere studierten. Wir sprachen ja auch alle gutes Deutsch und nicht irgendein Ützülgebrützül.

Wir verdienten Geld. Die Probleme mit der Polizei hatten wir im Griff, dachten wir, und nach den Schlägereien vertrug man sich auch wieder. Man respektierte und mochte uns. Ich konnte mir gar nicht mehr vorstellen, dass es Leute in Hamburg gab, die ihre Miete nicht zahlen konnten oder sparsam lebten. Wir flogen nach New York, wir fühlten uns in Little Italy wie die Mobster. Wir saßen in SoHo an den Tischen, an denen sie erschossen wurden, und tranken auf sie. Gleich bei unserer Ankunft war in New York der Feiertag der dort lebenden Türken. In der Innenstadt veranstalteten sie einen riesigen Umzug. Tausende Türken marschierten auf der Straße, feierten ihre Herkunft und Kultur. Genauso wie es auch die Iren, die Italiener, Puerto Ricaner und Deutschen jedes Jahr in New York tun. Die Fifth Avenue war eigens für den Umzug der amerikanischen Türken gesperrt. Menschen aller Nationalitäten standen dabei, gratulierten und winkten den Türken zu. Zwei Fliegerstaffeln der Air Force zogen durch den Himmel und ließen einen Schriftzug aus Rauch hinter sich.

»Congratulations to the Turkish people of New York.«

Natürlich schloss ich mich dem Zug an. Es war ein unbeschreibliches Gefühl dabei zu sein. Warum gab es einen solchen Feiertag nicht auch in Deutschland?

Aber das war alles noch gar nichts. Mesut kaufte sich einen Rennwagen. Er wollte in der Formel III einsteigen. Er ist sogar einige Rennen am Nürburgring gefahren. Natürlich waren wir dabei. Wir lebten in einer anderen Welt, in einer lustigen, bunten, cinemascopartigen Parallelwelt. Und das Beste daran war: Ich war kein Gastarbeiterfurz mehr. Keiner war mehr ein Gastarbeiter.

Mesut hatte kein Abitur, aber er war nicht dumm. Er war einige Jahre älter als ich, und die Frauen mochten ihn. Ich wusste, sein Vater hat geputzt. Seine Mutter hat geputzt. Sie waren alle Putzkräfte in Hamburg. Meine Mutter hat geputzt. Einer meiner Onkel war Putzkraft im Krankenhaus.

Sollten wir etwa auch putzen gehen?

Das Komische war: Wir gaben unseren Müttern Geld, ich konnte Mama endlich mal Geschenke machen, und unsere Mütter haben trotzdem weiter geputzt, als wäre das ihr innigster Wunsch gewesen. Sie sorgten sich sogar um uns. Sie wollten nicht, dass wir krumme Dinger drehten. Natürlich erzählte niemand seiner Mutter, was er wirklich tat. Verdammt, unsere Mütter hätten gar nicht schlafen können. Wir sagten ihnen, wir machen jetzt gute Geschäfte. Nein, Mutter hat von all dem nichts gewusst. Oder besser, ich weiß es nicht. Vielleicht hat sie etwas geahnt. Mütter kann man nicht täuschen. Aber sie waren machtlos. Leider.

Wir fühlten uns unverwundbar. Ich hatte endlich meine Familie gefunden. Eine türkische Familie. Waren das nicht meine Leute? Zusammen mit anderen Türken würde ich stark sein.

Ich freundete mich immer mehr mit Ugur und besonders mit Tolga an. Er war mir sehr ähnlich. Tolga war viel kräftiger als ich, ein bisschen kleiner, aber kantiger. The world is mine. Die Welt gehört mir, sagt Al Pacino als Scarface. Zwei Freunde, die zusammenhielten und sich von ganz unten bis ganz oben halfen. Das waren wir auch. So wie die beiden Tellerwäscher in Miami immer auf den Nobelclub gegenüber starrten und sahen, wie die Mobster mit den größten Karren und den hübschesten Frauen vorfuhren, hatten Tolga und ich uns vor den Hamburger Clubs, an denen wir immer abgewiesen worden waren, geschworen, eines Tages da drin die Könige zu sein. Wir wollten ganz nach oben. So wie Scarface.

Ich behaupte einmal, dieser Film ist noch immer Kult für fast jeden armen Migranten in dieser Welt, der hochkommen will. Tolga und ich haben uns den Streifen vielleicht ein Dutzend Mal angesehen. Al Pacino als Scarface, als Pate, als Lenny in ›Donnie Brasco‹ war unser wirklicher Vater. So jedenfalls hätten wir uns unsere Väter gewünscht. Weil er in all diesen Rollen auch menschliche Züge besaß, weil er seine Ehre behielt.

Es war das womöglich wichtigste Element, das wir aus den Hollywood-Filmen übernahmen. Man konnte ein Gangster sein und trotzdem eine Ehre haben. Das gaukelte uns die Filmindustrie vor. Der Pate alias Marlon Brando hatte sich aus dem Drogengeschäft heraushalten wollen. Dafür war er fast umgebracht worden und verlor einen Sohn, aber er hatte seine Ehre behalten. Al Pacino brachte in ›Scarface‹ Menschen um, aber er musste einen triftigen Grund dafür haben. Das beeindruckte mich.

Diesen Lehren sind wir gefolgt.

Wir waren keine Verbrecher, wir waren keine Kriminellen. Wir sahen uns als Gangster. Und Gangster waren cool, denn sie hatten eine Ehre. Wir überfielen keine Omis wie die Junkies. Wir überfielen keine Tankstellen, wir brachen nicht in Wohnungen ein wie gewöhnliche Kleinkriminelle. Wir zogen keine soliden Menschen ab. Solide Menschen waren für uns hart arbeitende Bürger wie unsere Väter und Verwandten. Rechtschaffene Menschen. Auf dem Kiez heißt es noch heute: Ich bin solide – das bedeutet: Ich bin kein Zuhälter. Zuhälter waren für uns keine richtigen Männer. Männer mit Ehre lebten nicht von Frauen. Es wäre eine Beleidigung für uns gewesen, als Kriminelle bezeichnet zu werden. Wir suchten keine Opfer. Wir suchten Gegner.

So sahen wir das.

Das war unsere Lüge.

Als ich Ugur und Tolga kennenlernte, sagten sie, sie würden einen Obst- und Gemüseladen betreiben. Zu der Zeit eröffneten in Hamburg beinahe wöchentlich Obst- und Gemüseläden, der Bedarf daran schien unbegrenzt. Ich machte mir keine weiteren Gedanken. Es hatte mich nur gewundert, dass sie sich einen solch üppigen Lebensstil davon leisten konnten. Tolga fuhr mit dem Porsche zum Großmarkt. Ich meine, wo wollte er da die Gemüsekisten hinpacken?

Ihre Kindheit war nicht leicht gewesen. Ihre Eltern hatten sie bei Verwandten in der Türkei gelassen, als sie beschlossen, nach Hamburg zu gehen. Sie bekamen nicht viel zu essen, geschweige denn Taschengeld. Manches Mal waren sie hungrig zu Bett gegangen. Tolga hatte auch mal eine Weile im Marriot-Hotel gearbeitet. Da parkte er die Autos der Gäste, und er fand es immer prima, wenn er mit einem Ferrari eine Runde durch die Stadt drehen konnte. Manchmal brach er im Sauna-Bereich die Schränke auf und ließ Uhren und Schmuck mitgehen. Er holte es sich, wo immer er es kriegen konnte.

Eines Abends traf ich Tolga vor dem Traxx. Er stand vor der Tür und unterhielt sich mit jemandem. Er sprach mich an: »Hey, ich habe gehört, dass du richtig Geld verdienst. Ich habe eine gute Geschäftsidee, Interesse?«

Dafür war ich immer zu haben.

»Erzähl mal.«

»Hab so einen Pizzaservice gegründet. Ich brauch noch einen Partner. Wenn du 15 000 Mark hast, bekommst du die Hälfte«, bot er an.

»Hört sich nicht schlecht an«, antwortete ich ihm. »Ich werde es mir überlegen.«

»Lass dir aber nicht so viel Zeit damit, andere haben auch schon Interesse bekundet.«

Tolga wollte noch woandershin. Ich ging ins Traxx.

Noch am gleichen Abend traf ich Ugur an der Bar und erzählte ihm von meiner Begegnung mit seinem Bruder. Ugur war wenig begeistert.

»Du, Sam, wir haben schon einiges durchgemacht, ich mag dich. Du bist ein gerader Typ. Wenn du ein Geschäft mit meinem jüngeren Bruder machst – den ich liebe –, dann wird er dich verarschen, du siehst dein Geld nie wieder!«

Deutlicher ging es kaum. Ich war völlig baff.

»Das ist dein Bruder, über den wir hier reden? Man muss doch zusammenhalten unter Brüdern …«

»Machen wir auch. Aber du bist mir als Freund wichtiger als 15 000 Mark. Vielleicht machen wir noch ein paar Geschäfte miteinander. Wenn mein Bruder dich jetzt verarscht, dann glaube ich nicht, dass du uns noch vertraust.«

Es beeindruckte mich, dass Ugur mich vor seinem Bruder warnte. Ugur stieg in meiner Achtung. So einem Mann konnte ich nur vertrauen.

Eine Woche später trafen Tolga und ich uns wieder vor dem Traxx. Nein, seinen Pizzaservice könne er von mir aus ohne mich machen. Das akzeptierte er ohne Murren.

Wir gingen in den Club, und nach wenigen Schritten hörte ich, dass hinter mir etwas passierte. Es klang nach einem Tumult. Ich drehte mich um. Da stand Tolga und befand sich schon mit einem extrem kräftig gebauten Deutschen mit kahl rasiertem Schädel im Clinch. Wie hatte er das so schnell geschafft? Es war unschwer zu erkennen, dass sich Tolga nur mit Mühe gegen diesen Brocken behauptete. Ohne zu zögern stürzte ich mich auf ihn. Der Riese war nicht kleinzukriegen. Blut rann ihm über das Gesicht, aber er reagierte gar nicht auf mich. Zwei solide Türken, die wir kannten, gingen dazwischen und hielten uns auseinander. Tolga hatte etwas am Auge abbekommen, es sah geschwollen aus. Jemand gab ihm Eiswürfel. Der Deutsche schrie ihn an.

»Komm raus, du Kanake, du dreckiger Perser, du und ich.«

Doch Tolga wollte irgendwie nicht. Ich sagte ihm, auf Türkisch, tu es. Ich helfe dir. Wir machen ihn zu zweit platt. Das gab ihm Mut.

Gleich hinter der Tür sprang er den Typen von hinten an und schlug ihn auf den Kopf. Der Koloss drehte sich um und stieß einen markerschütternden Kampfschrei aus. Dann sprang ich ihn an und nahm ihn in den Würgegriff. Schlag zu, sagte ich Tolga auf Türkisch. Zwei gegen einen ist unfair? Und was macht die amerikanische Streitmacht? Natürlich geht man auf der Straße auch zu zweit auf einen Mann. Tolga und ich wollten den Stier fertigmachen, ohne uns die Hosen schmutzig zu machen. Wir wollten ja hinterher wieder feiern gehen. Also habe ich ihn in den Würgegriff genommen und Tolga hat zugehauen. Natürlich mussten uns die Türsteher im Traxx noch eine Weile im Lagerraum verstecken. Der Stier war bewusstlos, ein Krankenwagen holte ihn ab und die Polizei kam. In diesem Lagerraum gab mir Tolga den Treueschwur. Wir würden zusammenhalten bis zum Tode. Wir verbrannten dabei kein Foto der Madonna wie die Italiener und wir schnitten uns auch nicht in die Hand. Aber wir schworen es.

Ugur war viel mehr Türke als ich. Er hatte Fachabitur. Er war erst als Siebenjähriger nach Deutschland gekommen. Er aß gerne türkisch und pflegte sein Türkentum. Tolga war der Schläger. Er liebte es wie ich im Blockhouse blutige Steaks zu bestellen. Er hatte einen Berufsschulabschluss. Er umgab sich besonders gern mit den reichen Erben in Hamburg. Er bewegte sich in dieser Yuppie-Szene. Sein Vater war Hausmeister gewesen in Harvestehude bei ihren Vätern. Daher kannte er schon einige dieser Söhne. Auch Sülo, der blonde Türke, war in der guten Hamburger Gesellschaft unterwegs. Nur Ugur interessierte sich nicht dafür.

Mesuts Stimmung verschlechterte sich. Er wurde zusehends nervöser. Sam, sieh nur, dort unten stehen sie wieder, sie verfolgen mich, das sind die Bullen, die wollen mich festnehmen, sagte er einmal. Am nächsten Tag machten ihn ein paar Autos, die im Hof standen, völlig verrückt. Ich dachte, seine Nervosität sei auf seine ganze Kokserei zurückzuführen. Ein paar Tage später rief er mich in sein Büro. Ich hatte ihn noch nie so aufgelöst gesehen.

»Sam, ich möchte, dass du mit Henning Geld aus Dänemark holst. Ich will dir dein Geld geben, bevor irgendetwas passiert. Man ermittelt gegen mich wegen der CiRox-Sache. Ich möchte dich auch um einen Gefallen bitten. Wenn ich in den Knast gehen muss, würdest du dich dann um die Firma kümmern? Auf Chris und Reece kann ich nicht zählen, gegen sie wird auch ermittelt.«

Ich hing ja mit in dieser Geschichte, weil ich viel Geld kassiert hatte. Außerdem standen mir über die Loadings noch 600 000 Mark zu. Die wollte ich mir nicht entgehen lassen. Ich gab ihm mein Wort und fuhr mit Henning nach Dänemark. Henning war der offizielle Chef der Firma. Er kümmerte sich um die Administration und holte das Geld von den Banken. Er hatte eigentlich nichts zu sagen, war aber prozentual beteiligt. Er war unser deutscher Ali Baba. In einer dänischen Kleinstadt gleich hinter der Grenze lag die Bank, die eines der Geschäftskonten betreute. Nach zwei Stunden kam Henning mit einer Tasche heraus, die er in den Kofferraum packte. Hinter der Stadt bogen wir von der Landstraße in ein kleines Waldstück. Henning stieg aus und holte die Tasche aus dem Kofferraum. Er zog eine Plastiktüte daraus hervor und drückte sie mir in die Hand. Darin waren meine 600 000 Mark. Es mussten aber, soweit ich das sehen konnte, noch rund 2,5 Millionen in der Tasche sein. Mesuts Anteil, dachte ich. Henning packte die Tasche wieder in den Kofferraum. Wir fuhren zurück nach Hamburg. Am Abend trafen wir Mesut in seiner Wohnung. Henning übergab ihm die Tasche. Auf Mesuts Tisch lag Koks. Mesut bot mir an, eine Line zu ziehen. Ach, Scheiß drauf, dachte ich. Ich probier's mal. Mesut zählte den ganzen Berg Geld. Er war bester Laune.

In der nächsten Woche wurde er verhaftet. Polizei und Staatsanwaltschaft holten ihn am frühen Morgen aus seiner Wohnung ab und legten ihm die Handschellen an.

Wie sich herausstellte, war Mesut zwei Monate zuvor mit seiner Freundin in die Schweiz gefahren, hatte dort in einer Bank auf ihren Namen ein Konto eröffnet und 800 000 Mark in bar eingezahlt. Der Idiot. Jemand betritt eine Schweizer Bank mit einer schwarzen Bomberjacke, Cowboystiefeln, einem Kopftuch und einem Haufen Geld in einer Sporttasche? Vielleicht fand er das besonders cool, aber kaum hatte Mesut die Bank verlassen, riefen die Bankiers die Hamburger Innenbehörde an. Sie vermuteten, Mesut sei ein Drogendealer. Das war er zwar nicht, aber die Hamburger bedankten sich recht herzlich für den Tipp und bestätigten den Bankiers, dass man in Hamburg gegen Mesut wegen Warenterminbetrugs in einer kriminellen Vereinigung ermittle. Das Geld, das die freundlichen Schweizer in Empfang genommen hatten, war der letzte Beweis, der ihnen noch fehlte. Sie nahmen sogar Mesuts Freundin fest. Beide wurden sofort in U-Haft genommen.

Da saß er nun. Ein kurdischer Gastarbeiterjunge, der aus einer der ärmsten Gegenden der Türkei stammte und dessen Eltern sich ein ganzes Leben lang abgerackert hatten in der Hoffnung auf eine bessere Zukunft. Mesut hatte noch einen weiteren Fehler gemacht. Als er verhaftet wurde, sagte er, er sei drogensüchtig. Er dachte, dann würden sie ihn in der U-Haft vielleicht besser behandeln. Natürlich steckten sie ihn zu den Junkies. Mit denen musste er sich erst mal prügeln, und dann hatte Mesut auch noch Angst, sich durch das viele Blut mit Aids angesteckt zu haben.

Ich versuchte, die Verkäufer und Loader bei Laune zu halten, so gut es ging. Ich hatte Mesut ja mein Wort gegeben. Der harte Kern kam weiterhin ins Büro, nur ein Verkäufer hatte kalte Füße gekriegt. Mesuts Festnahme war für alle natürlich ein Schock gewesen. Es dauerte nicht lange, dann klingelte es nach der Mittagszeit. Fast alle Mitarbeiter waren anwesend, nur Soner nicht. Ich hatte ihn inzwischen zum Broschemann gemacht. Er war gerade 17 Jahre alt. Eigentlich hatte ich ihn aus dem Geschäft heraushalten wollen, aber er drängte mich regelrecht. Irgendwann waren mir die Argumente ausgegangen, und ich hatte ihn einfach gern in meiner Nähe. Polizei und Staatsanwaltschaft waren an der Tür. Henning schloss sich sofort in seinem Büro ein. Er hatte schon den ganzen Morgen Unterlagen geschreddert und jetzt wollte er wohl noch schnell die Festplatte putzen. Wir hielten die Beamten eine Weile hin. Dann kam Henning aus seinem Büro und stellte sich als Chef der Firma vor. Niemand anderes als er trage hier die Verantwortung. Dabei blieb er ziemlich cool.

»Und Sie? Sie sind doch sicher auch eine Führungsperson? Sie sind doch ein Loader?«, fragte mich eine ältere Dame.

»Ich? Nein. Ich bin hier nur zu Besuch. Ich warte auf meinen Bruder, der arbeitet als Broschemann. Er wollte kurz was zu Mittag essen.«

In diesem Moment kam Soner zur Tür herein.

»Da kommt er ja.«

Die ältere Dame ging auf ihn zu.

»Guten Tag, Staatsanwaltschaft Hamburg. Wir führen hier eine Durchsuchung durch, ich möchte von Ihnen wissen, welche Funktion ihr Bruder hier ausübt ...«

»Mein Bruder? Der wollte mich hier nur besuchen ...«

Guter Junge. Auf Soner konnte man sich verlassen.

Sie ließen Soner und mich gehen. Sie nahmen nicht einmal meine Personalien auf.

Zwei Stunden später rief Henning an. Wir waren mit einem blauen Auge davongekommen. Niemand war festgenommen worden. Niemand war umgefallen, niemand hatte geredet. Henning hatte die Festplatte löschen können, die Staatsanwaltschaft würde wenig gegen uns in den Händen haben. Jetzt erfuhr ich den Grund der Razzia. Müller. Der große Kunde, mein Kunde, der mir so unwahrscheinliche Provisionen beschert hatte, war der Auslöser für das Polizeiaufgebot gewesen. Der große Millionär, stellte sich heraus, war nur ein Angestellter, der Finanzchef einer Firma, die zur Hälfte dem französischen Staat gehörte. Er hatte die Transaktionen ohne Wissen der Firmenleitung getätigt, und wir hatten indirekt Frankreich reingelegt. Das war natürlich nicht gut.

Am nächsten Morgen trafen wir uns alle wieder wie gewohnt in der Firma. Nur drei Verkäufer hatten telefonisch bei Henning gekündigt. Henning hatte einen Ausweg parat. Die luxemburgische Firma wollte sich außergerichtlich einigen. Henning führte das Gespräch am frühen Morgen. Wir sollten die acht Millionen, die wir Müller abgeknöpft hatten, zurückzahlen. Das konnten wir natürlich nicht auf einmal, und Henning einigte sich mit ihnen auf vier Millionen sofort und den Rest in monatlichen Raten von 400 000. Das war happig, aber zu schaffen, wenn wir ordentlich akquirieren und dabei in Zukunft besser aufpassen würden, wen wir betrogen. Ich konnte alle überzeugen.

Jetzt war ich Chef der Firma mit 30 Mitarbeitern. Ich war gerade mal 23 Jahre alt. Auch Henning akzeptierte mich sofort. In vielen Sitzungen brachte er mir alles bei, was ich noch über den WTG-Betrug zu lernen hatte. Wir arbeiteten am Limit und schafften die Rückzahlungen. Ich schoss erst einmal 200 000 Mark von meiner Provision zu. Das einzig Nervige an Henning war seine Kettenraucherei. Trotzdem fing ich zu der Zeit an zu rauchen. Ich glaube, ich brauchte etwas zum Festhalten.

Mein Leben hatte ganz schön an Tempo und Verantwortung zugelegt. Mit dem Rauchen allein war es nicht getan. Ich hatte plötzlich Schlafstörungen, und es fiel mir immer schwerer, mal abzuschalten. Ich musste ständig über die Firma nachdenken. Egal, um welche Kleinigkeit es auch ging, alle kamen mit ihren Problemen und Sorgen zu mir. Wie Mirco, ein Verkäufer, der in mein Büro schneite und meinte, er brauche 6000 Mark. Nicht für sich, sondern für einen Freund namens Holger. Der schulde diese Summe einem türkischen Gangster. Er hatte sich 4000 Mark geliehen, und jetzt musste er 6000 zurückzahlen, innerhalb eines Monats, mit Zinsen.

»Weißt du, wie er heißt?«

»Sülo.«

Ich musste grinsen.

Ich ließ diesen Holger antraben. In panischer Angst erzählte er mir, dass es ohne das Geld um ihn geschehen wäre. Ich kannte Sülo ja, aber ich wusste ihn noch nicht ganz einzuschätzen. Eine gute Gelegenheit, mal zu testen, wie es um meinen Namen in der

Szene schon bestellt war. Also riet ich Holger, er solle Sülo anrufen und ihm sagen, dass ich für das Geld gerade stünde. Holger ging in ein anderes Büro und rief an. Zwei Minuten später kam er aus dem Zimmer. Er war kreidebleich.

»Er will mir den Finger abschneiden«, rief er entsetzt.

Jetzt hätte ich gern laut gelacht.

Ich fragte ihn, ob er meinen Namen genannt habe. So weit sei er gar nicht gekommen.

Ich rief Sülo an.

»Ich bin's, Sam. Du, vor meinem Schreibtisch steht Holger.«

Sülo sagte etwas von Plattmachen.

»Hör zu, Sülo, tu ihm nichts. Mirco, einer meiner Verkäufer, wird dich heute bezahlen. Ich bürge dafür.«

Sülo war sofort einverstanden.

»Aber lass den Pisser ruhig noch eine Weile Angst haben vor mir. Er soll ein bisschen schwitzen«, sagte er.

Jetzt mussten wir beide lachen.

Ich lerne

Mesut blieb im Knast, auf unbestimmte Zeit. Hat mich das beeindruckt?

Nein. Der Knast schreckte uns nicht.

Der Knast ist gar nicht so übel, wenn man Geld hat. Man trifft dort viele Leute, die man von draußen kennt, man ist also nicht alleine. Man macht in Ruhe seinen Sport. Am Abend dann Gesellschaftsspiele, Playstation oder Zocken um Zigaretten. Man kann lesen. Nebenbei arbeitet man ein bisschen. In der Küche oder in der Lackiererei, und man dirigiert die Geschäfte von draußen übers Handy oder einen Strohmann.

Die Zeit vergeht schnell.

Ich kannte einen deutschen Warenterminbetrüger, der ist in der Limousine in Fuhlsbüttel vorgefahren worden. Er hatte neun Jahre bekommen. Die deutschen Betrüger haben ihr Geld vor dem Gerichtstermin ihren Frauen überschrieben. Wenn sie ihnen trauen konnten, hatten sie Glück gehabt. Einige hatten Pech. Bei neun Jahren kauft man sich dann irgendwann frei. Nach vier Jahren geht es in den offenen Vollzug, nach fünf oder sechs Jahren ist es vorbei. Man kann viel erreichen, wenn man Geld bezahlt. Das sehen wir ja an unserer Elite. Steuerhinterziehung, Korruption, Fälschungen. Und was kriegen sie?

Bewährung.

Dumm ist nur die U-Haft. Vor allem die Hamburger U-Haft am Dammtor. Das ist einer der härtesten Knäste Europas. 23 Stunden Zelle und nur eine Stunde Ausgang. Aber auch das geht vorbei. Die Familie ist in der Nähe, man bekommt viele Besuche, man kann übers Fenster mit dem Nachbarn quatschen. Nach der U-Haft ist das Schlimmste vorbei. Man weiß, wie viel man abzusitzen hat und kann sich darauf einstellen.

Wenn man Geld hat, kauft man sich seinen eigenen Fernseher

mit Batterien. Man hat genug zum Einkaufen im Anstaltsladen. Am normalen Knast zerbricht niemand. Er schreckt nicht ab, und er resozialisiert auch nicht. Die meisten, die ich kannte, sind nach dem Gefängnis in null Komma nichts wieder straffällig geworden.

Wenn man jung ist, macht einem das nicht viel aus. Es ist wie Militärdienst. Du gehst rein, zwei oder drei Jahre, und dort lernst du neue Kumpels kennen. Es entstehen neue Freundschaften und neue Geschäftsbeziehungen. Das Einzige, wovor die jugendlichen Migranten Angst haben, ist, hinterher abgeschoben zu werden.

Das ist allerdings heute durch die EU-Gesetzgebung nicht mehr ganz so einfach. Besonders, wenn die straffällig gewordenen Migranten in Deutschland geboren sind. Man bietet dann den Leuten einen Deal an. Ich kenne einen Killer, der hat 13 Jahre bekommen, und man hat ihm gesagt, wir erlassen dir sechs Jahre, wenn du freiwillig in die Türkei gehst. Natürlich hat er sich auf diesen Deal eingelassen.

Viele Leute kamen in den Knast und wurden danach abgeschoben. Und? Sie sind heute wieder da. Es geht ihnen gut. Sie verdienen wieder Geld, nur dieses Mal etwas ruhiger. Sie sind nicht mehr so gewalttätig. Das brauchen sie jetzt auch nicht mehr zu sein, denn sie haben ja lange genug gesessen, und das hat ihnen einen Namen, eine Stellung, einen Status eingetragen.

Die Rechtspopulisten behaupten gerne: Wir schieben die Leute ab, dann ist das Problem gelöst. Das ist völliger Quatsch. Ich kenne ein halbes Dutzend Schwerkriminelle, die abgeschoben wurden und heute völlig legal wieder in Hamburg leben. Sie hatten einfach über einen Anwalt in Brüssel geklagt. Viele heiraten auch eine EU-Bürgerin, zum Beispiel aus Polen, erhalten dann einen polnischen Pass und können wieder einreisen. Deutschland kann das alleine gar nicht mehr entscheiden. Da wird den Bürgern eine innere Sicherheit nur vorgegaukelt.

Es wachsen neue Gangster nach, und die alten kommen zurück. Die Jugendlichen von heute nehmen die deutsche Staatsbürgerschaft sofort an. Dann gibt es keine Möglichkeit mehr, sie abzuschieben. Und wenn sie sehen, dass ihre älteren Brüder, ihre Cousins oder ihr Onkel im Knast sind, lernen sie: So schlimm ist das gar nicht.

So dachte ich damals und so denken die Jugendlichen heute.

Die Motivation in der Firma ließ nach. Das war der Zeitpunkt, zu dem ich spielsüchtig wurde. Ich ging ständig runter und hielt in der Spielhalle zehn Geldautomaten gleichzeitig am Laufen. Ich ging nicht nachts zocken in irgendeiner türkischen Spelunke. Die gab es, aber das interessierte mich nicht. Ich war kein Pokerspieler, der mit der Knarre unter dem Tisch seine Einsätze gemacht hätte. Nein, es war völlig unspektakulär. Man geht in eine der unzähligen Spielhallen und steckt sein Geld in die stinknormalen Daddelautomaten. Nichts weiter. Dummerweise lag die Spielhalle gleich neben der Firma. Manchmal ging ich am Abend noch ins Casino auf der Reeperbahn. Ich saß stundenlang beim Black Jack. Das Spiel war wie ein Befreiungsschlag vom Tag. Das Zocken war eine Ablenkung. Spielen bedeutete, über nichts nachdenken zu müssen. Natürlich verlor ich dabei einen Haufen Geld.

Zu allem Überfluss rief Can an und wollte, dass ich mich mit ihm treffe. Er sagte, ich solle jemanden töten. Ich fiel aus allen Wolken. Das war kein Auftrag. Can hatte keinen Stress mit jemandem, den er umbringen wollte. Nein, er wollte einfach, dass ich irgendjemanden töte. Such dir einen Taxifahrer, sagte er, nimm jemanden auf dem Fahrrad, Mann oder Frau. Egal. Leg an und leg ihn um. Dann verschwinde. Einfach so. Zur Übung. Der spinnt, dachte ich. Das muss ein Joke sein.

Er meinte es ernst.

Can war ja so etwas wie mein Vorbild gewesen und ein Teil meiner Familie. Ich fragte mich, ob er noch alle Tassen im Schrank hätte. Warum sagte er so etwas? Warum sollte ich einen wildfremden Menschen umbringen? Wollte er meine Grenzen austesten? Oder wollte er mich gar in die Enge treiben?

Ich lehnte das kategorisch ab. Einen Unschuldigen umbringen, niemals.

Dann machte mir Can plötzlich einen anderen Vorschlag.

Da die Firma nicht so gut laufe, wäre er bereit, ein Coaching für die Verkäufer durchzuführen. Gut. Er sei ja Unternehmensberater, seine Erfolgsquote sei hoch, meinte er, die Umsätze seien jedes Mal gestiegen, wenn er eine Firma beraten habe. Okay. Can hatte studiert, er musste es wissen. Und ich wollte ohnehin, dass er irgendwie mit einstieg. Henning war auch einverstanden. Natürlich würde Can nicht umsonst arbeiten. Das war klar. Aber als ich seine Gehaltsvorstellungen hörte, war ich ein wenig baff. Für zehn Sitzungen verlangte er 200 000 Mark Honorar. Seit ich diese Firma führte, verdiente ich keinen Cent mehr. Und mein Geld hatte ich zu einem großen Teil in Spielautomaten, Partys und Clubs investiert. So manche abendliche Getränkerechnung im Traxx belief sich auf 3000 Mark. Ich kassierte dort ja nicht. Ich zahlte nur.

Das war doch Wahnsinn?

Trotz der Kosten beschlossen wir, das Verkaufscoaching durchzuziehen. Irgendwie fühlte ich, dass Can Geld brauchte. Ich wollte, dass es ihm gut geht. Irgendwie war ich sogar erleichtert. Vielleicht hatte er nur von mir verlangt, jemanden zu töten, um sein Coaching taktisch besser durchdrücken zu können. Zweimal konnte ich ja schlecht Nein sagen.

Ich war bei allen Sitzungen dabei. Schon nach dem zweiten Abend dachte ich, er würde sich ständig wiederholen. Ich war ein wenig enttäuscht.

Ein paar Tage nach der Schulung rief Can mich an und wollte mich sehen. Momo und Seko würden auch dabei sein. Das war so weit in Ordnung. Wir trafen uns in einem türkischen Restaurant. Seine beiden Partner wurden von einem kräftigen, älteren Kurden begleitet. Wir begrüßten uns und es folgten die üblichen Floskeln. Dann rückte Momo damit heraus, was er wirklich wollte.

Geld. Was sonst.

»Wir haben Mesut 60 000 Mark geliehen, als er die Firma gründete. Wir haben das Geld bis heute nicht bekommen«, behauptete er. »Jetzt führst du für ihn die Firma, das wissen wir.

Also stehst du auch für seine Schulden gerade. Es ist dir doch klar, dass du uns jetzt die 60 000 Mark zahlen musst. Das hast du mir ja bereits im Traxx zugesichert. Also, wie sieht's aus, wann zahlst du?«

Wovon redete er? Was für eine absurde, wirklich dämliche Nummer war das nun wieder?

»Momo, du weißt genau, dass das nicht stimmt! Ich habe nie so etwas gesagt oder dir was versprochen. Und ich kann mir auch nicht vorstellen, dass Mesut auf euer Geld angewiesen war. Das ist lächerlich.«

Kaum hatte ich diesen letzten Satz ausgesprochen, sprang Momo auf und schrie mich an. »Was? Du sagst, ich lüge? Bin ich ein Lügner?«

Eine solche Situation konnte gefährlich werden. Can wusste, dass Momo log, aber er reagierte überhaupt nicht. Ich blieb sitzen, aber ich schrie zurück.

»Ja, ja, das bist du, ein Lügner!«

Momo schaute mich verdutzt an. Er setzte sich, und dann lachte er.

»Ich mag dich, Sam, du bist geradeheraus, du lässt dich nicht einschüchtern.«

Das war noch einmal gut gegangen Aber dann mischte sich der Kurde ein.

»Wenn Sam nicht zahlt, dann zahlst du, Can! Du hast dort viel Geld verdient, das wissen wir. Bevor du Geld kassieren durftest, wären wir zuerst dran gewesen. Du musst teilen, du hast aber nicht mit Seko und Momo geteilt. Ihr seid Partner, was du tust, ist nicht okay. Jetzt wollen wir diese 60 000 Mark von dir, und dann geht jeder seinen eigenen Weg.«

Wir waren mitten in einen heftigen Streit geraten. Ich wusste nicht, dass Can Schwierigkeiten mit seinen Partnern hatte. Aber der Kurde hatte recht. Can hätte seine Partner an der Beute beteiligen müssen, so war es üblich, und genau das hatte er ja immer gepredigt. Can versuchte sich darauf herauszureden, die Sache sei schließlich ein legaler Job und somit etwas anderes gewesen. Der Kurde schien genervt.

»Legal? Willst du uns verarschen? Der Laden ist eine reine Betrügerfirma, verkauf uns bloß nicht für dumm oder es wird dir leid tun.«

»Ich zahle euch nichts«, sagte Can.

Das war ein ernstes Problem. Der Kurde, hinter dem eine mächtige Organisation stand, wurde sauer. Er drohte Can sogar. Und ich sah plötzlich Angst in Cans Augen. Damit hatte er nicht gerechnet. Jetzt konnte es jederzeit eskalieren. Ich erwartete eine Gegenreaktion von Can, eine Schlägerei, vielleicht sogar die Kanone. Ich war bereit dafür. Aber Can kniff den Schwanz ein. Ich fand das unbegreiflich. Ständig hatte er von seiner Power geredet, und jetzt ließ er sich vor Momo und Seko und mir so etwas bieten? Der Kurde gab ihm zwei Wochen Zeit, das Geld zu besorgen. Damit war das Gespräch beendet. Seine ehemaligen Freunde verließen das Restaurant. Can und ich saßen allein am Tisch. Als ich reden wollte, blockte er ab. Er würde die Angelegenheit schon klären, und ich solle mir keine Sorgen machen. Ich versicherte ihn noch einmal meiner Loyalität.

Eine Woche darauf wurde Mesut nach acht Monaten U-Haft überraschend aus dem Knast entlassen. Er rief mich an und wir trafen uns. Mesut umarmte mich. Er bat mich, die Firma noch eine Weile weiterzuführen, dann wolle er sie beerdigen. Und ich machte weiter, als wäre nichts geschehen. Can erzählte ich nichts von dem Gespräch mit Mesut. Nur, dass er entlassen worden war.

Dann rief Momo an. Er wollte sich mit mir in einer Bar in Wandsbek treffen. Can meinte, ich solle einen eigenen Treffpunkt bestimmen. Na klar, seine Regeln. Aber war Momo jetzt schon ein Gegner? Ich fragte Can erst gar nicht, ob er mich begleiten würde. Vor Momo würde ich nicht kneifen. Ich bestellte ihn zu McDonald's in Mundsburg. Den kannte ich ja schon. Ich würde alleine kommen. Ich war eine Viertelstunde früher dort und hatte meine Waffe dabei. Ich setzte mich an einen Tisch mit dem Rücken zur Wand und behielt die Tür im Auge. Aber Momo kam nicht. Auch sein Handy war abgestellt.

Tags darauf rief Can an. Er klang total hysterisch.

»Sam, hast du eine Kanone?«

»Ja, wieso, was ist los?«

»Die wollen sich mit uns treffen, der Kurde kommt auch. Die wollen mich fertigmachen. Gestern Nacht lungerten schon fünf Gestalten vor meinem Haus herum. Sag Mesut Bescheid, er muss auch kommen. Wir müssen um 18 Uhr im Restaurant Arkadaş sein. Wir beide treffen uns aber schon eine Viertelstunde früher, am Parkplatz, du weißt schon, vor dem Abatonkino. Und vergiss deine Waffe nicht.«

War er jetzt völlig durch den Wind? Ich erkannte ihn kaum wieder. Er hatte sogar am Telefon über Waffen geredet. Aber was sollte es. Hier ging es um Leben und Tod, und ich musste Onkel Can helfen. Auch Mesut sagte sofort zu. Er stellte überhaupt keine Fragen.

20 vor sechs. Ich suchte auf dem Parkplatz nach Cans Porsche. Ich sah jemanden in einem Golf, der mir zuwinkte. Can. Was machte er in einem Golf? Ich stieg ein. Can war sehr nervös.

»Hör zu, hör mir genau zu. Hast du deine Kanone dabei?«

»Ja.«

Er sah die Waffe und nickte. Es war eine Neun-Millimeter, die ich mir inzwischen gekauft hatte. Meine 38er hatte nur vier Schuss. Neun Schuss waren besser bei solchen Aktionen. Er zeigte mir seine Kanone.

»Gut, hör zu. Zieh sie durch. Wir gehen da rein, gib niemandem die Hand, wenn es zur Eskalation kommt, dann schießen wir sofort! Hast du verstanden? Guck mir in die Augen!«

»Du hast mein Wort!«

Ich war fest entschlossen. Es ging um die Familie. Nichts anderes. Ich war in diesem Moment sogar stolz. Stolz, dass wir zusammenhielten. Wir stiegen aus. Wir waren noch keine zehn Schritte gegangen, als er plötzlich zurück zum Auto rannte. Ich verstand nicht, warum, aber ich folgte ihm. Er setzte sich wieder in den Golf und verstaute seine Waffe unter dem Fahrersitz. Was sollte das? Was machte er da?

»Es ist besser, wenn ich meine Waffe hier im Auto lasse«, sagte Can.

Das leuchtete mir absolut nicht ein. Warum?

»Also, wenn ich da jetzt reingehe, dann werden sie mich so pseudomäßig begrüßen, klar? Und dann umarmen sie mich, und dabei könnten sie mich vielleicht abtasten und die Kanone bemerken, klar? Also das Risiko will ich nicht eingehen. Aber du, Sam, du musst sie nicht grüßen. Dich werden sie nicht umarmen, o.k.? Also, wir machen's wie geplant. Du schießt sofort, wenn die eine falsche Bewegung machen.«

Was war denn das? Wollte er mich für dumm verkaufen? Hatte er dermaßen die Hosen voll? Ich wurde wütend. Dann würde ich das eben allein durchziehen. Wir stiegen wieder aus und gingen ins Restaurant. Inzwischen saßen Momo und Seko, der Kurde und zwei weitere, auch Kurden, wie ich annahm, schon am Tisch. Wir hatten sie wegen Cans dämlicher Aktion gar nicht kommen sehen. Aber auch Mesut war schon da, und neben ihm saßen zu meiner großen Überraschung und Beruhigung auch Ugur und Tolga. Gut. Rückendeckung. Die Begrüßung fiel recht sparsam aus. Keine Umarmungen. Can wurde nicht nach Waffen durchsucht.

Momo spulte sofort wieder seine Leier ab. Mesut schulde ihm angeblich 60 000 Mark. Mesut stritt das ab, alles gelogen. Die Stimmung heizte sich auf, aber Mesut blieb hart, auch wenn es zwischen Mesut und Momo lauter wurde. Plötzlich schmiss Momo sein Telefon gegen die Wand und zog wieder seine Nummer ab.

»Ich bin doch kein Lügner!«

Mesut blieb cool. Die Geschichte sei absurd, und er werde nicht zahlen. Der Kurde unterbrach und meinte, es solle doch bitte nicht zu einer Eskalation kommen. Viele Gäste schauten nervös. Ich hatte mich nur auf Momo, Seko und die Kurden konzentriert. Momo schien sich ein wenig zu beruhigen, aber mir war klar: Lieber sollte seine Mutter weinen als meine. Der Kurde wurde regelrecht sanft. Zu viele Leute hier, sagte er. Er schlug vor, das Gespräch in seinem Van fortzusetzen. Aber nicht mit allen. Nur er, Momo, ein weiterer Kurde, Mesut und Can. Can bestand darauf, dass ich mitkommen müsse.

»Warum Sam? Er hat mit der Sache nichts zu tun«, sagte der Kurde.

»Er ist meine Familie, er kommt mit oder kein Gespräch.«

Widerwillig stimmte der Kurde zu.

»Schieß! Vergiss nicht, wenn's brenzlig wird, schieß!«, flüsterte mir Can auf dem Weg zu dem Wagen des Kurden zu.

Der Van befand sich in einer Seitenstraße. Ich schaute in alle Richtungen, ob irgendwo noch Freunde des Kurden lauern könnten. Einer nach dem anderen stiegen wir ein. Der Kurde übernahm, sehr deutlich, das Wort.

»Du bist Kurde, Mesut, genau wie ich. Du kennst meine Familie. Du zahlst oder ich bringe dich um!«

Mesut blieb immer noch ruhig.

»Ich zahle nicht. Macht, was ihr für richtig haltet.«

Man hätte einen Regenwurm husten hören können. So hatte ich Mesut noch nie erlebt. Herrje, war der Typ mutig. Er zeigte überhaupt keine Angst. Ganz im Gegensatz zu Can, der auf seinem Hintern kauerte wie ein Häuflein Elend. Und Mesut setzte noch einen drauf.

»Wenn nichts weiter zu sagen ist, gehe ich jetzt.«

Der Kurde drohte noch einmal, ihn zu erschießen, aber Mesut stand einfach auf, öffnete die Tür des Vans, und stieg aus. Can schlüpfte sofort hinterher. Ich stieg als Letzter aus. Momo, Seko und der Kurde blieben sitzen. Ich sah noch ihre wütenden Blicke.

Wir gingen zurück ins Restaurant, die anderen abholen. Can wollte, dass ich mit ihm fahre. Stattdessen stieg ich in den Wagen von Mesut. Wir würden zu mir fahren. Can verabschiedete sich nicht einmal. Was für ein Feigling, dachte ich nur.

Zu Hause gab ich Mesut und Ugur erst mal was zu trinken. Ich zog meine Kanone unter dem Hemd hervor, sicherte und legte sie auf den Tisch. Mesut zog seine Waffe und legte sie daneben. Ich fühlte mich irgendwie gut. Wir hatten richtige Gangsterscheiße gebaut, aber wir hatten Mumm bewiesen. Alle, bis auf Can. Er kotzte mich an. Genau wie mein Vater. Er hatte mich bitter enttäuscht. Familie? Womit hatte ich nur eine solche

Familie verdient? Blut ist dicker als Wasser? Nicht mit Can. Er wollte mich nur benutzen. Er hätte mich ohne mit der Wimper zu zucken einen Mord begehen lassen. In dieser Nacht habe ich gemerkt, dass er nicht der Al Pacino ist, den ich in ihm gesehen hatte. Ich musste selber nach oben kommen.

Nein, er war in meinen Augen nur noch ehrlos. Er war nicht loyal, nur feige und falsch. Meine Familie musste ich mir selbst aufbauen.

Und die saß vor mir.

Ich traf mich noch einmal mit Can auf einen Kaffee. Er hatte überhaupt keine Schuldgefühle oder dergleichen. Er benahm sich wie immer und tat so, als wäre alles in Ordnung, als sei überhaupt nichts geschehen.

»Ab heute gehen wir getrennte Wege. Wir sind geschiedene Leute!«, sagte ich.

»Aber Sam, wir sind doch eine Familie …«, fing er an.

Ich stand auf und ging wortlos. Das war der Zeitpunkt, zu dem Can aus dem Gangsterleben ausstieg, weil er sein Gesicht und seinen Status verloren hatte.

Am Nachmittag teilte mir unsere Sekretärin mit, dass zwei Männer mich sprechen wollten. Es waren zwei Albaner, der eine klein, der andere fast zwei Meter groß. Die beiden machten auf mich den Eindruck, als seien sie Gangster. Was wollten sie? Schutzgeld? Da hatten sie die falsche Firma ausgesucht, und ich war noch reichlich schlecht gelaunt. Sie stellten sich als Mohammed und Bekim vor.

»Wir sind Freunde von Viktor. Er gehört zu uns, ihm stehen noch 10 000 Mark Gehalt zu, die wirst du uns jetzt auszahlen«, sagte der Kleine.

Viktor?

Viktor war einer unserer Loader. Ich hatte ihn selbst erst vor drei Monaten eingestellt. Besonders erfolgreich war er noch nicht gewesen, aber er hatte immerhin für einige Umsätze gesorgt. Viktor hatte diesen Job unbedingt gewollt. Und ich hatte ihm den Treueschwur abverlangt. Ich hatte ihm klargemacht, dass ich ihn zum Krüppel machen würde, wenn er mich verarscht. Und jetzt kamen diese windigen Typen?

»Viktor kriegt sein Geld am Monatsende, wie alle anderen. Und die Auszahlung geht direkt an ihn. Was er dann damit macht, ist seine Sache.«

Die Albaner hörten nicht auf zu nerven. Sie wollten Geld, noch heute. Viktor war nicht im Büro, ich rief ihn an und er bestätigte, dass er den Albanern Geld schulde. Dann rief ich Mesut an. Schick sie weg, sagte er. Die beiden kriegen von uns gar nichts.

»Viktor ist eine Ratte! Lass dir von den beiden ihre Telefonnummer geben«, sagte er.

Viktor eine Ratte?

Das beunruhigte mich. Was war denn nun schon wieder los? Die beiden Albaner warteten immer noch im Büro. Ich sagte ihnen, es gebe hier und heute nichts, aber sie könnten mir ihre Nummer geben, und der Chef der Firma werde sich um die Sache kümmern.

»Wir wollen das Geld heute, keinen Tag später«, sagte der Große.

»Könnt ihr kein Deutsch? Früher habt ihr Jeanshosen geklaut und jetzt macht ihr einen auf Gangster?«

Stumm kritzelte der Kleine eine Nummer auf einen Zettel. Dann verschwanden sie. Ich rief wieder Mesut an und wollte wissen, was mit Viktor los sei. Mesut bat mich, Viktor zu ihm zu bringen. In die alte Garage in Eimsbüttel, die er mal als Depot benutzt hatte.

»Tu so, als ob alles okay ist«, sagte Mesut.

Gut. Ich holte Viktor ab. Wir fuhren nach Eimsbüttel. Viktor wirkte ein wenig nervös, aber ich beruhigte ihn. Er solle sich keine Sorgen machen. Mesut will dir nur dein Geld auszahlen, alles in Ordnung. Eine reine Vorsichtsmaßnahme, damit die Bullen nichts mitkriegen. Viktor entspannte sich. Er vertraute mir. Als wir die Garage erreichten, erwarteten uns schon Mesut und Tolga. Ich schloss die Garagentür hinter mir zu. Tolga ging auf Viktor zu. Er schlug ihn sofort mehrfach hart ins Gesicht.

Damit hatte ich nicht gerechnet. Was war hier los?

Viktor blutete, er kauerte auf dem Boden und flehte um sein Leben.

»Der Bastard hat unsere Kunden dazu gebracht, in eine Konkurrenzfirma zu investieren«, sagte Mesut.

»Darum die ganzen Kündigungen und Stornos. Der Schaden ist nicht sehr groß, aber schmerzlich in unserer Situation. Dahinter stecken Momo und Seko. Sie arbeiten mit den beiden Albanern zusammen, die dich vorhin besucht haben.«

Schon wieder so ein Verrat? Hörte das überhaupt nicht mehr auf? Tolga schlug weiter auf Viktor ein.

»Warum hast du mir nichts gesagt?«, fragte ich Mesut.

Der schüttelte den Kopf.

»Das wäre nicht klug gewesen. Ich weiß, wie aufbrausend du bist, das wollte ich nicht riskieren.«

Da hatte er recht. Ich verlor jetzt völlig die Beherrschung. Ich zog mein Messer aus der Tasche.

»Du verdammter Hurensohn, ich stech dich ab! Ich habe dir vertraut! Und ich habe dich gewarnt!«

Viktor schrie vor Entsetzen. Tolga hielt mich von hinten fest, auch Mesut kam dazu, aber ich schaffte es noch zuzustechen. Ich traf ihn in die Schulter, es war kein tiefer Stich. Viktor hatte Todesangst. Er schrie fürchterlich, aber hier würde ihn niemand hören. Tolga riss mich zurück, bevor ich noch einmal zustechen konnte.

»Sam, Mord lohnt sich nicht für so eine Kakerlake. Denk an deine Familie, an deine Zukunft«, sagte Mesut.

Ich wollte ihn umbringen, wirklich töten, in diesem Moment. So ein Gefühl hatte ich noch nie erlebt. Er hatte das verdient, dachte ich. Viktor saß am Boden und hielt sich die Schulter, er weinte. Mir war alles egal.

»Sie haben mich erpresst«, stammelte er.

Also stimmte es. Mesut sah mich an.

»Siehst du, hätte ich dir vorher Bescheid gesagt, wäre ein großes Unglück passiert.«

Ich fühlte mich nur noch elend. Und ich war über mich erschrocken. Plötzlich tat mir Viktor leid. Alles war so einfach gewesen, und jetzt war auf einmal so viel Verrat um mich, um uns herum. Zuerst Momo und Seko, dann Can und jetzt dieser Viktor.

Wir ließen es dabei bewenden. Viktor war nicht schwer verletzt. Mesut gab ihm eine Warnung mit auf den Weg, sich nicht an die Polizei zu wenden. Der arme Viktor bedankte sich noch tausendmal, dass wir ihn nicht töteten.

Es vergingen ein paar Tage, und Viktor hatte die Polizei natürlich nicht eingeschaltet. Mesut organisierte ein Treffen mit dem kleinen Albaner, der einen Cousin mitbrachte. Die Albaner verloren kein Wort über Viktor, der ja angeblich unter ihrem Schutz stand, auch nicht über Momo oder Seko. Der kleine Albaner schwor auf seine Mutter, nichts von der Sache mit dem Kundenklau gewusst zu haben. Mesut holte ein Geldbündel aus seiner Jacke hervor und schob es dem Kleinen über den Tisch. 5000 Mark. Damit war er sofort zufrieden. Mehr gab es weder zu sagen noch zu tun. Warum hatte Mesut ihnen jetzt doch Geld gegeben? Scheiß drauf, sagte er. Er habe keinen Bock, sich immer wieder mit den Ziegenhirten zu treffen. Er habe schließlich genug Probleme. Außerdem sei das Geld ja nicht von ihm, sondern von Chris. Das habe er sich von Chris geholt als eine kleine Wiedergutmachung für seinen Verrat, weil er weder mir noch der Firma geholfen habe, als wir ihn brauchten. Und wenn ich sage: ein kleiner Teil, dann meine ich das auch. Mesut verlangte von Chris nichts Geringeres als eine Million Mark. Die würde er auch brauchen, um sich mit der französischen Firma zu vergleichen und CiRox halbwegs sauber beerdigen zu können. Mesut hatte bislang nur 100000 dazu beigesteuert, Reece 70000 und ich 200000 Mark. Albaner, Can und Momo hin oder her, das erinnerte mich daran, dass ich mittlerweile dringend Geld brauchte. Ich hatte praktisch alles verzockt und verfeiert, eine glatte halbe Million. Gerade mal rund 60000 Mark waren mir noch übrig geblieben. Ich fing wieder von vorne an. Alles umsonst?

Nicht ganz. Ich hatte immerhin gelernt, wie man eine Firma führt.

»Sam, ich bin in der Türkei. Es war die Hölle, hierherzukommen. In Brindisi, an der italienischen Grenze, haben sie mich einen ganzen Tag lang aufgehalten und gefilzt. Sie überprüften mich, sie haben die ganze Karre auseinandergenommen. Mensch, ich hatte solche Angst, dass sie mich verhaften. Es tut mir leid, dass ich dir vorher nichts von meiner Flucht erzählt habe. Das war irgendwie spontan. Ich hab einfach Panik gekriegt. Meine Anwälte haben mir gesagt, ich müsste wieder in den Knast! Ich will nicht wieder in den Knast! Ich liebe meine Freundin, und ich kann ihr nicht zumuten, auf mich zu warten.«

Ich hörte, wie Mesut am anderen Ende weinte.

Er hatte es noch geschafft, die Firma irgendwie zu beerdigen. Er hatte sich tatsächlich die Million von Chris geholt. Das reichte, CiRox zu vergleichen. Mesut musste mit mindestens fünf, wenn nicht acht Jahren rechnen, und danach konnte er immer noch abgeschoben werden, weil er die deutsche Staatsbürgerschaft nicht besaß. Mesut verabschiedete sich.

»Es war mir eine Ehre, dich kennengelernt zu haben. Du bist der beste Freund, den ich je hatte! Alles Gute, pass auf dich auf.«

Ich schluckte.

»Du auch auf dich, mein Lieber.«

Mesut war ein schlauer Kopf. Er hatte wirklich Mumm. Vielleicht wäre er unter anderen Umständen ein erfolgreicher Anlageberater bei der Dresdner Bank geworden? Oder Verkaufsleiter bei Storck?

Wir waren unantastbar, dachten wir. Der Knast schreckt uns nicht, dachten wir. Da gehen nur die Vollhonks rein. Aber wenn man kurz davorsteht, schreckt das Gefängnis eben doch. Ich war traurig. Mesut war einer der wenigen, auf die ich mich verlassen konnte. Ich hatte viel erlebt in dieser Zeit, und ich habe mich dabei verändert. So ist es in dieser Parallelwelt. Es ist fast wie im wirklichen Leben. Man wird enttäuscht von seinem Fleisch und Blut. Überall lauerten diese absurden Verratsgeschichten, bis ich selbst nicht mehr wusste, worum es dabei eigentlich ging. Es ging nicht um Freundschaft und Loyalität. Es ging um Geld.

Nur darum geht es, immer, aber das wusste ich noch nicht. Ich war erst 25 Jahre alt, und ich wäre bereit gewesen, für meinen Onkel zu töten oder selbst zu sterben. Ich hatte einen »Verräter« beinahe umgebracht. Ich kokste, ich spielte, ich verlor all mein Geld und musste neues beschaffen. Ich kümmerte mich kaum noch um meine Freundin. Ich hatte keine Zeit mehr für Mutter und meine Brüder. Ich war hart geworden. Ich war tatsächlich ein Gangster geworden, ein Verbrecher, ohne es wirklich zu merken.

Heute bin ich mir sicher: Can wollte mich in der Hand haben. Er wollte tatsächlich, dass ich jemanden auf der Straße einfach niederschieße. Seine »Mutprobe« bestehen, wie er es nannte. Er wollte mich testen und damit abhängig machen, seine psychologische Überlegenheit ausspielen. Er wollte, dass ich Momo oder Seko, den Kurden oder alle auf einmal für ihn umlege. Und dann hat er mich vorgeschickt und seine Knarre im Auto gelassen. Ich war nur sein Kanonenfutter. Er war nicht besser als mein Vater.

Jajo und anderes Kriegswerkzeug

Warum nahm ich auf einmal Drogen? Na, weil das Zeug überall herumlag. Weil es jeder nahm, nicht nur die Gangster, sondern auch die Anwälte, Ärzte, die Partyhengste, die ich kannte. Weil ich in Stress geriet. Wie oft hatten sie mich alle einladen wollen? Irgendwann sagst du: Na und? Und dann geht es los. Mesut gab mir mal eine Line Koks. Das wird dich aufheitern, sagte er. Und es heiterte mich auf. Kokain war damals eine Luxusdroge. Das Gramm kostete 250 Mark, und das konnten sich nur wenige Leute leisten. Das Merkwürdige an dieser Droge ist: Sie verstärkt die Grundstimmung. Wir nannten das Zeug »Jajo«, wie es Jonny Depp in dem Film ›Blow‹ genannt hatte, in dem er einen Koksdealer spielte.

Als ich es ein andermal genommen hatte, war Dorte gerade in Dänemark. Ich rief sie an und musste plötzlich furchtbar heulen. Vor allen Leuten. So etwas war mir noch nie passiert. Ich konnte kaum Gefühle zeigen. Dorte fand das ganz toll. Die anderen haben mich natürlich ausgelacht. Dann ließ ich eine Weile wieder die Finger davon. Aber in der Zeit, in der Mesut verhaftet wurde, nahm ich es wieder. Bald nahmen wir immer mehr davon. Ich wusste nicht, welche Konsequenzen das hat. Man sieht irgendwann kein Tageslicht mehr. Und dann kommt der totale Verfolgungswahn.

Viele hatten extreme Paranoia. Einmal stand ich mit einem Freund am Fenster des 10. Stocks eines Hamburger Hotels an einem der Kanäle. Wir hatten Unmengen von Kokain genommen, und er stand dann die ganze Zeit am Fenster und sah hinunter.

»Man weiß nie. Die Polizei könnte die Fassade hochklettern. Ich muss gucken, dass sie da nicht raufklettern«, sagte er.

Ich sah aus dem Fenster. Da war nichts, nur Wasser.

Ein anderer Freund war derart vom Koks zerfressen, dass er

eines Tages vom Tisch aufstand, ins Bad ging und nicht mehr zurückkam. Ich sah nur, wie im Bad das Licht ständig an- und wieder ausging. Ich öffnete die Tür, er öffnete. Was ist denn los?, wollte ich wissen.

»Ja, guck mal«, sagte er. »Siehst du, wie das Licht an- und ausgeht? Ist das nicht geil?«

Er stand da und drückte den Schalter und wunderte sich, dass das Licht dabei an- und ausging.

Mit einem anderen Typen waren Ugur, Tolga und ich in der Bar eines Puffs gewesen. Wir tranken und redeten und waren gut drauf. Plötzlich springt der Typ mitten in der Unterhaltung vom Tisch auf, macht eine Rolle vorwärts und zieht seine Knarre. Alle Gäste sind völlig erschrocken. Dann springt er hinter die Bar, rennt zur Tür, rennt wieder zurück und fuchtelt die ganze Zeit mit seiner Knarre herum. Weil er die Birne voller Koks hatte und überall Polizisten sah.

Zwei Türken, die ich kannte, standen in Hamburg an einer Tankstelle, auch voll auf Jajo. Auf einmal sprang der eine wie von der Tarantel gestochen hinten in den Wagen rein und brüllte: Fahr los, die Bullen! Sie sind dann mit quietschenden Reifen losgerast. Sie rasten durch die ganze Stadt, und dann fuhren sie bis nach Bremen, um die Polizei abzuhängen, die gar nicht da war.

Zwei Gangsterfreunde von mir, ein Türke und ein Kroate, ballerten sich mit einem Albaner und einem Perser in einem Puff ordentlich zu. Das war eine Zeit lang recht lustig, bis sich der Türke plötzlich beleidigt fühlte, nachdem sie darüber diskutiert hatten, wer von ihnen wohl der gefährlichste Gangster sein mochte. Der Türke stand auf, ging hinaus zu seinem Wagen, holte eine kleinkalibrige Waffe und schoss dem Perser wortlos in den Kopf. Den Albaner verletzte er schwer, nur den Kroaten ließ er in Ruhe.

Es konnten eine Menge Dinge passieren, wenn man auf dieser Droge war.

Ich beschloss, erst mal eine Pause einzulegen. Ich wollte meine Gedanken ordnen und fuhr mit Dorte nach Arhus, ihre Heimat und die zweitgrößte dänische Stadt. Wir blieben ein paar Wochen und wohnten bei ihrer Mutter. Mit Dortes Mutter verstand ich mich gut. Sie war Immobilienmaklerin und besaß selbst ein kleines Haus, nur 500 Meter vom Strand entfernt. Wir gingen viel aus, vor allem in ein Café namens Carlton, und ich freundete mich dort mit einigen Mitgliedern einer Rockergang an. Gangster zogen mich eben magisch an. Am Ende der Ferien hatte ich nur noch 40 000 Mark. Ich verhökerte meinen Porsche und kaufte mir einen billigeren, gebrauchten Jaguar, sodass ich unterm Strich wieder 70 000 hatte.

Das Leben in Hamburg ging weiter. Ugur, Tolga, Sülo und ich trafen uns so oft wie möglich. Wir gingen essen, ins Café oder Billard spielen. Ugur und Sülo hatten sich schon als Jugendliche gekannt. Jetzt lernte ich Sülo selbst besser kennen. Er war wieder dick im Geschäft. Er hatte sich auf Scheckbetrug spezialisiert. Man erinnert sich vielleicht noch an die hohe Anzahl von Wohnungseinbrüchen in den 90er-Jahren. »Jugobanden«, wie sie in der Boulevardpresse genannt wurden, stiegen in Häuser und Wohnungen ein, um gezielt Schecks und Kreditkarten zu klauen. Sülo kaufte ihnen die Schecks über einen albanischen Vermittler ab und schickte seine Leute los, meist Deutsche, sie einzulösen. Deutsche fielen dabei überhaupt nicht auf. Sie gingen in ein Kaufhaus, zu Hertie oder Woolworth, suchten sich etwas für zehn oder 20 Mark aus und bezahlten mit einem Euroscheck im Wert von 400 Mark. Das war absolut nicht ungewöhnlich, handelte es sich doch um ein offizielles Zahlungsmittel, und an den Kassen saßen auch nicht gerade die Intelligenzbestien. Euroschecks waren wie Bargeld, und sie konnten nicht gesperrt werden. Übrig blieben 380 oder 390 Mark, abzüglich der Prämie für die Diebe und den Albaner. Nicht schlecht für einen einzelnen Scheck. Wie viel Sülo genau an diesem Geschäft verdiente, behielt er für sich. Wenig konnte es nicht sein. Er fuhr einen dicken Benz, trug eine goldene Rolex und so weiter. Auch seine Wohnung am Rondeel, einer der besten Adressen Hamburgs, konnte sich sehen lassen. Beim

Feiern ließ er sich nicht lumpen, und Kampen auf Sylt war seine bevorzugte Ausflugsadresse.

Vielleicht liebten wir alle Kampen deshalb so sehr, weil der kleine putzige Ort mit seinen Reetdachhäuschen und den Butzenscheiben darin das extreme Gegenteil zu einem Hamburger Türkenghetto war. Dort grüßt jeder jeden ganz freundlich auf der Straße, sogar einen wie mich. Sülo logierte im Haus eines hanseatischen Kaufmanns, gleich neben dem Hotel Walter's Hof. Sülo war ein echter Charmeur und nicht besonders gewaltbereit. Er wusste einfach, wie man sich gut verkauft. Wenn er kein Gangster gewesen wäre, er wäre das Musterbeispiel einer gelungenen Integration gewesen. In der letzten Zeit fühlte sich Sülo allerdings, wenn wir ihn auf Kampen besuchten, irgendwie beobachtet. Auch Ugur hatte oft das Gefühl, dass bei unseren Billardpartien in Hamburg so einige Figuren an den Nachbartischen nicht recht ins Bild passten. Sie hatten gar nicht so unrecht.

Es erwischte Ugur und Sülo praktisch gleichzeitig. Sülos Organisation war aufgeflogen. Scheiße, dachte ich. Aber warum Ugur? Über beider Verhaftung wurde in der Presse berichtet. Da stand, Ugur sei ein großer Koksdealer gewesen. Er soll kiloweise damit gedealt haben. Später erfuhr ich, dass ein MEK-Kommando die Wohnung seiner Freundin mitten in der Nacht stürmte, als beide schliefen. Sie hatten ein Fenster eingeschlagen und die Haustür aufgebrochen. Als Ugur die Augen aufmachte, sah er in den Lauf einer Maschinenpistole. Er war froh, dass es die Polizei war und nicht irgendeiner seiner Feinde.

Ugur und Tolga hatten die ganze Zeit ein Doppelleben geführt. Ich war überzeugt gewesen, sie würden ihr Geld vor allem mit ihrem Obst- und Gemüsehandel verdienen. Nicht wenige Türken lebten damals von solchen Läden, und ich hatte geglaubt, die Läden liefen gut, zumal einige in wirklich guten Gegenden waren. Aber das stimmte nicht. In dieser Zeit schlossen viele Türken ihre Läden wieder. Der Traum vom Porsche, mit dem Tolga zum Großmarkt fuhr, war geplatzt.

Ugur und Sülo blieben nicht lange in U-Haft. Beide hatten

einen festen Wohnsitz, es bestand keine Fluchtgefahr. Sie hatten gute Anwälte, die sie reichlich entlohnten. Nach ein paar Monaten kamen sie auf Kaution frei. Beide waren fast gleichzeitig geschnappt worden, und beide kamen fast gleichzeitig wieder raus. Sie saßen rund sechs Monate in U-Haft. Wir feierten ihre Freiheit im Relax, einem Edel-Puff. Sülo erzählte, dass er es erst nicht glauben konnte, als er Ugur unten im Haftgang sah. Als er ihn erkannte, warf er ihm ein Paket Kondome zu: Ugur, pass auf deinen Arsch auf. Ugur wiederum meinte, das Schlimmste seien der Freitag und Samstag gewesen. Da wusste er, dass wir draußen ins Traxx gingen und uns amüsierten.

»Und das Essen ist scheiße. Nach ein paar Wochen habe ich von fliegenden Pizzen geträumt«, sagte Ugur. Daran war er aber selbst schuld gewesen. Sülo hatte sich sein Essen in den Knast bringen lassen. Jeden Tag. Call a Pizza, Chinese Take-out, Lieferservice vom Italiener, Saltimbocca Romana, Nudeln vom Feinsten. Es war zwar nicht mehr ganz warm, bis es sämtliche Kontrollen und Eisentüren passiert hatte, aber wesentlich besser als das übliche Mittag- oder Abendessen. Er hatte ja Geld. Ugur aber wollte als möglichst arm dastehen. Er meinte, dann würden ihn die Richter nicht mehr als einen großen Koksdealer ansehen. Das war seine Masche. Also musste er sich mit dem Anstaltsfraß zufriedengeben. Auch das Warten auf den Anwalt und die Entscheidung, ob Kaution gestellt werden dürfe oder nicht, sei schrecklich gewesen. Er wünsche mir keine Sekunde Knast. Sülo sah das entspannter, aber er habe Mitleid mit den ganzen armen Schweinen gehabt, die kein Geld hätten.

»Da waren Leute, die kein Wort deutsch konnten, und niemand schickte ihnen Geld. Asylanten aus Afrika, Ukrainer, die kamen sonst woher. Auch die Wärter behandelten sie wie Scheiße, wie den letzten Dreck. Die mussten Zigarettenstummel aufheben, um rauchen zu können. Ich hab ihnen dann ein paar Zigaretten oder Geld gegeben.«

Sülo hatte die Wärter gleich im Griff. Er bekam eine Zweierzelle mit einem Deutschen. Es sei besser, mit einem Deutschen die Zelle zu teilen, meinte er, die seien pflegeleichter und sie machten aus Angst vor ihm auch seine Hälfte der Zelle sauber. Später saß er dann mit Ugur zusammen, das hatte er mit den Wärtern so arrangiert. Er hatte sich einen kleinen batteriegeladenen Fernseher und einen Gasherd gekauft. Jede Woche konnten sie einmal einkaufen. So ging's.

»Ach ja, und wisst ihr, wen ich hier kennengelernt habe?«, fragte Sülo.

»Den Säuremörder, der Frauen umgebracht und sie dann in Säure aufgelöst hat. Wisst ihr, was der Irre mir gesagt hat? Es tue ihm leid. Ich dachte, er meint die Frauen, aber dann hat er gesagt, es tue ihm leid, Salzsäure benutzt zu haben. Er hätte doch lieber Batteriesäure nehmen sollen. Dann hätte es keine Beweise gegeben.«

Das Ende des Abends waren ein übler Kater und eine Rechnung über 5000 Mark. Und die Ermittlungen liefen natürlich noch. Ugur bestritt, ein großer Koksdealer zu sein. Er behauptete, er habe das Zeug nur für jemand anderen aufbewahrt. Und Tolga erledigte den Rest. Er schüchterte die Zeugen ein. Wir hatten ja über die Anwälte Akteneinsicht und wussten, wo sie wohnten. Ugur war nicht vorbestraft, und er konnte auf Bewährung hoffen. Aber Sülos Connection war aufgeflogen, und er musste sich nun ernsthafte Gedanken machen, wie er sich neue Einnahmequellen erschließen konnte. Mir waren gerade noch 30 000 Mark geblieben. Ich musste die Dinge in Zukunft klüger anstellen. Aber was sollte ich machen? Die Firma existierte nicht mehr, und ich war auf den Geschmack von Macht und Geld gekommen. In Dänemark hatte ich mir eine Tätowierung auf den Oberarm stechen lassen. Merlin, der Zauberer. Irgendwie passte das. Ich lebte in einer Welt, die mit der Realität nichts mehr zu tun hatte. Doch dazu brauchte ich Geld, sonst würde die magische Welt verschwinden und ich müsste wieder zurück in den Alltag, wo ich ein Niemand war.

Wir prügelten uns weiter durch die Clubs. Vor allem Tolga wurde zu einem in Hamburg wirklich gefürchteten Schläger. Tolga kloppte sich in allen Lebenslagen, und als Zugabe gab er schon mal einen Hieb mit dem Barhocker drauf. Meistens traten wir zu zweit auf unseren Bühnen auf, und dann verteilten wir Hamburg-Verbot.

Das hatten eigentlich die deutschen Zuhälter erfunden. Wenn jemand versuchte, sich auf dem Kiez breitzumachen und seine Huren einfach dort hinstellte, kamen die Zuhälter und sprachen das sogenannte Hamburg-Verbot aus. Das heißt, man durfte sich in der Stadt nicht mehr blicken lassen. Wir haben das später übernommen. Wenn sich jemand nicht unterordnen wollte, sagte ich ihm: Du hast Hamburg-Verbot. Das war natürlich lustig gemeint. Oder zumindest nicht so ernst. Aber manchmal setzten wir das auch durch. Dann musste derjenige damit rechnen, dass etwas passieren konnte, wenn wir ihn wiedersahen.

Mancher Türsteher ist dann weggezogen.

Wir brauchten alle dringend neue Geldquellen. Meine Vorstellungen unterschieden sich ziemlich von den Ideen Ugurs, Tolgas und Sülos. Ich hätte mich gern mit anderen jungen Türken, die nach oben wollten, zusammengeschlossen. Sülo wollte mitmachen, aber Ugur und Tolga sprachen sich sowohl gegen Sülo als auch gegen Türken im Allgemeinen aus. Baris, einer unserer türkischen Kumpels, meinte, dass man Warenterminfirmen erpressen könne. Die Idee war gar nicht so schlecht. Man musste nur an die Liste der geschädigten Kunden herankommen. Von den Geprellten würden wir uns eine Vollmacht ausstellen lassen und dann als ihre Inkassounternehmer fungieren und das Geld von der Betrügerfirma zurückfordern. Als Honorar würden wir 50 Prozent behalten. Ugur und Tolga zögerten noch. Sie wollten nur mit mir allein arbeiten. Schließlich überzeugte ich sie.

Baris und ich würden zu den Firmenchefs gehen und sie erpressen. Ich hatte auch schon ein erstes Opfer im Sinn: Chris. Mit ihm hatte ich ohnehin noch eine Rechnung offen, und als Baris mir die Kundenliste besorgt hatte, fiel mir sofort der Name eines österreichischen Kunden auf, den Chris sogar für zwei Firmen ausgenommen hatte. Ich wusste, dass Chris Angst hatte. Gegen ihn wurde schon länger ermittelt, und er hatte sicher keine Lust auf ein weiteres Verfahren. Ich würde Chris also kontaktieren und ihn warnen, jemand wolle ihn erpressen. Skrupellose türkische Gangster einer Inkassofirma. Sie forderten 70 000 Mark. Als ich mich mit Chris traf, schilderte ich ihm in allen Details, was auf ihn zukommen würde, wenn er nicht zahlte. Sofort geriet er in Panik und stimmte der Forderung zu. Er brauche drei Tage, das Geld aus dem Ausland zu besorgen. Und er fürchtete, dass die türkischen Gangster noch mehr wollten. Ich zerstreute seine Angst ein wenig. Armer Trottel, dachte ich. Drei Tage später gab er mir das Geld in der Post in Winterhude und bedankte sich auch noch bei mir. Irgendwie bekam ich ein schlechtes Gewissen.

Wir trafen uns in Baris Büro und teilten das leicht verdiente Geld. Da klopfte es an der Tür. Der dicke Hassan polterte herein. Er war der Laufbursche von Baris. Vor sich her rollte er einen riesigen Reifen. Wir trauten unseren Augen nicht.

»Was ist denn das?«, fragte Baris entsetzt.

Der dicke Hassan strahlte.

»Du hast doch gesagt, ich soll einen Boeing-Reifen besorgen, hier ist er!«

Bei einem unserer Treffen hatte Hassan damit geprahlt, er könne wirklich alles besorgen. Baris hatte ihn aufgefordert, er solle nicht so große Töne spucken und einen Boeing-Reifen beschaffen. Und das hatte er getan. Ich weiß bis heute nicht, wie Hassan einen Boeing-Reifen stehlen konnte. Aber es war tatsächlich der Reifen einer Boeing 727.

»Du bescheuerter Idiot! Das war doch nur ein Spaß! Hast du denn überhaupt kein Gramm Gehirn im Kopf?! Bring den Reifen raus«, brüllte Baris.

Hassan zuckte nur mit den Achseln und rollte den Reifen wieder zur Tür.

»Hey, Sam, wollt ihr einen Boeing-Reifen kaufen? Nur 200 Mark …«

Was sollte ich mit einem Boeing-Reifen?

Mit seiner bescheidenen Intelligenz brachte Hassan sich Jahre später in eine schlimme Lage. Er und zwei seiner Kumpels, Albaner, soweit ich weiß, wollten einen Geschäftsmann erpressen. Einen Deutschen. Dazu gehört was. Es ging um ein krummes Ding, an dem auch der Deutsche nicht ganz unschuldig war. Aber dann schlugen sie den Deutschen zusammen und hielten ihm eine Knarre an den Kopf. Das Ding ging los. Von alleine. Das behauptete zumindest Hassan, und ich glaube ihm in gewisser Weise, denn der dicke Hassan war kein Killer.

Er floh nach Istanbul, wo er zufällig Ugur traf. Die Flucht aus Hamburg hatte ihn seine letzten Ersparnisse gekostet, viel war es ohnehin nicht gewesen. Hassan schwor gegenüber Ugur, dass es ein Unfall gewesen sei. Ugur überzeugte Hassan, sich zu stellen, denn bei Flucht gehe die Justiz von Mord aus. Wenn er zurückkehrte, habe er eine Chance, auf Totschlag zu plädieren. Das tat der dicke Hassan auch. Er wurde zu einer langjährigen Haftstrafe verurteilt, aber nicht zu lebenslänglich. Der liebe Hassan war eigentlich ein integrierter Türke. Er sprach akzentfrei Deutsch und hatte immerhin die Berufsschule in Bergedorf hinter sich gebracht. Sein Vater führte einen kleinen Gemüseladen am Gänsemarkt.

Eigentlich wollten wir mit der neuen Inkassofirma weitermachen, aber alle weiteren Erpressungsversuche scheiterten und wir zerstritten uns immer mehr mit Baris und seinem Partner, einem älteren türkischen Gangster namens Mehmet.

»Sam, ich habe dir doch gesagt, diese Türken können nicht teilen«, meinte Ugur.

Wir beschlossen, unser eigenes Ding zu starten. Nur zu dritt.

Tolga lernte in dieser Zeit zwei Warenterminchefs kennen, die ihm und mir das Angebot machten, in ihrer Firma einzusteigen. Wir verabredeten uns zu viert in einem Café in der Milchstraße in Hamburg Pöseldorf. Heiner, Mitte 40, hatte lange schwarze Haare. Er trug Designerklamotten und teuren Schmuck. Er sah aus wie ein Schmuserockstar. Thomas, Mitte 30, war schon eher das Ideal eines Börsianers. Er erinnerte mich an Gordon Gecko aus dem Film ›Wallstreet‹. Heiner wollte eine Partnerschaft mit uns als Investoren und vor allem als Beschützer. Dafür bot er uns

25 Prozent. Keine Firma kam mehr ohne Schutz aus. Deutsche wie türkische Gangster hielten inzwischen bei jeder Warenterminfirma die Hand auf oder waren selbst prozentual beteiligt.

Ich wusste noch nicht richtig, wie Türken tickten, ich war ja mit Deutschen aufgewachsen. Dafür wusste ich aber, wie die Deutschen dachten und wovor sie Angst hatten. Es war ohnehin klüger, sich im Warentermingeschäft mit Deutschen zu verbünden. Sie würden nach außen hin die Chefs spielen, und wir konnten uns im Hintergrund halten und abkassieren. Eine rein türkische Firma wäre nach ein paar Wochen aufgeflogen. Heiner und Thomas trugen mir zu dick auf. Das Büro an der Börsenbrücke, zehn Verkäufer, alles da, alles bestens. Doch Ugur, Tolga und ich wollten unbedingt wieder mit ins Warentermingeschäft einsteigen, selbst zu diesen Konditionen. Zum Einstieg musste jeder 30 000 Mark Einlage bringen. Mein letztes Geld.

Das war die Chance, an das große Geld heranzukommen. Ich wollte noch einmal richtig abgreifen und dann aussteigen. Ein ehrliches, zumindest legales Leben im Ausland führen. Miami, dachte ich. Oder Kalifornien. Wir beschlossen, gemeinsam einzusteigen, um auszusteigen, und ich sollte diesmal das Sagen haben, damit waren Ugur und Tolga sofort einverstanden. Zwei Tage später trafen wir uns mit Heiner und Thomas an der Börsenbrücke. Die Räumlichkeiten und der Standort übertrafen meine Erwartungen. So konnte man Kunden empfangen. Nur von den zehn Verkäufern war weit und breit keine Spur, außer einem Alkoholiker, den ich noch von CiRox kannte. In Heiners Büro griff ich sofort an.

»Wir können gleich loslegen, aber unter folgenden Bedingungen: Das Geld wird durch drei Parteien geteilt. Du, Heiner, bist die eine Partei. Ugur und Tolga sind die zweite Partei und ich bin die dritte Partei. Thomas wird von dir bezahlt.«

Damit hatte er nicht gerechnet. Er wollte protestieren. Auch Ugur und Tolga sahen mich ungläubig an. Das war nicht abgesprochen gewesen.

»Ich habe doch mit Tolga …« – weiter kam Heiner nicht.

»Tolga hat nichts zu sagen. Ich bestimme. Wo sind eure Verkäufer? Ich sehe hier keinen außer Thomas? Gib es doch zu. Ihr seid am Ende, bevor ihr richtig angefangen habt. Sag mir, was ein Kontrakt ist.«

Heiner druckste herum.

»Wenn wir Geld verdienen wollen, läuft es so, wie ich es sage. Ich baue den Laden auf. Wir besorgen die Verkäufer und die Kontakte an die New Yorker Börse. Also?«

Heiner überlegte nicht lange.

»Okay, einverstanden. Aber bitte, Thomas muss von uns allen dreien bezahlt werden, 25 Prozent waren vereinbart.«

»Zehn Prozent. Er bekommt zehn Prozent von uns allen. Keine Mark mehr, und du klärst das mit ihm. Noch heute. Wenn er nicht will, soll er gehen. Morgen bringe ich meine Verkäufer mit.«

Heiner akzeptierte. In seinem Büro stand ein kleiner Kühlschrank. Er holte eine Flasche Champagner heraus. Wir stießen an. Tolga und Ugur strahlten. Als Heiner ging und mir gleich sein eigenes Büro überließ, umarmten wir uns. Jetzt waren wir drei im Geschäft, mit unserer eigenen Firma.

Am nächsten Tag um zehn fingen wir an. Ich rekrutierte zuerst Henning, Mesuts früheren Geschäftsführer. Er war gerade Vater geworden, aus lauter Dankbarkeit für den Job würde er gleich ein paar alte Kundenlisten der früheren Verkäufer mitbringen. Henning konnte ich vertrauen. Er hatte bei der Polizei dichtgehalten und war der ideale Geldholer und Kundenberater. Nach ein paar Stunden hatten wir vier Topverkäufer angeheuert.

Schon im ersten Monat zogen wir sieben neue Kunden an Land. Das bedeutete rund 50 000 Dollar Einnahmen und Folgegeschäfte. Aber wir hatten noch nicht die wirklich dicken Fische an der Angel. Als Heiner ein Angebot als Loader in einer Konkurrenzfirma bekam, hatte ich die Idee, er solle es ruhig annehmen und dort die Kundenliste klauen, damit wir sie in unsere Firma ziehen konnten. Heiner zierte sich ein wenig. Er meinte, dass dort so eine deutsche Kiezgröße als Schutzmacker arbeite. Aber Tolga überzeugte Heiner, dass er der Kiezgröße schon die Eier abschneiden würde, und am Ende siegt immer die Geldgier. Zwei Wochen später hatten wir die Kundenliste und zwei neue Topverkäufer, Jens und Olli, Freunde von Heiner, Tolga und mir. Jens war der Prototyp des hanseatischen Kaufmanns. Groß, gut gekleidet. Nur sein alter Honda passte nicht ins Bild. Heiners Liste war Gold wert. Schon im zweiten Monat konnten wir uns unsere Investitionen zurückzahlen und jeder von uns strich noch 60 000 Mark Gewinn ein. Im dritten Monat kamen 1,5 Millionen rein. Jens hatte sich als Loader bestens bewährt. Wir beschlossen, uns eine kleine Auszahlung von 300 000 zu genehmigen, und packten das Geld auf unsere Londoner Konten. Wir flogen Businessclass. Als Heiner aufflog und seinen Job als Loader bei der Konkurrenz verlor, brauchte er nur unsere Namen nennen. Das genügte, und sie ließen ihn in Ruhe. Einfach so. Sie wollten sich mit uns nicht anlegen. Kiezgröße hin oder her. Lieber überließen sie uns ihre Kunden. Tolga und ich hatten es geschafft. Wir hatten uns einen Ruf und einen Namen in der Gangsterszene im wahrsten Sinne des Wortes erkämpft.

Aber die Angst vor türkischen Gangstern wie uns hatte noch eine andere Ursache. Wir waren nicht mehr die einzigen Türken, deren Einfluss in der Unterwelt größer geworden war. Eine ganze Generation junger Türken der Jahrgänge 1968 bis 1975, allesamt kampfsportgestählt, hatte nur ein Ziel vor Augen: ihren Ghettos zu entkommen. Sie wollten Macht und Geld. Ich kannte viele von ihnen, oft durch den Kampfsport. Sie hatten schon als Teenager am Gänsemarkt herumgelungert, wo der Reichtum und der Konsum allgegenwärtig waren. Dort hatten sie sich reichlich Appetit geholt.

Es kommt auch nicht von ungefähr, dass sich die türkische Gangsterorganisation, die ja zum großen Teil aus Türken der *Generation Chance* bestand, gerade in der Zeit nach Mölln und Solingen zu formieren begann. Ich kann das nicht beweisen, aber ich behaupte, das war auch eine Reaktion auf die ausländerfeindlichen Anschläge dieser Jahre. Wir wussten, die Menschen in diesem Land und der Staat würden uns nicht schützen. Wir mussten uns zusammenschließen, das war vielen von uns klar, sonst würden wir es nie zu etwas bringen.

Der Krieg gegen die deutschen Zuhälter hatte begonnen. Ein Lude, ein ehemaliger Boxer, verlor sein Augenlicht, ein anderer wurde erschossen, und das waren erst die Anfänge. Beide Male war zuvor das Wort Kanake gefallen. Die deutschen Gangster auf dem Kiez versuchten, sich gegen die Ansprüche der Türkengangs zu stemmen. Die rechte Türsteherszene lieferte sich immer wieder wüste Schlägereien mit diesen Gangs, und sie verloren diese Kämpfe immer öfter. Jahrelang hatten sie die Türken gedemütigt, dafür rächten diese sich jetzt. Zuerst waren es viele kleinere Gruppen. Einige alteingesessene türkische Gangster arrangierten sich sogar mit den deutschen Kiezgrößen. Doch es gelang ihnen immer weniger, die Jungen zu kontrollieren, und am Ende wurden die Altgangster gar nicht mehr ernst genommen. Mehmet, der Mentor von Baris, war so einer. Noch hielten die deutschen Kiezgrößen ihr Machtmonopol. Sie kontrollierten den Kiez, die Warenterminfirmen, bei denen sie Schutzgeld kassierten, und den Drogenhandel. Doch Mitte der 90er-Jahre stieg der Zusammenhalt bei den Türken der dritten Generation, der *Generation Chance*.

Unsere Zeit war gekommen. Es taten sich Anführer hervor, die Gewalt wuchs, und die Vergeltungsaktionen der Deutschen bei Auseinandersetzungen mit Türken nahmen ab. Sie hatten die extreme Gewaltbereitschaft der Türken unterschätzt. Wir hatten die aufgestaute Wut im Bauch und die Birne voll Jajo. Wir waren bis unter die Kinnlade schwer bewaffnet. Das machte uns unberechenbar. Mit dem Pulver im Blut hatten wir keine Angst mehr vor dem Tod und waren unempfindlich gegen jeden Schmerz. Jede kleine Rangelei konnte ganz schnell richtig böse enden. Die Gangs suchten überall den direkten Konflikt, zuerst in Schlägereien, dann in Schießereien, mitten in der Innenstadt oder auf dem Kiez. Dem hatten die Kiezgrößen nichts mehr entgegenzusetzen. Sie hatten es verpasst, Nachwuchs heranzuziehen. Die Türken, mit denen sie es jetzt zu tun hatten, waren in Hamburg aufgewachsen. Sie kannten sich aus und ließen sich nicht mehr herumschubsen. In den Medien erreichte der Ruf der türkischen Gangster ein regelrechtes Hoch.

Dabei war der klassische Kiez nicht einmal unser Ziel gewesen. Die meisten jungen Türken hatten wie ich eine Aversion gegen Zuhälterei. Das entsprach nicht unserem Ehrenkodex. Natürlich gab es auch türkische Zuhälter. Aber die genossen keinen guten Ruf, wenn ich das mal so sagen darf. Nein, die Kiezgrößen hatten ihre Finger überall mit im Spiel. Deshalb mussten sie weg. Sie kassierten Schutzgeld, auch in den Diskotheken, sie machten Geldeintreibergeschäfte, ständig hielten sie die Hand auf. Damit war nun Schluss. Die Szene beherrschten bald die Türken und einige albanische Familien. Die Albaner gingen nicht auf Konfrontationskurs mit den Türken, man ging sich aus dem Weg oder respektierte sich. Wenn es zu Interessenkonflikten kam, wurde das verbal bereinigt. Alle hielten sich an die Regel »Wer zuerst kommt, mahlt zuerst«. Machte eine türkische Gang einen Geldeintreiberdeal, mischten sich die Albaner nicht ein und umgekehrt. Manchmal teilten sie sogar. Es war genug Geld für alle da. Ich kannte einige der mächtigen albanischen Clan-Chefs, und ich verstand mich gut mit ihnen. Ich habe einmal im Dollhouse jemanden geohrfeigt, obwohl ich wusste, dass der Club Albanern gehörte. Weil mich der Typ Kanake genannt hatte. Wir gingen öfter ins Dollhouse, und bald darauf sprach mich ein Mann sehr höflich an und fragte, woher ich käme. Ich bin Türke, sagte ich. Und deine Freunde auch? Ich nickte. Ihr seid zu viele Türken hier, sagte er. Na, und wo kommst du her? Fragte ich ihn. Ich bin Albaner, sagte er. Okay, mir sind hier zu viele Albaner, meinte ich. Plötzlich stand eine ganze Horde seiner Leute um uns vier herum. Als wir gingen, warteten sie draußen auf uns. Ich erkannte Albaner-Tony, den gefürchteten Clan-Chef.

»Ich kenne dich doch«, sagte Albaner-Tony.

Wir gaben uns die Hand.

»Du gehörst zu M.«

»Ja, das stimmt.«

»Alles gut, Bruder«, sagte Tony.

Es gab öfter derartige Berührungspunkte, und wir griffen uns gegenseitig nicht an.

Viele Türken spezialisierten sich wie wir auf das Warentermingeschäft. Aber wir hatten die Nase vorn, weil wir schon mit Mesut dicke Kasse gemacht hatten, als sich die anderen Türken noch mit kleinen Delikten aufhielten. Die Alten unter den Türken waren nicht mehr gefragt. Ihre Zeit war abgelaufen. Wenn sie Geschäfte machen wollten, mussten sie einen Teil der Beute abgeben. Sonst drohte Hamburg-Verbot, oder man wurde in ein Waldstück mitgenommen und ein wenig gefoltert. Die Kiezgrößen hatten nicht erkannt, dass die Türkengangs gar kein Interesse daran hatten, auf dem Kiez zu herrschen. Allerdings interessierten sich die jungen Türken sehr für den Drogenhandel. Mit Kokain und Gras ließ sich eine Menge Geld verdienen, nur Heroin war für die meisten tatsächlich tabu.

Doch auch im »normalen« Handel kam es zu durchaus hässlichen Szenen. Im Drogengeschäft braucht man immer neue Verteiler. Der Verteiler bekommt seine Ware auf Vorschuss. Er gibt die Ware weiter an jemanden, der auch auf Vorschuss arbeitet. Irgendwann kommt das Geld nicht mehr rein, weil einer in der Kette Scheiße baut. Jetzt stand aber der Erste bei den Gangstern im Kredit. Die packten die glühenden Eisen aus. Er musste das Doppelte zurückzahlen, Zinsen, und das natürlich pro Monat. Wie viel Gramm musste er da verticken? Wo er doch auch keine neue Ware mehr bekam? Dann folgten ein paar Einschüchterungen, er bekam eine aufs Maul, und dann wurde richtig Druck gemacht. Sie drohten, wir gehen an deine Eltern und Geschwister. Ich kannte einen deutschen Dealer, der zum Schluss auf dem Schwulenstrich gelandet ist. So wurden die Dealer ausgesaugt und fertiggemacht. Man kriegt jeden klein, und jeder Penny, den er noch bringt, ist Geld.

Auf dem Kiez machten sich die Albaner breit. Mit diesen Leuten war nicht zu scherzen. Als ein junger Albaner einmal von zwei russischen Türstehern in der Diskothek Tunnel an der Großen Freiheit übel zugerichtet wurde, schoss sein Onkel eine Woche später die beiden kurzerhand in den Kopf. Nach dem Krieg gegen uns kam von den alten Herren im Revier keine Gegenwehr mehr. Die Albaner brauchten nur in die Puffs und

Kneipen zu gehen, ein paar Ohrfeigen zu verteilen und schon waren sie die neuen Herren. Die Kiezgrößen hatten zu viel eingesteckt. Selbst Neger-Kalle und Muffel, die als die Härtesten von ihnen galten, waren niedergestreckt worden und sind nur knapp mit dem Leben davongekommen. Neger-Kalle saß im heutigen Café Alex am Jungfernstieg. Er hatte sich mit einem türkischen Gangster verabredet. Der Türke brachte zwei Soldaten mit, und auch Neger-Kalle hatte sich zwei Bodyguards besorgt. Der Türke ging auf Kalle zu und schlug ihm direkt drei, vier Haken. Auf einmal surrten Kugeln am Ohr des Türken vorbei. Einer der Soldaten hielt die Pistole in Kopfhöhe und feuerte auf den sitzenden Kalle. Die Angreifer rannten weg, verfolgt von Kalles schießenden Bodyguards.

Muffel hat es vor dem Ufa-Kino am Gänsemarkt erwischt, mitten in der City. Ein türkischer Gangster und seine Leute trafen sich dort mit einigen Kiezgrößen. Aber zur Unterredung kam es erst gar nicht. Der Türke zog eine Vollautomatik und feuerte eine Salve auf Muffel. Der Zwei-Meter-Hüne fiel um, stand kurz darauf aber wieder auf. Wieder feuerte der Türke eine Salve, Muffel ging nieder, stand aber gleich wieder auf. Jetzt bemerkte der Türke, dass Muffel eine kugelsichere Weste trug. Daraufhin zielte er ein wenig tiefer – und traf ihn in den linken Hoden. Es kam zu einer wilden Schießerei, bei der glücklicherweise kein Passant getroffen wurde.

Neger-Kalle hatte zumindest Haltung bewahrt. Noch auf der Bahre auf dem Weg ins Krankenhaus zeigte er einem Fotografen das Victory-Zeichen. Muffel, der seinen Hoden eingebüßt hatte, verließ Hamburg. Sie hatten alle Angst und sie wollten ihr Geld noch ausgeben, bevor sie auf dem Friedhof landeten. In gewisser Weise kann man sagen, die Türken haben der albanischen Mafia, die heute das Hamburger Rotlichtmilieu kontrolliert, den Weg geebnet. Auch die Hamburger Süderstraße war für die Türken nicht besonders interessant. Dort bekamen die deutschen Zuhälter Zunder von den russischen Gangstern, und die Türken haben letztlich die Russen aus der Süderstraße vertrieben. Dafür arrangierten sich die Luden wiederum mit den

Türken. Denn Geld nahmen einige schon von ihnen, solange sie selbst keine Frauen auf die Straße schicken mussten. Ich meine, wir fuhren jetzt manchmal mit den Autos auf den Kiez. Früher durften die Prostituierten Türken nicht einmal ansprechen. Die Luden wollten nicht, dass sie sich mit türkischen Männern einließen. Jetzt flirteten sie mit uns, wenn wir kamen.

Warum herrscht die russische Mafia heute in allen möglichen Städten, nur nicht in Hamburg? Weil die Türken sie aus Hamburg vertrieben haben und die Albaner in das Machtvakuum drängten.

Die türkische Mafia formiert sich

M. und ich verstanden uns gut. Wir kamen aus derselben Ecke in der Türkei, und wir sprachen deutsch miteinander. M. ist ein intelligenter und cleverer Mann. Er ist wie ich in Hamburg aufgewachsen, und er ist nur wenige Jahre älter. Auch er ist kriminell geworden. Aber M. war anders. Er saß schon mit 17 Jahren wegen Mordes im Gefängnis. Das hatte uns unterschieden.

Damals war ich sein Vertrauter. Ich war gelegentlich bei wichtigen Unterhaltungen dabei, und manchmal wusste ich, wann einem ins Bein geschossen wurde und wo. Neben M.s linker und rechter Hand war ich eine Art Subunternehmer oder eine Untergruppe. Das sind meine Jungs, sagte er immer.

M.s Vertraute verdienten viel Geld, zwischen 30 000 und 50 000 Mark im Monat. Seine Soldaten bekamen zwischen 2000 und 3000 Mark, und sie hatten die Erlaubnis, in M.s Namen kleine Nebengeschäfte zu tätigen, ohne etwas abgeben zu müssen. Nur, dieser Verdienst war relativ. Was nützte das jemandem, der sich tagelang in Puffs verschanzte, wo eine Frau 450 Mark pro Stunde kostete? Dann hatten sie schnell eine Rechnung von 30 000 Mark zusammen. Nebenher betrieben M.s Vertraute noch Grasläden, getarnte Cafés, in denen Marihuana verkauft wurde, bis diese eines Tages aufflogen und sie keine zusätzlichen Einnahmen mehr hatten.

Wenn man einmal die Reputation hatte, Millionen zu verdienen, musste man auch einen Status innerhalb einer Organisation haben, denn sonst kam jemand wie Momo oder Seko oder irgendein neuer Spacken an und sagte: Gib mal Geld. Das heißt, Geld machen und in einer Gang groß werden gehören zusammen. Dann musste derjenige erst mal M. und seine Leute wegpusten, bevor er sich an mich heranmachen konnte, und das machte so schnell keiner. Andere wurden durchaus angegriffen. Wer sich nicht unterordnete und es als Einzelgänger versuchte, konnte schnell im Krankenhaus landen oder erschossen werden. Wie Murat in der Zitrus-Bar. Ein ganz netter Kerl. Ich hatte ihn einmal in den Puff eingeladen, als er selbst aus dem Knast gekommen war, und er hatte sich tausend Mal bedankt. Und auf einmal war er weg.

M. hatte mir auch angetragen, sein Kronprinz zu werden. Ich sollte eines Tages offiziell die Nummer zwei nach ihm werden und die Organisation übernehmen, falls er sich absentieren musste, sei es ins Gefängnis oder in die Türkei.

Das hatte sich etwa folgendermaßen ergeben.

Ich lernte M. 1994 kennen. Da kam er gerade aus dem Knast. Ugur hatte mir von ihm erzählt. Ein harter Typ sei dieser M., ein Draufgänger, der sich von niemandem etwas gefallen ließ, ein echter Gangster, der Ehre hatte. Ugur hatte schon früher ein paar Geschäfte mit ihm gemacht. Wir haben ihn dann zufällig mal auf der Straße getroffen. Auf der Schanze. Ugur und ich saßen in meinem Jaguar, M. fuhr damals noch einen alten Mercedes. Beide kurbelten die Fenster runter und begrüßten sich. M. fragte, ob wir Zeit für einen Kaffee hätten. Wir fuhren auf den Kiez und gingen in einen türkischen Imbiss nahe der Herbertstraße. Ich wollte mich auf einen Platz setzen, von dem aus man die Tür sah.

»Nein, Sam, da muss ich sitzen.«

Ich war erstaunt. Er kannte meinen Namen?

»Ich muss dort sitzen. Ich habe viele Feinde, und ich muss die Tür im Auge behalten. Ich habe schon von dir gehört. Du machst gute Geschäfte. Vielleicht sollten wir uns öfter mal sehen.«

Er würde uns einladen, am Wochenende, ins Sultan, ein türkisches Restaurant, wo er seine Entlassung feiern wollte.

Ich mochte ihn. Er hatte Ausstrahlung und Power. Nein, mehr. Er war für mich der Boris Becker der Türken. Er war das, was ich von Can erwartet hatte und was ich zuerst in ihm gesehen hatte. Direkt, geradeaus, ein Gerademacher. M. war nicht sehr groß, etwa eins achtzig. Aber man sah, dass er gut durchtrainiert war. Er hatte kurze Haare, dunkle, wache Augen, buschige Brauen und ein markantes Gesicht.

Bei dieser Feier waren eine Menge Leute anwesend, und später fuhren wir nach Timmendorf ins Nautic, wo es zu einer Schlägerei kam. Einer seiner Jungs hatte Stress mit einem Deutschen bekommen, der ihn beleidigt hatte, und M.s Mann zog sein Messer und stach dem Typen in den Hals. M. wollte auch auf diesen Mann losgehen, aber wir hielten ihn zurück. Er war ja gerade erst entlassen worden.

Wir sahen uns dann öfter.

Irgendwann hatte Ugur ein Problem. Es ging um einen alten Drogendeal, und Ugur machte einen Fehler. Vielleicht den schlimmsten, den man machen konnte. Er denunzierte einen anderen Dealer bei der Polizei. Aber er hatte es wohl mit der Angst zu tun bekommen und selbst noch vier Jahre auf Bewährung wegen der BTM-Sache offen. Ich hatte davon nichts gewusst. Der Dealer gehörte aber zu einer Kurdengruppe, die sich an M. wandte, und so hatte Ugur plötzlich M. am Hals. M. verstand in solchen Dingen keinen Spaß. Und ich musste Ugur irgendwie helfen.

Ich rief M. an, ob wir uns treffen könnten.

Zu diesem Treffen war er gar nicht erst erschienen, weil er dachte, es könne eine Falle sein. Vertraute er auch mir nicht mehr? Weil ich Ugurs Partner war? Das war mehr als gefährlich. Beim zweiten Treffen waren alle seine Vertrauten und Soldaten da. Über 30 Mann. Keiner grüßte mich. Ich war ja alleine gekommen und ziemlich ängstlich, aber ich lief nicht weg. Als M. den Raum betrat, wollte ich mir gerade eine Zigarette anzünden. M. gab mir Feuer. So honorierte er meine Haltung. Ich sehe, du hast Mumm in den Knochen, sagte er vor allen Leuten. Und plötzlich waren alle ganz entspannt.

Ich hatte diese Bewährungsprobe bestanden, und M. nahm mich mit in sein Auto. Minutenlang sah er mich an und sagte kein Wort. Ich hielt seinem Blick stand, wie ich es von Can gelernt hatte.

Dann fragte M.: »Kann ich dir vertrauen?«

Ich schwor M. auf den Tod meiner Mutter und meiner Brüder, dass ich ihn niemals verraten würde. Und sollte ihn Ugur eines Tages verraten, würde ich ihn höchstpersönlich umlegen.

Aber was würde jetzt aus Ugur werden?

Er sollte eine sechsstellige Summe an die Familie des Denunzierten zahlen, sagte M. ... Als Schadensersatz. Damit war die Sache erledigt. Und ich war M.s Vertrauter geworden.

Bald hatte Jens seinen alten Klapper-Honda verschrottet und fuhr ein Porsche Cabrio. Dazu hatte ich ihn natürlich angestiftet. Ich kaufte mir einen neuen Cherokee Chrysler, als Zweitwagen. Wir lebten wieder richtig gut vom Geld anderer Leute, wir machten Millionenumsätze. Und alle, die für uns arbeiteten, erzählten gerne, dass sie starke Partner und Chefs hatten. Wir waren in allen Szeneläden bekannt wie bunte Hunde, und manchmal übertrieben es Heiner oder Thomas schon ein wenig. Sie taten so, als ob wir Paten wären. Einmal kam in einem Club ein Typ auf mich zu, den ich gar nicht kannte, und fragte mich um Erlaubnis, ob er jemanden schlagen dürfe, der ihn zuvor blöde angeguckt hatte. Er wolle keine Probleme mit uns bekommen, falls derjenige eventuell ein Freund oder Freundesfreund von uns sei. Na ja, es war ein entfernter Bekannter von Sülo, und ich habe die Angelegenheit dann selbst geregelt. Auch Momo und Seko, diese Altgangster, kamen jetzt zu mir, wenn sie ein Problem hatten – als wären wir noch eine Familie. Sie wussten, dass sie in der Hierarchie jetzt weit unter uns standen. Als ich einmal ins Roxx ging, fiel mir auf, dass plötzlich sehr viele Schwarzköpfe dort feierten, die ich nicht kannte. Es waren an die 50 junge Türken. Offenbar hatte sich die Türpolitik geändert, dachte ich. Ich rief Till, den Cheftürsteher, zu mir und fragte ihn, warum er neuerdings so viele Ausländer hineinließ. Verwundert sah er mich an.

»Die haben alle deinen und Tolgas Namen genannt. Deshalb hab ich sie reingelassen. Sie seien eure Cousins.«

50 Cousins?

Was für eine Ironie. Früher kam ich selber kaum an den Türstehern vorbei. Jetzt waren unsere Namen schon so etwas wie Eintrittskarten.

Es war der Höhepunkt unserer Macht. Die deutschen Gangster, die sonst immer den Dicken in den Clubs gemacht hatten, gingen in Deckung, selbst wenn sie beleidigt wurden, sogar vor ihren Frauen. Wenn jemand aufmuckte, gab es Schläge oder eine Kugel ins Bein. Wir lebten nicht mehr in miesen Vororten, sondern in den besseren Gegenden, mitten in der Stadt, mitten in der besten Gesellschaft.

Es war die Zeit der vielen Schießereien in Hamburg. Die Medien berichteten ständig darüber und Ronald Schill wurde als »Richter Gnadenlos« zur Kultfigur. Ich hatte einen Kumpel, den wir nur »Entspann-dich-Ali« nannten. Weil er sofort auf die Palme ging. Er war nur eins siebzig groß, blond und sah aus wie ein Schwiegermutterschwarm. Wenn es ihm in der Disco zu voll war und er nicht durch die Menge kam, zückte er einfach sein Messer und stach die Leute in den Hintern oder in den Rücken. Er meinte, er piekse sie nur, aber sie bluteten und rannten wie von der Tarantel gestochen weg. Ein anderer Türke trug immer ein Samurai-Schwert auf dem Rücken. Er hatte lange Locken wie ein Latino, so sah man den Griff des Schwertes nicht sofort. Wenn er auf der Toilette ordentlich Jajo geballert hatte und ihn jemand auf der Tanzfläche anrempelte, zückte er das Schwert und fuchtelte damit herum. Er war es auch, der Ende der 90er-Jahre die Handgranate im Jay's in den VIP-Bereich von Michael Ammer warf, die 14 Menschen zum Teil schwer verletzte. Viele handelten erst und redeten oder überlegten dann. Einige Leute, die erpresst oder abgezogen worden waren und nicht zahlen konnten oder wollten, wurden gefoltert. Man legte ihre Hände auf die heiße Herdplatte, brach ihnen Arme und Beine mit der Baseballkeule oder fesselte sie ans Heizungsrohr und schlug sie stundenlang zusammen. Das war der Nährboden der Schill-Partei. So wurde sie in Hamburg groß.

Trotzdem kam Mord, zumindest in Hamburg, eher selten vor, gemessen an der Gesamtkriminalität und dem immensen Gewaltpotenzial. Bei den Schießereien, die meist als Schlägereien begannen, kam es vor, dass jemand starb ... Aber ein geplanter Mord ist etwas anderes. Man musste immer vorsichtig sein, denn das Leben in dieser Parallelwelt konnte schnell verwirkt sein. Aber bei einem Mord muss man immer mit der Blutrache rechnen, jedenfalls unter den Türken, Kurden und Albanern. Und ein geplanter Mord bringt zwangsweise lebenslänglich, wenn man gefasst wird, da gibt es nichts mit dem Richter zu handeln. Das schreckt doch ab. Häufiger waren es Affektgeschichten, die zum Tod führten. Die meisten Auseinandersetzungen wurden mit Beinschüssen geregelt.

Dabei zielte man aufs Schienbein, damit der Schuss durch den Rückstoß möglichst ins Knie ging. Unerfahrene Schützen zogen den Revolver so weit hoch, dass der Schuss im Bauch landete. Es konnte auch passieren, dass der Schütze etwa in einem Club ganz nah an das Opfer herankam, dann schoss er ihm von oben herab sowieso ins Knie. Oft ging es dabei um so gut wie um gar nichts, regelrechte Lappalien. Ein Deutscher aus M.s Truppe, der sich durch besondere Brutalität hervorgetan hatte und einmal einen Typen bei einem Autorennen abgestochen hatte, war bei einem Beinschuss von Zeugen erkannt worden. Er fand einen anderen Deutschen, der ihm ähnlich sah und der vor Gericht die Schuld auf sich nahm, sonst hätte er den nächsten Beinschuss kassiert. Dabei war es lediglich um eine Auseinandersetzung an einer Zapfsäule gegangen: Der Deutsche und ein Türke wollten gleichzeitig tanken, und M.s Mann rastete aus und schoss dem Türken ins Knie. Es gab in Hamburg in den 90er-Jahren eine Menge Leute, die humpelten. Man musste wirklich aufpassen. Ein Albaner sah in einem Lokal die falsche Person ein wenig komisch an, die Leute gingen, aber zwei kamen zurück und einer schoss dem ahnungslosen Albaner in den Bauch. Er hatte gar nicht gewusst, um wen es sich handelte, und es hätte ihn vermutlich auch nicht interessiert. Es konnte ungesund sein, jemanden zu lange anzusehen.

Ziel solcher Attacken war es, empfindlich zu verletzen, ohne zu töten. Allerdings musste man einen Unfall jederzeit einkalkulieren. Selbst bei der Schießerei in der Zitrus-Bar sagten einige, es sei nur ein Unfall gewesen. Das eine habe das andere ergeben und schließlich sei die Sache ausgeartet. Es gab ja immer Leute, die mitmachen wollten, junge Nachwuchsgangster, so, wie ich einer gewesen war, die sich beweisen und in den Hierarchien aufsteigen wollten. Da musste man sich zur Not auch in einer Schießerei durchsetzen. Denn mit Worten allein ist es nicht getan, man musste beweisen, dass man Cojones hatte. Also wurde man getestet. Und da hieß es dann: Schieß mal. Schieß mal auf den oder schieß mal auf den anderen da. Such dir einen aus. Mach mal. Und wenn du es nicht machst, dann bist du draußen.

Dazu kamen die internen Bestrafungen. Wenn sich zwei Mitglieder einer Gang nicht grün waren, wenn der eine die Freundin des anderen angemacht hatte oder wenn es um Geldstreitigkeiten ging, kam es zur Bestrafung. Dabei wurde ein Kreis gebildet. Die beiden Kontrahenten standen sich in der Mitte gegenüber. Meistens blieb es bei einer Prügelei, und wenn es nur ein Schuldiger war, dann bekam er von jedem ein paar Ohrfeigen. So etwas konnte aber auch mal mit dem Messer ausgetragen werden.

Das alles ist mir erspart geblieben. Ich stand zu dieser Zeit bereits unter dem Schutz von M. ... Wir waren eine Gang zu dritt und als solche gut und schlagfertig. Fürs Grobe war die große Gruppe um M. zuständig. Ich hätte mich, wenn es hart auf hart gekommen wäre, jederzeit an diese Gruppe wenden können mit der Bitte, ich brauche mal einen von den Jungs.

Ich habe einem von diesen Unterbossen auch einmal den Auftrag gegeben, jemandem in die Beine zu schießen. Es ging um einen farbigen Türsteher, den ich vom Kampfsport her kannte. Später war er Chef der Security mehrerer Diskotheken, und als wir eines Abends nicht ins Cave durften und bereits Stress mit den Türstehern hatten, da kam er an. Ich dachte prima, kein Problem, und sage ihm, er solle das mit seinen Leuten klären. Plötzlich tat er so, als habe er mich noch nie gesehen. Er machte ein Riesentamtam und rief die Polizei. Und wir mussten flitzen. Er hatte sich auch später Tolga gegenüber ziemlich danebenbenommen. So kam einiges zusammen, und dann sagte ich, der kriegt jetzt mal was ab, aber richtig. M. war gerade im Knast, also ging ich zu Eddie. Der hatte schon einiges hinter sich. Ich sagte Eddie, da ist ein Typ, der nervt mich. Der kriegt jetzt 'ne Kugel ins Bein. Was kostet mich das? Er nannte einen Preis. 10 000 Mark. Manchmal wurde für eine solche Sache jemand aus einer anderen Stadt geholt, dann war der Preis höher, weil mehr Kosten entstanden. Hälfte gleich, Hälfte danach. Es musste eine Waffe gekauft werden, die hinterher wieder entsorgt wurde.

Nachdem ich den Auftrag erteilt hatte, bekam das seine Freundin irgendwie heraus. Sie rief Dorte in Dänemark an und erzählte ihr, ich sei ein übler Drogendealer und habe jemanden beauftragt, ihren Freund zu ermorden. Ich musste Dorte schwören, dass das nicht wahr ist. Zumindest bei den Drogen habe ich nicht geflunkert. Der Mann verschwand sicherheitshalber zwei Jahre aus Hamburg. Natürlich bin ich im Nachhinein sehr froh, dass es nicht dazu gekommen ist. Aber damals mussten wir solche Dinge einfach tun, um das Gesicht zu wahren. Wenn es sich herumsprach, dass wir klein beigegeben hatten, weil jemand die Polizei rief, wären wir die nächsten Opfer geworden. Ich musste Härte zeigen, Stärke und Brutalität, immer wieder. Das ist der Kreislauf. Man durfte nie einschlafen. Nie satt wirken wie die deutschen Zuhälter.

Ich war nicht zuletzt deshalb M.s vielleicht engster Vertrauter geworden, weil ich viel Geld verdiente. Ich konnte Millionenumsätze machen, das beeindruckte M. Wenn er etwas wollte, erledigte ich es sofort und absolut zuverlässig. Auch dafür schätzte er mich. Wir trafen uns häufig, tranken und redeten miteinander. Sogar allein. Er nahm irgendwann zu unseren Treffen gar keine Guards mehr mit. Er mochte mich wie einen kleinen Bruder. Manchmal fragte er mich sogar um Rat. Das merkten natürlich seine Vertrauten, seine Soldaten und nicht zuletzt die restliche Unterwelt, ob ich das nun wollte oder nicht. Wir waren Freunde geworden.

Auch die Polizei schien einen Heidenrespekt vor uns allen zu haben. Sie mussten ja damit rechnen, dass sie jemand wie Entspann-dich-Ali über den Haufen schießen würde, weil er sich womöglich in seiner Ehre gekränkt sah. Das merkten wir zum Beispiel an Tolgas Geburtstag. Wir hatten eine Riesenfete im Meyer Lansky am Gänsemarkt organisiert. Es erschienen etwa 150 Gäste, und man kann sagen, rund 100 davon waren Gangster. Nicht irgendwelche Gangster, sondern die gesamte türkische Gangsterorganisation, die Hamburg jetzt beherrschte. Nicht alle waren Killer oder durchgeknallte Dumpfbacken. Manche hatten auf andere Weise für ihren Ruf gesorgt. Wie Seko. Wenn gerade Krieg war in Afghanistan, war Seko Afghane. Als der Krieg in Tschetschenien losging, war Seko Tschetschene. Als die Kurden in der Türkei rumballerten, war Seko Kurde. Er gab sich immer als einer aus, der gerade aus dem Krieg kam. Das machte Eindruck bei den Hamburger Geschäftsleuten.

Ich kam als einer der Ersten und erkannte an der Bar eine Albanergröße mit seinem Bodyguard. Der Albaner unterhielt sich mit dem Chef des Ladens, einem Serben. Ich wusste, dass er nicht zu den geladenen Gästen zählte. Als er mich sah, richtete sich sein Bodyguard noch zu voller Größe auf und zeigte seine Stärke. Es kamen immer mehr Türken mit schwarzen Blazern und goldenen Uhren zur Tür herein, und mit jedem Gast schien das Selbstvertrauen des albanischen Bodyguards zu sinken. Seine Hände steckten in den Taschen, die Schultern hingen schlaff herab. Irgendwann guckte er nur noch auf den Boden. Er hatte allerdings keinen Grund zur Sorge. Es gab an diesem Abend wohl keinen sichereren Ort in Hamburg als das Meyer Lansky.

Die Stimmung wurde ausgelassen. M. und seine Leute waren natürlich da, man plauderte über dies und das, als plötzlich eine Telefonzelle vor dem Laden zu Bruch ging. Ein Serbe hatte die Scheiben zerschlagen, ein Mann, der oft mit uns feierte. Er hatte sich auf den Diebstahl von Designerklamotten spezialisiert. Wir nannten ihn »Versace-Milan«, weil er selbst als Koch in der Knastküche noch Versace-Klamotten getragen hatte. Ich weiß nicht, was er gegen die Telefonzelle gehabt hatte, aber niemand beachtete ihn weiter.

Kurz darauf erschien die Polizei.

Es waren zwei Wagen. Vier Polizisten sprangen aus den Fahrzeugen, drei Männer und eine Frau. Zuerst waren sie ganz selbstbewusst und näherten sich dem Laden. Es standen vielleicht fünf von unseren Leuten draußen. Die Polizisten warfen jetzt einen Blick in die nach unten führende Bar und sahen 100 weitere Schwarzköpfe, die da lautstark feierten. Jetzt wurden sie erkennbar unruhiger. Die Polizistin fragte mich, warum die Telefonzelle zu Bruch gegangen sei.

»Wir feiern hier einen Geburtstag, dann kam plötzlich eine Horde Skinheads und wollte uns aufmischen. Wir schlossen die Türen, weil wir es mit der Angst bekommen haben. Aus Wut schlugen die Skins die Telefonzelle kaputt. Wir mussten um unser Leben fürchten«, sagte ich.

»Können Sie mir sagen, wohin die Skinheads gelaufen sind?«

»Da, um die Ecke, Richtung McDonald's …«

Einige fingen an zu lachen.

Die Polizistin zitterte, ihre männlichen Kollegen waren verstummt.

»Vielen Dank für Ihre Hilfe«, sagte die Polizistin.

Und dann ist sie mit ihren Kollegen tatsächlich zu McDonald's gegangen.

Eine Stunde später kreuzten doch noch ein paar Zivilpolizisten des MEK oder LKA vor dem Meyer Lansky auf. Aber sie hielten sich auf der anderen Straßenseite im Hintergrund. Am frühen Morgen waren einige Gäste der Meinung, die Party in den Edelpuff Funny Club verlegen zu müssen. Total besoffen und voller Jajo setzten wir uns in unsere Porsches und 500er Benzen und rasten mit 200 Sachen durch die Stadt. Zwei von uns schossen vom Fahrzeug aus mit scharfer Munition auf die roten Ampeln, um dann über die Kreuzung zu rauschen. Die Polizei verfolgte die Wagen, aber niemand hielt sie an.

Noch am Mittag standen die Karossen vor dem Club im breitesten Parkverbot.

Daran klebte nicht einmal ein Ticket.

Angst

Ich hatte nichts außer meiner Verbrecherkarriere. Ohne die war ich ein Niemand. Ein gar Nichts. Jemand, der nur herumgeschubst wird. Das war das Schlimmste. In einem normalen Leben würde ich unweigerlich scheitern.

Davor hatten wir alle Angst.

Ich hatte ein Jahr lang die Firma mehr oder weniger allein hochgebracht. Heiner und Thomas hatten immer noch keine Ahnung vom Geschäft. Manchmal kamen sie erst am Mittag, und dann machten sie praktisch nichts. Ich hatte den ganzen Tag die Verkäufer wie die Kunden am Hals, nachts dann die Zockerei. Es lief prächtig, aber es gab Abende, an denen ich im Bett verzweifelte. Ich hatte Sehnsucht. Nach einer Heimat, nach Liebe und einer Art von Geborgenheit. Vielleicht sehnte ich mich nach einem soliden Leben, ich konnte es nicht genau benennen. Okay, das Gras ist immer grüner auf der anderen Seite, sagte ich mir. Ich hatte stattdessen viel Geld und genügend Aufregung. Aber wir soffen, wir ballerten uns an den Wochenenden zu mit Jajo und Gras, wir prügelten uns und ich spielte nachts wie vom Teufel besessen und fand keinen Schlaf. Ich musste ständig neues Geld heranschaffen, um alles am Laufen zu halten. Natürlich gab es auch Typen, die das Gangsterleben liebten und keine Drogen brauchten, weil sie irgendwie trotzdem mit sich im Reinen waren. Aber ich behaupte, jeder kommt irgendwann an diesen Punkt. Ich weiß nicht, ob ich Gewissensbisse hatte. Ich wurde einfach mehr und mehr unglücklich. Nur noch der Stoff und die Zockerei brachten mir die Glücksgefühle, die ich brauchte. Am nächsten Tag beruhigte ich mich wieder. Und wenn ich dann ehrlich zu mir war, musste ich einsehen, dass ich überhaupt keine Alternative hatte.

Wenn man einmal dabei ist, ist es verdammt schwer, wieder auszusteigen. Natürlich genoss ich diese Form von Macht und den Status, den mir das Gangsterleben bescherte. Kaum etwas ist geiler als Macht. Niemand gibt das gerne auf. Ich kann mir vorstellen, dass es Politikern, die langsam alt werden oder die wegen eines Skandals oder einer Affäre den Hut nehmen müssen, ähnlich ergeht.

Aber der Gedanke kommt einem. Es kommt der Traum von einem anderen Leben. Ich träumte von Miami. Der Ort, an dem sich Scarface hochgearbeitet hatte. Dort würde ich mit meinem Geld nur noch legale Geschäfte machen. In Immobilien investieren, ein Restaurant betreiben, eine Agentur leiten. Die Träume kommen dann immer öfter, und irgendwann hält man sie schon für real. Man muss nur noch ebendiesen oder -jenen Deal abpassen und dann sitzt man im Flieger und alles ist anders. Dann kommen wieder die Nächte, und wenn Ugur und Tolga vielleicht schon im Bett lagen, stahl ich mich in einen Spielsalon und steckte Geld in die Daddelautomaten oder legte Hunderter auf den Black-Jack-Tisch. Ich konnte nicht so weitermachen. Lieber würde ich verrecken. Bei irgendeiner Schießerei. Einfach über den Haufen geballert werden, noch ein paar mitnehmen, und gut war's.

Es kriselte heftig zwischen Dorte und mir. Im Warentermingeschäft ist man immer im Dauerstress. Fast alle Beziehungen gingen dabei zu Bruch. Ich dachte, ich baue mir mal ein zweites Standbein auf. Ich wollte weg von den Drogen. Ich habe die Idee M. erzählt, und er meinte, okay, Sam, wenn was ist, ruf ich dich an. Ugur würde so lange die Firma leiten. Und an den Wochenenden konnte ich jederzeit nach Hamburg fahren. Es sind, mit dem Porsche, gerade zwei oder drei Stunden.

Ich habe Dorte gegenüber nie zugegeben, dass ich Gangster war. Nicht in sechs Jahren. Ich habe dieses Wort, auf das ich so stolz war, ihr gegenüber nie erwähnt. Unsere Beziehung war erstaunlich harmonisch. Wir stritten selten. Manchmal hatten sie Freundinnen gefragt, warum ich ein so brutaler Schläger sei. Dann hat sie mich zur Rede gestellt, warum und woher ich diese Aggressivität hätte. Sie habe Angst, sagte sie, ich würde eines Tages schwer verletzt nach Hause kommen. Oder gar nicht mehr. Viele Male, sagte sie, habe sie die ganze Nacht geweint, wenn ich weg war, aus Angst. Das ist jetzt mein Leben, sagte ich ihr, das ziehe ich jetzt durch, ich habe Ugur und Tolga mein Wort gegeben. Und was ist mit mir? Deiner Loyalität zu mir? Fragte sie. Aber es gab ja auch Annehmlichkeiten. Sie hat eine schöne Wohnung, sie hatte Schmuck, Kleider, konnte in Urlaub fahren, alles, was sie wollte.

Aber ich steigerte mich mehr und mehr da hinein, in diese Pseudo-Börsianer-Welt, in der ich ja nicht wirklich lebte, in der wir nur Betrüger waren. Das ging nach einer Weile nicht mehr gut. Als ich nicht nur nächtelang wegblieb, um auf Partys zu gehen, sondern mir die Nächte auch noch in den Spielhallen um die Ohren schlug. Sie sah mich fast gar nicht mehr, es wurde immer schlimmer.

Eines Tages kam ich von einer Schlägerei blutüberströmt nach Hause. Mein ganzes Gesicht war zugequollen. Sie lachte. Nicht weil sie darüber glücklich war. Sie sagte, ich wusste, das würde irgendwann passieren, und lachte. An diesem Abend überzeugte sie mich, dass es vielleicht an der Zeit wäre, eine Weile auszusteigen und Hamburg zu verlassen. Dorte überredete mich, mit ihr nach Dänemark zu gehen und ein neues Leben zu beginnen. Sie hatte nicht des Geldes wegen zu mir gestanden. Sie beteiligte sich an den Rechnungen wie an der Miete und dem Einkauf. Ich glaube, sie liebte mich wirklich, aber sie bemerkte, dass ich mich veränderte. Dass ich hart, dass ich kälter wurde.

In Arhus besorgte Dortes Mutter uns eine Wohnung. Dorte schwärmte jeden Morgen von unserem neuen Leben. Ihre Idee war es, in der schnuckeligen Altstadt das alte Büro ihrer Mutter zu einem Fruchtsaftladen umzubauen. Im Angebot: Früchtecocktails, Milchshakes, Eis und Sandwiches mit Salat. Na gut. Das klang gesund, fröhlich und gar nicht so schlecht. War das die Chance, in ein normales Leben zurückzukehren? Wir redeten uns ein, eine Marktlücke gefunden zu haben, weil wir ja in Arhus immerhin die Ersten waren, die eine solche Gesundheitsbank eröffneten. In Hamburg, Berlin oder New York waren sie bereits der letzte Schrei und liefen gut. Großartig. Natürlich träumten wir gleich von einer Franchisekette in ganz Dänemark. Also gingen wir voller Euphorie an die Sache ran.

Wir eröffneten die Saftbar in der Altstadt. Dorte und ich arbeiteten selbst dort. Wir machten nach Ladenschluss sogar selber sauber. Ich habe da erst mal gemerkt, wie das ist, zu arbeiten. Am Anfang machte mir das sogar Spaß. Der Laden lief nicht schlecht, die Leute waren neugierig und positiv überrascht. Aber als am Ende jeden Monats nicht mal Geld übrig geblieben war, um davon essen zu gehen, fand ich es ziemlich dämlich. Es war einfach unrentabel. Vielleicht hatten wir die Witterungsverhältnisse unterschätzt. Eis und Fruchtsäfte verkaufen sich nur im Sommer gut. Der Sommer in Arhus dauert aber nur sechs Wochen. Zudem wollte Dorte mich dauernd dazu bringen, mich anzupassen und dänisch zu lernen. Ich hatte aber keine Lust, diese anerkannte Weltsprache zu erlernen. Ich wollte nicht wirklich in Dänemark leben. Damals hatte ich ausreichend Gelegenheit, hinter die Fassaden der dänischen Gesellschaft zu blicken.

Dänemark gilt in der Welt als ein kleines, aber tolerantes Land. Türken allerdings waren auch dort nicht beliebt. Schon von Dortes Mutter wusste ich, dass Dänen Türken als Menschen zweiter Klasse sahen. Sie wurden als rückständige Muslime wahrgenommen. Woher sie diese klaren Vorstellungen hatten, fragte ich mich, denn viele Türken lernte ich in Dänemark nicht kennen. Sie hielten sich meist in Vororten auf und waren nie integriert worden. Sie lebten in kleinen, mehr oder weniger geschlossenen Gemeinden, und sie hatten mit dem Rest der schönen dänischen Welt nicht viel zu tun. Das störte mich. Ich fühlte mich wieder wie ein Außenseiter. Wieder in der Sparte: Okay, Sam, du bist ’n cooler Türke, aber solche haben wir hier nicht. Unsere Türken sind nur Gastarbeiter und Putzkräfte. Oder: Ich hab noch nie einen Türken so gut englisch sprechen hören. Und dann gab es noch die jungen Araber in Dänemark, die ordentlich Stress machten und sich benahmen wie die nachgezogenen Türken in Deutschland. Die wurden von den ehrlichen Dänen auch als Türken bezeichnet. Die dänischen Medien berichteten nicht von Arabern, die Mist bauten, sondern von kriminellen Türken. Diese ganze Scheiße erinnerte mich an früher, ich fühlte mich in die Lenzsiedlung zurückversetzt, in die Zeit der Bandenkriege und des Ausländerhasses. Nur ging es in dieser Gesellschaft noch enger, beklemmender und verlogener zu, als es jemals in Hamburg der Fall gewesen war. Ich hatte den Eindruck, die Dänen stünden in ihrer Migrationsproblematik und -politik etwa dort, wo wir in den 80er-Jahren waren. Heute hat Dänemark eine rechtspopulistische Partei, die fast 20 Prozent der Wählerstimmen auf sich vereinigt. Sogar Dorte hat diese Partei später gewählt. Da war ich sprachlos.

Ich lernte kein Wort Dänisch. Hier wollte ich nicht leben. Ich hasste Dänemark. Ich brauchte nur einen Grund, Dorte und Dänemark zu verlassen. Diesen Grund lieferte sie mir, als sie nach Italien in Urlaub fuhr und dort eine Affäre begann. Ich bin ein besitzergreifender Mensch, und ich bin nicht gerecht. Ich war Dorte auch nicht treu gewesen.

Ich hatte mich mit Dortes Mutter zu Beginn gut verstanden und auch nach dem Ende unserer Beziehung. Aber während der Trennungsphase hatte ihre Mutter Angst vor mir. Als Dorte aus Italien wiederkam, gestand sie auch ihrer Mutter, dass sie dort ein Verhältnis hatte. Na ja, es war noch kein richtiges Verhältnis. Sie hatte ihn nur geküsst. Bisher. Zu unserem ersten Treffen in einem Park kam ihre Mutter mit. Damit ich nicht ausflippen konnte. Aber eine Affäre war nun mal mit meiner Ehre nicht vereinbar, sagte ich ihr. Selbst ein Kuss sei in meinen Augen schon unverzeihlich. Ich machte Schluss. Ich würde ihr den Laden überlassen und ihr einiges Geld geben, damit sie die Durststrecke überstehen konnte. Wir haben uns im Guten getrennt. Ich ließ sogar mein Geld in ihrem Schließfach. Ich konnte ihr weiterhin vertrauen. Als ich das Geld einige Monate später brauchte, brachte sie es mir nach Hamburg.

Irgendwie hatte ich sogar gehofft, sie würde mich betrügen.

Das hätte mir einen Grund gegeben. Bei mir war die Liebe weg, jeder kennt das. Ich habe es nicht verstanden, wie ein solches Gefühl auf einmal weg sein konnte. Ich habe ein paar Mal geweint, im Bett, weil ich mich so unglaublich nach Liebe gesehnt hatte und weil dieser Lebensabschnitt vorbei sein sollte. Ich brauchte lange, um mich wieder zu erholen, und wir haben auch noch mal versucht, unserer Beziehung eine Chance zu geben. Aber ich konnte nicht über meinen Schatten springen. Es nicht ertragen, dass sie mit einem anderen zusammen gewesen war. Mein Super-Ego-Macho-Ding.

Dann verlasse wenigstens Dänemark, sagte sie. Ich möchte nicht leiden.

Okay.

Ich wollte schon immer mal nach Miami.

Tod oder Knast

Wir waren ganz oben. Wir waren schlauer als Polizei und Justiz. Dachten wir. Wir waren noch lange nicht am Ende. Wir fingen gerade erst an, dachten wir.

Die Hamburger Ermittler waren hinter M. her. Als ich wegen einer Schlägerei einmal eine Vorladung bekam – ich war sogar nur als Zeuge geladen –, wunderte ich mich darüber, dass mir dort zwei Beamte vom LKA gegenübersaßen. Sie kamen schnell auf M. zu sprechen. Ob ich ihn kenne? Ja. Natürlich. Er ist ein Freund von mir.

»Den haben wir auf dem Kieker«, sagte einer der Beamten. »Ich will den Mann haben. Was hältst du davon, mir Informationen über ihn zu bringen? Niemand wird davon erfahren, darauf hast du mein Wort. Ich würde dir dafür sehr dankbar sein …«

Ich weiß nicht, ob er mich testen oder tatsächlich zum V-Mann umdrehen wollte. Was redete er da? In Deutschland gab es kein Zeugenschutzprogramm wie in den USA und in den Hollywood-Filmen. Und ich hätte nie jemanden verpfiffen wie Henry in ›Good Fellas‹. Er hatte sich den Falschen heraus gesucht. Ich lehnte freundlich ab.

»Wenn du es dir überlegst, hier ist meine Karte.«

M. kam schließlich 1998 wegen Fahrens ohne Führerschein in den Knast. Wie Al Capone. Weil dem das FBI nie einen Mord oder ein anderes Verbrechen nachweisen konnte, hatte man ihn wegen Steuerhinterziehung verhaftet und zu elf Jahren verurteilt. M. bekam zunächst dreizehn Monate. Und als er im Knast war, tauchten immer neue Zeugen auf, die ihn wegen anderer Dinge wie Körperverletzung und einer angeblichen Entführung belasteten. So bekam er weitere zwei Jahre. Sie wollten ihn einfach nicht mehr rauslassen. Als die Polizei eine Warenterminfirma auseinandernahm, in die er verstrickt war, packte der Richter noch mal vier Jahre drauf. M. würde also sieben Jahre aus dem Verkehr sein, und sein Imperium begann zu zerfallen.

Einige seiner Vertrauten flohen in die Türkei, weil sie nun selbst mit hohen Haftstrafen rechnen mussten, und da man sie danach ohnehin in die Türkei abschieben würde, konnten sie auch gleich nach Ankara oder Istanbul gehen und sich die Strafe ersparen. Die Gangsterorganisation war zerschlagen. Der Kopf saß im Knast und seine Leute verstreuten sich. Jetzt waren die Albaner am Drücker und einige von M.s Untergruppierungen, darunter junge Afghanen, Perser und noch einige Türken und Kurden.

Es war wirklich wie im Kino. Doch auch in den Gangsterfilmen gingen die Sachen ja immer irgendwie schief. Das haben wir gern verdrängt. Wir fingen doch gerade erst an, dachten wir. Gut, das dicke Ende kommt immer, irgendwann, nur »irgendwann« kann auch jetzt sein, also auch gleich, das dämmerte mir langsam.

Ich war noch rechtzeitig aus Arhus nach Hamburg zurückgekehrt. Sofort schnappte ich ein paar Gerüchte auf. Heiner, Thomas und Jens wollten sich selbstständig machen. Ich stellte sie zur Rede, und sie faselten etwas von einer arischen Firma, ohne Türken. Darüber kam es zum Streit. Ich setzte ein Meeting an und sagte Heiner, Thomas und Jens, dass wir uns trennen würden. Bitte. Sollten sie doch ihre arische Firma machen. Ohne Strafaktion. Auch wenn Tolga da anderer Meinung war. Nein, wir würden uns lieber nach einem neuen Büro umsehen. Ich würde selbst eine Firma gründen, ich brauchte schließlich nur einen deutschen Hans, und das würde Henning sein. Auch alle Verkäufer, da war ich mir sicher, würden mir folgen. Schließlich bekamen sie von mir Geld. Sicher und pünktlich. Wir beerdigten die Firma, und in ein Büro an der Alster zog die Firma Raden Trading Company ein. Meine Firma. Tolga heuerte neue Verkäufer an, wir waren bald größer als je zuvor. Unsere arischen Freunde hatten da weniger Glück. Wie ich hörte, waren sie ziemlich schnell zerstritten, weil sie sich nicht einmal darüber einigen konnten, wer wie viel Eigenkapital investieren sollte. Nach einiger Zeit wechselte Jens wieder zu uns. Da arbeite ich doch lieber mit korrekten Türken als mit solchen Deutschen zusammen, sagte er. Zur besten Phase von Raden Trading leitete ich die Firma mit meinen Partnern Ugur und Tolga und rund 30 Angestellten.

Da machte Vater Terror in der Türkei.

Dort war das gemeinsame Ferienhaus in Kusadasi an der Ägäischen Küste inzwischen Mutter zugesprochen worden. Daraufhin drohte ihr Vater wieder, und er zertrümmerte in dem Ferienhaus die gesamte Einrichtung. So konnte das nicht weitergehen. Ich besorgte mir seine Handynummer, rief ihn an und traf mich mit ihm in Hamburg.

Er war total heruntergekommen.

Wieder beschimpfte er Mutter als Hure. Ich versuchte, ihn irgendwie aufzubauen. Er solle sich nicht so gehen lassen und die Vergangenheit begraben. Ich würde ihm 200 000 Mark geben, versprach ich ihm, damit er sich in der Türkei sein eigenes Haus kaufen könne. Allerdings unter der Bedingung, Mutter in Ruhe zu lassen. Das versprach er mir sehr blumig, er schwor auf sein Augenlicht und auf die Seele seines verstorbenen Vaters. Ich gab ihm sofort 3000 Mark, damit er sich in ein Hotel einquartieren konnte. Er sei jetzt obdachlos, hatte er gesagt. Das war natürlich gelogen. Eine Woche später übergab ich ihm das Geld. 200 000 Mark. Dafür würde ich Mutter und vielleicht auch ihm endlich Frieden erkaufen, dachte ich. Das war ein Irrtum. Der Psychoterror ging weiter. Und ich hatte immer weniger Kraft, mich all dem zu stellen.

Irgendwie bekamen Ugur und Tolga meine Veränderungen, meine Zweifel und Ängste nicht so recht mit. Sie waren immer heißer auf das Wartentermingeschäft und wurden immer unvorsichtiger. Ugur erinnerte mich mehr und mehr an meinen Vater. Er wurde wahnsinnig gierig, er raffte alles zusammen und packte es irgendwo auf die Seite. Ugurs Sache war nur noch das Geld verdienen. Was er in der Hand hatte, hatte er in der Hand. Er war ein Pfennigfuchser geworden, der nicht weiterdachte. Er weinte monatelang wegen 30 000 Mark, die er irgendwo am Aktienmarkt in den Sand gesetzt hatte. Tolga dagegen war immer noch der alte Feier-Meier. Ihm war Geld ziemlich egal, Hauptsache, es war genug da, er konnte Party machen und Ohrfeigen verteilen. Er hatte großen Spaß an seinem Leben und machte sich wenig Sorgen.

Aber je mehr man anschaffte, desto höher wurden die Kosten. Da gab es eine Menge Leute, die was vom Kuchen abbeißen wollten. Freundinnen, die einen neuen Golf wollten, die anderen Gangster, denen wir ständig beweisen mussten, wie gut wir im Geschäft waren. Man gibt das Geld tonnenweise in Puffs und Clubs aus. Ich wusste gar nicht, wohin mit dem ganzen Geld. Ich konnte es ja nicht zur Bank bringen. Die würden fragen, woher ich es hatte. Und dann kommt das Finanzamt. Auch den türkischen Banken traute ich nicht. Nein. Ich hatte es überall in der Wohnung versteckt. Oder bei meiner Mutter und meinen Brüdern. In allen möglichen Schränken und unter den Dielen. Oft haben wir es vergessen. Einmal hat Tolga beim Aufräumen 15 000 Mark wiedergefunden.

Wieder hatten sie beide wenig einzuwenden, als ich ihnen sagte, ich würde gern mal für eine Weile nach Miami gehen. Im Gegenteil. Ugur wollte die Firma gern weiterführen und Tolga war begeistert. Dann konnte er mich dort, so oft er wollte, besuchen und in den noblen Art-déco-Clubs in South Beach so richtig abfeiern.

Warum bin ich nicht einfach ausgestiegen?

Man konnte nicht »einfach so« aussteigen. Wenn wir alle zusammen ausgestiegen wären, okay. Aber es gab diese Loyalitäten, die waren nicht zu umgehen. Ich hatte Ugur und Tolga gegenüber loyal zu sein und natürlich auch gegenüber M. und seinen Leuten. Ich saß schon auf gepackten Koffern im Schlafzimmer, und Tolga und Ugur wussten, dass ich aufhören wollte. Aber sie machten es mir nicht leicht. Wir hatten doch genug verdient, um ein seriöses Leben führen zu können, oder nicht? War das nicht das Ziel gewesen? Ich konnte meiner Familie helfen und mit dem kriminellen Geld eine faire Chance bekommen in einem anderen System, in den USA oder in der Türkei. Man sollte sein Glück nicht allzu oft herausfordern. Auch vor Gott würde ich mich irgendwann vielleicht verantworten müssen. Ich habe manchmal gebetet. Seit ich 14 Jahre alt war. In meinen späteren Gebeten habe ich die Gangstergeschichten natürlich nie erwähnt. Ich konnte Gott dafür ja schlecht um Beistand bitten.

Von all dem wollten Tolga und Ugur nichts wissen.

Aber auch viele andere Leute, die sehr viel Geld verdienten, wurden unglücklich, Alkoholiker und spielsüchtig. Fast alle nahmen Drogen. Zuerst ist der Lifestyle geil. Irgendwann kippt das. Am Anfang zählte nur das Geld. Dann war ich kein Türke mehr. Meine Herkunft war nicht mehr wichtig. Auf Sylt hat es niemanden gestört, dass ich Türke war, solange ich viel Geld hatte. Wenn man aber Obst- und Gemüsekisten schleppt, bleibt man Türke. Sobald ich dagegen Geld hatte, war ich hoch angesehen in dieser Stadt. Ich verkaufte doch keine Frauen und vergiftete Kinder?

Miami war anders.

Niemand kannte mich dort. Ich konnte in dieser Stadt alles sein. Italiener, Hispano, Amerikaner, Deutscher, Türke, wie und wann immer ich es gerade wollte. Ich musste nicht ständig den Dicken machen, das war in gewisser Weise eine Erholung. Ich war weit davon entfernt, irgendein Geschäft in Miami zu tätigen. Ich machte überhaupt keine Geschäfte, nicht einmal krumme. Ich tat gar nichts. Außer feiern. Ich war nicht klüger geworden.

Ich ging jeden Abend in eine andere Diskothek. Ich hatte mich in das schöne Boulevard-Hotel in South Beach einquartiert, und ich glaube, ich bin erst in Miami so richtig auf Koks gekommen. Alle, die ich traf, nahmen es. In Mengen, die man sich nicht wirklich vorstellen möchte. Mengen, von denen ich bisher nur in der Zeitung gelesen hatte. In Miami war das Jajo so rein und so gut und jederzeit verfügbar, dass ich gar nicht anders konnte, als einen verdammten Strohhalm da hineinzuhalten und ordentlich daran zu ziehen. Ich habe keine krummen Sachen gedreht, aber ich habe trotzdem nur Gangstermist gebaut. Ich war wie infiziert. Ich erkannte sie überall, vielmehr, wir erkannten uns gegenseitig. Wir waren Gangster unter uns, sozusagen. International. Man sieht sich, man riecht, man respektiert sich. Ich konnte sie sehr leicht daran erkennen, mit welch ausgesuchter Höflichkeit sie sich untereinander begegneten, und wenn ich sie kennengelernt hatte, begegneten sie auch mir in dieser Weise. So, wie sich die Leute in der Showbranche auch untereinander sofort erkannten, das war ja irgendwie artverwandt.

In Miami schienen die Kulturen wirklich friedlich miteinander zu leben. Kubaner, Südamerikaner, Farbige, Weiße, Juden, Europäer. Es gab diese Multikulti-Gesellschaft also doch. Ich besuchte viele private Partys in Miami. Ich blieb vier Monate in dieser Stadt, ich war praktisch überall eingeladen, und ich wurde plötzlich der Vertraute eines sagenhaft reichen Prinzen aus Saudi-Arabien, mit dem ich eine Weile in den irrsten Läden und Hotelbars herumzog. Ich saß am Nachbartisch des Schauspielers Jeff Goldblum und kam mit ihm ins Gespräch, ebenso wie mit Eddie Murphy. Ich wachte aus diesem Rausch gar nicht mehr auf. High Times. Blow. Scarface. Einbildung. Alles. Nur eines nicht: der ersehnte Frieden.

Im Gegenteil. Miami war die letzte, die große Freiheit, vielleicht der Höhepunkt meines bisherigen Lebens. Ich verdiente immer noch einen Haufen Geld. Die Jungs besuchten mich jeden Monat und brachten Geld mit, mein Geld, ich hatte es ja in meiner eigenen Firma selbst verdient, dachte ich. Als sei ich ein Krösus, der von riesigen Deals an der Wall Street lebte, ich brauchte doch nur in Hamburg anzurufen.

War es vielleicht nicht so?

Aber was, wenn in Hamburg alles schief lief? Wenn die ganze Lügengeschichte und der Betrug an der Alster aufflogen? Ugur und Tolga betrogen munter weiter und brachten mir meine Anteile, aber ich hatte keine Ahnung, was sie in Hamburg wirklich trieben. Wenn sie einen Fehler machten, hätte ich auch in Miami einfahren können. Schließlich arbeiteten wir mit einem amerikanischen Brokerhouse zusammen. Dieser Gedanke kam mir. Betrüger werden international gesucht, und dann könnte mich das FBI festnehmen.

In den USA in den Knast gehen?

Da kann man so hart sein, wie man will. Das ist kein Spaß, und ich kannte Beispiele. Stevie und Thomas, zwei WTG-Betrüger aus Hamburg, waren nach Amerika gegangen und machten das Geschäft von dort aus weiter. Sie kauften sich eine Ranch und sogar einen Helikopter. Sie wurden dann in den USA verhaftet und eingesperrt. Stevie sah gut aus. Man redete von Vergewaltigung. Der amerikanische Knast ist kein Zuckerschlecken.

Dort wollte ich auf keinen Fall landen.

Ich bekam es wieder mit der Angst zu tun und war ohnehin langsam am Ende meiner Kräfte angekommen. Jeden Tag feiern, das hält niemand lange aus.

Es war auch an der Zeit gewesen, nach dem Rechten zu sehen. Ugur und Tolga hatten mir in Miami erzählt, die Hamburger Polizei mache jetzt Druck auf die organisierte Kriminalität, auch und vor allem auf die Warenterminfirmen. Es war also nur eine Frage der Zeit, bis sie Raden Trading aufs Korn nehmen würden. Da kam es mir gelegen, dass Heiner, der mit seinem arischen Unternehmen am Boden lag, uns anbettelte, seine Räumlichkeiten zu mieten, damit er aus dem Vertrag herauskonnte. Ich fand die Idee gut, sein ehemaliges Büro als Backoffice zu nutzen. Die Kontoauszüge der Kunden erstellten wir schon lange an einem anderen Ort, und im Backoffice sollten nur die Loader arbeiten, das war sicherer. Die Firma an der Alster war die offizielle Adresse, die im Handelsregister gemeldet war. Wenn ein Polizeieinsatz gegen uns geplant war, dann dort. Aber in diesem Büro würden sie weder belastende Unterlagen noch uns vorfinden. Wir hielten uns nur noch im Backoffice auf, es lag in der Milchstraße, keine 200 Meter entfernt von einem guten Steakhaus. Wir nahmen Heiner sogar wieder mit ins Geschäft. Er bekam zehn Prozent, und wir liehen ihm auch was, damit er seine Schulden zahlen konnte, dieser geldgeile Yuppie.

In der Unterwelt war es inzwischen zu Revierkämpfen gekommen. Irgendjemand fühlte sich immer benachteiligt. Vor allem die Kurden. Einige Gruppierungen forderten M. heraus. Und wenn sie es nicht schafften, aus eigener Kraft gute Geschäfte zu machen, griffen sie zu übertriebener Gewalt. Aber das war nicht gut fürs Geschäft. Umso mehr würde die Polizei uns alle jagen. Ich versuchte M. klarzumachen, dass unsere Geschäfte und sogar wir selbst gefährdet waren.

Er gab mir recht. Er spielte schon länger mit dem Gedanken, eine exemplarische Strafaktion durchzuführen. Aber er konnte sich nicht recht dazu durchringen. Eine der rebellischen Gruppen hatte ihn sogar verbal herausgefordert. Der Führer dieser Truppe hatte für sich und seine Leute einen Anteil an allem verlangt, aber einen richtigen Showdown mit M. lieber nicht riskiert. M. hätte sie gefressen. Es kam auch deshalb nicht zur Schießerei oder zu Auftragsmorden unter den Türken, weil wir Türken der *Generation Chance* uns ja schon lange kannten. Weil viele zusammen aufgewachsen waren, weil sich ihre Familien untereinander kannten oder sogar entfernt miteinander verwandt waren. Da war es nicht so einfach, jemanden auszuschalten. Irgendwann merkten wir, dass uns die Polizei immer dichter auf den Pelz rückte. Wir hatten das Gefühl, observiert zu werden. Plötzlich gerieten wir außergewöhnlich oft in Verkehrskontrollen. Wir waren sicher, dass unsere Telefone und Handys abgehört wurden.

Und dann erreichte mich der Anruf im Backoffice.

Razzia bei Raden Trading. Es war der 25. Mai 1997, 10.30 Uhr morgens.

Die Idee des Backoffice war Gold wert gewesen. Als ich am Büro an der Alster vorbeifuhr, ganz langsam, als ich die Scheibe herunterließ, die vielen Mannschaftswagen und den Rammbock, den Beamten vor der Tür sah und seine Wut darüber zu spüren glaubte, dass sie uns nicht geschnappt hatten, durchfuhr mich ein Hochgefühl. Die Gastarbeitertürken waren schlauer gewesen als ihr, dachte ich und lächelte den Mann freundlich an. Tagelang hatte ich diesen Hochmut. Ich konnte mich gar nicht mehr einkriegen. Das LKA hatte uns geadelt, und wir hatten ihnen ein Schnippchen geschlagen.

Nach ein paar Tagen schnappte ich einen Hinweis auf, demzufolge eines unserer Opfer Anzeige erstattet haben soll. Es war aber um eine lächerliche Summe gegangen, gerade mal 12 000 Dollar. Die hatten wir ihm abgenommen, aber wir hatten ihm sogar alles wieder zurückgeschickt, weil wir uns mit solchen kleinen Fischen gar nicht mehr abgaben. Nur war er damit nicht zufrieden gewesen. Angeblich soll ihn einer der Verkäufer beleidigt haben. Das war der Grund für solch einen Großeinsatz? Ich kannte das Geschäft. Ich kann aus Erfahrung sagen, dass es lange dauert, bis die Justiz einschreitet und schon gar nicht wegen einer solchen Lappalie. Die Firma existierte noch kein Jahr. Nein, das konnte nicht sein. Es musste Verrat im Spiel sein. Neider, Warenterminunternehmer, denen wir ein Dorn im Auge waren.

Es wurde heißer in Hamburg. Ich saß mit M. im Meyer Lansky. Wir tranken, und ich sagte zu ihm:

»Du, ich bin bereit. Ich werde dir heute Abend beweisen, dass ich auch jemanden abknallen kann. Überlass mir einen deiner Feinde.«

M. sah mich an.

»Zeig mir einen und ich leg ihn um für dich. Jetzt gleich.«

Ich war bereit zu töten.

M. wusste augenblicklich, wie ernst es mir war. So weit kannte er mich. Seine Reaktion überraschte mich völlig. M. stand auf und wurde wütend.

»Ich weiß, Sam, dass du's tun würdest. Aber ich will nicht, dass du so was tust«, schrie er.

»Ich will nicht mal, dass du 'ne Knarre trägst. Es gibt genug Soldaten, die kein Gramm Gehirn haben und für zwei-, dreitausend jemanden abknallen. Du bist intelligent. Du hast Talent. Du kannst alles schaffen. Du brauchst diesen Scheiß nicht. Ich kenne keinen wie dich in Hamburg. Mach was aus deinem Leben. Sam, ich will, dass du aussteigst. Am besten gleich heute.«

M. beruhigte sich wieder. Er setzte sich. Er sah traurig aus. Ich war fassungslos.

»Sam, schau nicht auf mich. Ich bin doof. Ich habe nichts anderes gelernt. Was glaubst du, was passieren wird? Mein Ende wird der Tod oder Knast sein. Aber aus dir kann noch was Besonderes werden. In diesem Geschäft gibt es kein Happy End.«

»Du bist nicht doof. Du bist mein Vorbild. Mein großer Bruder, den ich nie hatte. Can war ein Looser.«

»Hör auf, über Can so zu reden. Er ist deine Familie.«

M. wurde wieder wütend.

»Mach ihn nicht schlecht vor anderen Leuten. Er ist mehr wert als die meisten. Er hat sich nur auf die falschen Leute eingelassen. Sam, das Schlimmste ist, wenn ich ausraste, tue ich Dinge, die mir danach leid tun. Ich kann das nicht kontrollieren.«

Ich brachte eine Weile keinen Laut heraus. Es war eine starke Bindung zwischen uns, und ich war entsetzt, dass er so dachte. Ich hatte immer geglaubt, dass er sein Gangsterleben liebte.

»Lass uns zusammen aufhören. Damals hast du doch mal von Ungarn geredet«, sagte ich.

»Ich kann nicht, Sam. Ich habe zu viel durchgemacht, um bis hierherzukommen. Ich kann nicht aufgeben, und ich kann auch meine Jungs nicht im Stich lassen.«

Warum nur wollte ich töten?

Weil ich am Ende war. Weil ich dachte, es wäre der einzige Weg. Weil ich keine andere Perspektive mehr sah. Mein Leben war völlig verpfuscht. Ich wollte es mir und M. beweisen. Er war der Einzige, zu dem ich noch aufsah. Ich wollte ganz nach oben steigen, und dazu gehört ein Mord. Dann wäre ich zu 100 Prozent in der Familie. Das ist auch ein Schutz. Wenn man fähig ist, jemanden zu töten, wird man unantastbar, dachte ich, denn das kann doch nicht jeder, schießen, um zu töten, einen Menschen töten. Im Affekt kann viel passieren, aber einen Mord zu planen, ihn durchzuführen, die Knarre zu nehmen, dem Menschen aufzulauern und ihn in den Kopf zu schießen, das würde allen beweisen, wozu ich fähig war.

Warum in den Kopf?

Weil es eine Hinrichtung ist.

Ich hatte M. mein Leben angeboten, ich wäre für immer mit ihm verbunden gewesen, und dieser Vollblutgangster zeigte mir eine Herzlichkeit, wie ich sie vielleicht noch nie erfahren hatte. M. sagte mir an diesem Abend im Meyer Lansky, dass alles, woran ich je geglaubt hatte, falsch war.

Er, der legendäre Pate von Hamburg, bewahrte mich davor, zum Mörder zu werden, und in diesem Augenblick wusste ich, dass er recht hatte, dass es zu Ende war.

Kurze Zeit darauf wurde er verhaftet.

Irgendwie schaffte ich es, sogar Ugur und Tolga davon zu überzeugen, dass es jetzt besser war, mit unserem Geld ein neues Leben in der Türkei anzufangen.

Okay, sagten sie.

Nur einen letzten Deal noch. Sie hatten da was angerührt, etwas ganz Großes. Dann hätten wir für immer genug und konnten verschwinden.

Okay, sagte ich.

Ein letzter Deal.

Gelungene Integration

Manchmal stelle ich mir vor, irgendeine rechtsradikale Gruppe oder eine terroristische Organisation wolle eines Sommertages den sozialen Frieden in Deutschland ernsthaft gefährden. Wie könnte eine kleine Gruppe einen ganzen Staat in seinen Grundfesten erschüttern?

Vielleicht käme sie ja auf die Idee, in den Großstädten mehr oder minder zeitgleich Brandanschläge auf Mehrfamilienhäuser, in denen ausschließlich türkische Familien und andere Migranten leben, zu verüben und dazu noch zum Beispiel die neue Kölner Moschee in die Luft zu sprengen.

Was wird dann passieren?

Werden die türkischen Jugendlichen der *Generation Wut* abends brav zu Hause bleiben und ihre Väter der *Generation Kanak Attack* in ihren Männervereinen stumm in die Teegläser blicken?

Nehmen wir einmal an, sie hören im Radio oder auf CNN Türk, dass sich eine Gruppe namens »Zarathustra« in einem Schreiben zu den Anschlägen bekannt hat. In diesem Schreiben steht natürlich, es handele sich bei der Gruppe nicht um eine NPD- oder Al-Qaida-nahe Organisation, sondern um »konservative Bürger, die von der täglichen Gewalt und den Gewaltverbrechen, die von Ausländern und insbesondere von Deutschtürken und Deutscharabern in den letzen Jahren ausgegangen sind, genug haben. Wir wollen ein Zeichen setzen. Unsere Kinder, unsere Frauen sind nicht mehr sicher. Wir lassen uns das nicht länger gefallen. Die Politik hat versagt.«

Wer auch immer hinter diesem Schreiben steckt, ist nicht dumm. Nur feige. Richtig, werden einige Menschen sagen.

Eine einzigartige Welle der Empörung und der Solidarität für die Opfer der Anschläge geht durch das Land. Spontan kommt es trotz starker Hitze zu mehreren Großdemonstrationen in den Städten. Türkische Verbände und Vereine haben dazu aufgerufen sowie namhafte deutsche Politiker und jüdische Organisationen. Köln untersagt die Demo aus Angst vor Ausschreitungen, aber in Berlin, Hamburg und Frankfurt am Main gehen Millionen auf die Straße.

Zu Anfang bleibt es friedlich. Viele Türken sind anwesend, aber auch andere Migranten, Albaner, Russen, Araber. In der Nacht kommt es zu ersten Gewaltakten. Es sind noch immer Hundertausende auf der Straße. Auch nach Sonnenuntergang fällt die Temperatur kaum unter 30 Grad. Nach ersten Rangeleien eskaliert die Situation in Berlin. Es kommt zu einer Massenschlägerei zwischen Türken und Arabern auf der einen und der Polizei auf der anderen Seite.

Autos werden in Brand gesteckt und Fenster von Geschäften eingeschmissen. Die Polizei reagiert mit Wasserwerfern und Schlagstöcken, sieht sich aber einer extrem gewaltbereiten Übermacht gegenüber und zieht sich stellenweise zurück. Einzelne Schüsse fallen. Nachdem Tote bei der Polizei zu beklagen sind, fallen auch scharfe Schüsse aus den Reihen der Gesetzeshüter.

In Hamburg raucht es über dem Jungfernstieg. In Düsseldorf brennt die Kö. In Frankfurt steht der Römer in Flammen, in München der Odeonsplatz. Überall brennende Innenstädte. Der Innenminister erwägt, die Bundeswehr einzuschalten. Tagelang halten die Kämpfe nun schon an. Der Innenminister ruft den ersten Notstand in der Geschichte der Bundesrepublik aus.

Die Kinder gehen nicht mehr zur Schule. Die Menschen verbarrikadieren sich in ihren Häusern und Wohnungen. Man verhängt eine Ausgangssperre. Deutschland liegt lahm. Das öffentliche Leben und die Wirtschaft kollabieren. Geschäfte werden geplündert und in Brand gesteckt, es finden Hetzjagden statt und hässliche Szenen von Lynchjustiz.

Das ist eine Fiktion? Das habe ich mir nur ausgedacht?

Ich lebe heute in Berlin. Ich wohne nicht weit entfernt vom Potsdamer Platz und dem Regierungsviertel und ebenso nahe an der

Potsdamer Straße, die in Schöneberg durch eines der ältesten türkischen Viertel Berlins führt. Sozusagen genau in der Mitte der Gesellschaft. Wenn ich zu meiner Tür hinausgehe, stehe ich vor einer Berufsfortbildungsschule, die beinahe zu 100 Prozent von Migranten besucht wird. Ich gehe in meinem Viertel spazieren und sehe junge Schwarzköpfe, so weit das Auge reicht, und dann habe ich manchmal diese Vision.

Wir sind gar nicht so weit davon entfernt.

In der Kurfürstenstraße, welche die Potsdamer Straße kreuzt, hat der Berliner Senat eine Sozialarbeiterstation eigens dafür eingerichtet, die türkischen Problemkids dieses Viertels vom nahen Potsdamer Platz fernzuhalten. Natürlich hängen die Jugendlichen gern dort herum. Es gibt Kinos, Shopping Malls, Hotels und Restaurants. Dort halten sich Touristen auf und auch hübsche Mädchen. Es gibt an diesem Platz alles, was sich die türkischen Jugendlichen nicht leisten können. Aber sie stören das Ambiente. Sie fallen auf, man will sie dort nicht haben – man will diese soziale Schicht nicht in der schönen Einkaufswelt sehen. Lieber bezahlt die Stadt auf Drängen des Handels und der Mieter eine Handvoll Streetworker, damit sie die Türken aus diesem sauberen Bild herausnehmen, sie von den Einkaufenden, den Angestellten der Bürotürme und den Touristen fernhalten.

Das grenzt schon an Segregation.

Der Reichstag mit seiner Bannmeile liegt, Luftlinie, nicht einmal 1000 Meter von der Potsdamer Straße entfernt. Auch die Viertel in Moabit und im Stadtteil Wedding, in denen viele türkische, arabische und afrikanische Jugendliche wie in Ghettos leben, sind nicht weit. Im Falle eines tatsächlichen Aufruhrs wie in South Central Los Angeles 1994 oder in den Vorstädten von Paris oder Marseille – was würden diese Jugendlichen wohl tun? Wo würden sie ihrer Wut freien Lauf lassen? Würden sie sich damit begnügen, in ihren Ghettos Leute anzugreifen, die irgendwie deutsch aussehen, in ihrer eigenen Straße einige Autos in Brand zu stecken, Schaufenster einzuschmeißen und ein paar Handyläden zu plündern?

In weniger als einer Viertelstunde könnten sie vor dem Reichstag stehen. In weniger als einer halben Stunde könnten sie die Philharmonie, die Staatsbibliothek und das Sony-Center am Potsdamer Platz in Brand stecken. In weniger als einer Stunde könnten sie Bundesministerien, Botschaften, Ländervertretungen, Geschäfte und Restaurants Unter den Linden, in der Friedrichstraße und am Alexanderplatz angreifen.

Wie schnell dagegen würde die Berliner Polizei reagieren? Wie viel Mann hätten sie einigen Zehntausend randalierenden und zum Teil bewaffneten Jugendlichen entgegenzusetzen? Voller Hass und voller Wut?

Daran denke ich manchmal, wenn ich über die Potsdamer Brücke zwischen meinem türkischen und dem so nahen Regierungsviertel gehe.

In Frankreich hat ein Polizist einen arabischen Jungen zu Tode gejagt, in Malmö genügte es, einen muslimischen Jugendclub zu schließen, und die Problemviertel und Innenstädte gingen in Flammen auf. Der Anteil der Migranten in den Städten beträgt heute nahezu überall bereits ein Drittel. In Frankfurt am Main leben 38 Prozent Migranten, in Stuttgart sind es 36, in Nürnberg 32, in Wuppertal, Köln und Düsseldorf 29 und sogar im biederen Bonn sind es schon 27 Prozent.

Ich bin nicht der Einzige, der düstere Visionen hat. Auch Wolfgang Schäuble hatte düstere Visionen. Er sah bereits eine islamistische Parallelwelt in Deutschland. Er fürchtete, dass sich vor allem die enttäuschten deutsch-türkischen und deutsch-arabischen Jugendlichen dieser Ballungszentren dem radikalen Islamismus verschreiben und Terroranschläge verüben könnten. Aber wenn wir ehrlich sind: Wie viele Menschen wurden bisher durch islamistischen Terror in Deutschland verletzt oder getötet?

Null.

Und wie viele Menschen sind in den letzten 30 Jahren durch Gewalt und Kriminalität von Menschen mit Migrationshintergrund, durch Fremden- oder Deutschfeindlichkeit verletzt oder getötet worden?

Viele Hunderttausende.

Und wenn es die islamischen Vereine und Verbände nicht gäbe, wären es noch mehr. Ich habe des Öfteren Moscheen besucht und dabei nicht eine einzige Hasspredigt oder einen Aufruf zur Gewalt gehört, im Gegenteil. Ich habe Leute kennengelernt, die herzlich sind und gastfreundlich, die keinen Alkohol trinken und versuchen, in diesen schwierigen Zeiten Mensch zu bleiben. Nein, dort sehe ich keine wirkliche Gefahr. Wäre ich ein Scout der Al Qaida, ich würde mir meine Leute auf der Straße suchen.

Die latente Wut hat viele Ursachen. Zum Beispiel die täglichen verbalen Demütigungen, die seit 30 Jahren stattfinden. Wenn muslimische Migranten in den Behörden, in den Medien, in Diskotheken, in Schulen, im Sportverein, bei der Wohnungssuche und so weiter tagtäglich diskriminiert werden. Wenn junge Türken ihre Mitschüler terrorisieren. Wenn sie deutsche Mädchen belästigen, begrapschen und als Huren bezeichnen. In der Sendung ›Hart, aber fair‹ berichtete die Vorsitzende der muslimischen Frauen in Deutschland, Özlem Nas, von ihrem »ständigen Gefühl des Unerwünscht-Seins in diesem Land«. Sie schilderte, wie sie in der S-Bahn angepöbelt wurde: Ey, Ausländer, macht mal Platz, hier kommt 'n Deutscher. Darauf habe sie ihre Tochter gefragt: Mami, was haben wir dem Mann getan?

Diese Verbalinjurien gehen in die Millionen.

Sie sind dafür verantwortlich, dass es zu einem schlechten sozialen Klima und zu gegenseitiger Aversion gekommen ist. »Wir haben das lange verniedlicht, ignoriert, gar nicht gesehen«, entschuldigte sich Ministerpräsident Wulff in derselben Sendung. »Die Politik hat über Jahrzehnte ignoriert, dass es Gastarbeiter gibt, deren Kinder Probleme haben.«

So ist es.

Wir haben uns längst daran gewöhnt, dass sich die Gewalt seitens deutsch-türkischer und deutsch-arabischer Jugendlicher jedes Jahr praktisch verdoppelt. Die Statistik behauptet, die Gewaltkriminalität unter den Deutschtürken habe abgenommen. Das stimmt nicht. Denn sobald sie einen deutschen Pass haben, in der Regel ab 18 oder 19 Jahren, tauchen sie in der

»Ausländerkriminalität« nicht mehr auf, sondern firmieren als gewöhnliche deutsche Straftäter.

Ich habe es damals schon als ein Phänomen empfunden, dass so viele junge Türken keine Hemmungen hatten, Messer und Waffen einzusetzen. Ich bin ein ganz netter Mensch, viele Leute empfinden mich tatsächlich als sympathisch. Aber ich war zu übelster Gewalt fähig, weil ich es früh gelernt habe. Heute werden die deutsch-türkischen Kinder noch viel früher kriminell. Ihre Eltern sind keine Gastarbeiter mehr. Sie leben jetzt sehr oft von Hartz IV. Und die Kinder machen völlig unsinnige Dinge. Sie kiffen ohne Ende, hängen an diesen neuartigen Spielautomaten, die in jedem Imbiss zu finden sind und Gewinne bis zu 10000 Euro versprechen, und verzocken ihr weniges Geld. Dann überfallen sie alte Damen und beklauen andere Kinder. Sie haben vor nichts mehr Respekt, und sie gehen dabei immer brutaler vor. Es ist eine andere Kriminalität. Eine sinnlose Gewaltkriminalität. Sie wollen nur den Tag überleben. Sie veranstalten diesen Terror, um sich etwas zu essen zu kaufen, Zigaretten und ein paar Bier. Sie sind nicht organisiert, und sie haben keine Ziele. Das macht sie vollkommen unberechenbar.

Wolfgang Schäuble hatte recht: Wir leben in einer Parallelwelt. Nur – es gibt viele Parallelwelten. Obwohl mehr als die Hälfte der türkischen Migranten bereits in Deutschland zur Welt gekommen ist, sind sie die mit Abstand am schlechtesten integrierte Bevölkerungsgruppe. Das stellte im Januar 2009 das Berlin-Institut für Bevölkerung und Entwicklung fest. 30 Prozent machen überhaupt keinen Schulabschluss. 93 Prozent der hier Geborenen heiraten innerhalb der türkischen Gemeinschaft. Wir haben die schlechtesten PISA-Werte und die höchste Arbeitslosigkeit.

Und was sagt uns das? Türken bleiben unter sich. Und jeder Dritte hat keine Chance. Das ergibt bei rund 2,8 Millionen Türken in Deutschland fast eine Million tickende Zeitbomben in den Städten und auf den Straßen – mit steigender Tendenz, und die anderen Migranten noch nicht mitgerechnet.

Wie lange wird es dauern, bis sie hochgehen?

Es ist immer so eine Sache mit dem berühmten letzten Deal.

M. hatte mir seinen Segen gegeben. Er hat gesagt: Sam, du darfst aussteigen, mach es. Sonst wäre es überhaupt nicht möglich gewesen. Damit bin ich zu Ugur und Tolga gegangen. Dann sagte Ugur: Überraschung! Wir haben eine neue Firma gegründet mit acht Verkäufern! Sie dachten, ich freue mich. Nein. Ich würde keinen Fuß da reinsetzen. Ich steige aus, das machte ich ihnen klar. Auch Jens und Olli, unseren Loadern, Henning, Stefan und Heiner. Ich würde für nichts mehr haften.

Basta!

Ich habe mit Engelszungen auf sie eingeredet. Hört zu, Jungs: Lasst uns nicht zu gierig sein. Wir haben doch Geld. Das war doch der Plan? Alles andere führt ins Loch oder auf den Friedhof. Aber sie wollten das nicht einsehen. Sam, meinst du wirklich?, sagte Ugur. Meinst du, woanders ist es besser? Tolga plapperte nach, was sein älterer Bruder gesagt hatte.

Ugur hatte keine Laster. Er spielte nicht, trank kaum Alkohol, er feierte selten. Für ihn zählte nur Geld. Das konnte er einfach nicht aufgeben. Im Gegenteil. Er wollte jetzt ein sogenanntes Garantiegeschäft machen, bei dem man den Kunden total auszog. Jens hatte da diesen Megakunden aufgetan, der schon viel verloren hatte, und Jens und Ugur würden ihm ein Garantiegeschäft anbieten. Das heißt, er überweist 2,7 Millionen Dollar und bekommt innerhalb einer Woche garantiert vier Millionen zurück, inklusive seiner bisherigen Verluste von 1,4 Millionen. Es klingt verrückt, zumal diese Geschäfte ja nur übers Telefon abgewickelt wurden, aber ich wusste inzwischen, dass es Idioten gab, die sich auf so etwas einließen … Diesen Deal wollte Ugur noch durchziehen. Er musste aber meine Entscheidung als Partner abwarten.

»Wenn du mir diesen Freifahrtschein gibst, Sam, dann steig ich mit dir aus. Dann wickeln wir die Firmen ab und fangen woanders neu an. Erst mal ab in die Türkei. Urlaub machen, ein bisschen relaxen. Dann sehen wir weiter. Vielleicht Amerika.«

Ich hatte kein gutes Gefühl dabei. Ich wusste, jemanden total abzuziehen bedeutete auf jeden Fall Ärger. Ich weiß, dass Ugur und Tolga diese 2,7 Millionen noch kassiert haben. Sie tätigten das Geschäft mit Jens als Loader. Irgendwann kam Ugur an und sagte: Kannst abklatschen. Alles gut. Der Deal ist gelaufen.

Aber nach drei Monaten klingelte es unten an der Tür der neuen Firma und ein Polizist stand davor. Die Sekretärin erzählte das einem Verkäufer, und der bekam sofort Panik und schrie: »Die Polizei nimmt uns hoch, wir sind aufgeflogen, die nehmen uns hops.« Aus allen Fenstern flogen plötzlich Unterlagen und Karteikästen. Die Papiere flatterten direkt vor die Füße der Polizisten. Die wurden natürlich misstrauisch und forderten Unterstützung an. Dabei hatten die beiden Streifenhörnchen eigentlich nur einen Verkäufer gesucht, der seine Strafzettel nicht bezahlt hatte.

So kamen die Ermittlungen in Gang. Wieder versuchte ich Ugur und Tolga davon zu überzeugen, dass es jetzt doch besser sei, sich abzusetzen. Und wieder lenkten Ugur und Tolga ein, unter der Bedingung, noch einen letzten Großkunden abzuziehen. Hoch und heilig versprachen sie mir, danach mit in die Türkei zu gehen.

Warum bin ich nicht allein ausgestiegen? Weil ich dachte, man könne nicht einfach so aussteigen. Wenn wir alle ausgestiegen wären, okay. Aber es gab diese Loyalitäten, die waren nicht so einfach zu umgehen. Und es ist auch schwer, allein irgendwo neu anzufangen. Mit Freunden hat man mehr Ideen, Kapital und Leute dabei, auf die man sich verlassen kann, dachte ich. Niemand geht allein auf den Mount Everest.

Ich saß schon auf gepackten Koffern, und wir begannen zügig mit der Abwicklung von Raden Trading. Ich war happy. Ich freute mich auf ein neues Leben. Alles lief wie geschmiert. Ugur und Tolga waren voll motiviert. Der letzte Deal, den sie mir abgerungen hatten, wurde ein voller Erfolg für Ugur und Jens. Bald wären wir raus aus Hamburg. Da baten mich Tolga und Ugur um ein Gespräch, im Blockhouse in der Milchstraße.

»Du, Cem, wir wollen nicht aufhören, wir bleiben in Hamburg«, sagte Ugur.

Ich dachte, ich höre nicht richtig.

»Um ehrlich zu sein, wir sind dabei, wieder eine neue Firma aufzubauen. Versteh uns bitte! Wir kommen aus armen Verhältnissen. Die Chance kriegen wir nie wieder, so einen Haufen Geld zu verdienen. Wir wollen so lange weitermachen, bis es nicht mehr geht. Wenn du willst, kannst du natürlich dabei sein. Es bleibt alles beim Alten.«

Ich hatte vor Gericht einmal einen Meineid für sie geschworen. Ich hatte sie reich gemacht. Ich wäre für sie gestorben. Und jetzt ließen sie mich im Stich? Es war doch genug passiert. Die Razzia bei Raden. Die Papiere, die sie den Polizisten in der neuen Firma vor die Füße geworfen hatten. Sie waren uns doch mehr als dicht auf den Fersen. Wenn Ugur und Tolga weitermachten, konnten wir jeden Moment auffliegen. Und dann würde ich mit ihnen in den Knast gehen, auch wenn ich längst raus war. Glaubt doch keiner einem Türken. Das wussten sie genau. Und trotzdem wollten sie nicht auf mich hören?

M. hatte recht gehabt. Familie, Freundschaft, Loyalität und Ehre? All das war gelogen. Es drehte sich nur ums Geld. Mit dem Geld zerbrechen alle Freundschaften. Bei Ugur konnte ich es noch verkraften. Aber Tolga war wie ein Bruder für mich nach allem, was wir durchgemacht hatten. Ugur bot mir an, weiterhin ein paar Prozente zu zahlen, inoffiziell. Offiziell wäre ich damit raus und müsste mich um nichts kümmern. Ich lehnte ab.

»Wenn die Bombe platzt und ich die Splitter abbekomme, verzeihe ich euch das nie.«

Ich habe dann mit meiner Mutter darüber gesprochen, dass ich aussteigen wollte. Natürlich wusste sie längst Bescheid. Ich konnte ihr nichts mehr vorlügen. Sie war froh, dass ich mich so entschieden hatte. Und da war ja noch ein Onkel in der Türkei, ihr jüngerer Bruder, Onkel Azis. Der betrieb einen Holzhandel in Istanbul. Dort könnte ich einsteigen. Das gab mir Auftrieb.

Ich lese da eine Geschichte in der ›Bild‹-Zeitung, die mich aufregt. ›Bild‹ Hamburg. Es ist nur eine kleine Geschichte, aber sie hat eine große und schön klingende Überschrift: GELUNGENE INTEGRATION.

Darin geht es um Folgendes: Die Integrationsbeauftragte der Bundesrepublik Deutschland, Maria Böhmer (CDU), besucht eine McDonald's-Filiale in Hamburg. Dort arbeiteten 25 Migranten. Afrikaner, Türken, Araber, Asiaten. Darauf ist der deutsche Filialleiter sehr stolz. Frau Böhmer lässt sich bei dem Pressetermin mit fünf dieser Migranten ablichten. Sie sagt, strahlend: »Das ist ein großer Erfolg und ein Beispiel für gelungene Integration.«

Ich kriege das Kotzen. Ein Beispiel für gelungene Integration? Dass man für einen Hungerlohn bei McDonald's im Akkord Hamburger zusammenklatschen darf? Das soll unser Ziel sein? Unsere Lebensleistung? Das sagt unsere Expertin für Integration? Liebe Neger, ist es nicht ein großartiger Erfolg, wieder auf der Baumwollplantage zu sein? Hat nicht schon Günter Wallraff vor fast 30 Jahren als Türke Ali bei McDonald's geschuftet und dabei vorsintflutliche Arbeitsbedingungen aufgedeckt? Alles schon wieder vergessen? Oder nie gelesen, werte Frau Böhmer?

Gute Nacht, Deutschland.

Ich ging nach Istanbul. Onkel Azis war damals etwa 40 Jahre alt. Ich hatte ihn als Kind ein paar Mal gesehen und konnte mich kaum an ihn erinnern. Er war eine Weile Asylant in Deutschland gewesen, weil er als Linksintellektueller Anfang der 80er-Jahre in der Türkei verfolgt worden war, wie viele andere auch. Ich war ziemlich euphorisch ... Istanbul war ein Abenteuer. Und ich hatte ja diese schönen Kindheitserinnerungen an die Menschen aus dieser Stadt, die ich in unseren Urlauben in Engin City kennengelernt hatte. Istanbul ist eine Weltstadt auf zwei Kontinenten, und das Marmarameer fließt durch sie hindurch. Eine pulsierende Stadt mit vielen Kulturen, die stinkt, die wohl riecht, die schön und hässlich ist. Istanbul war unglaublich, und ich spürte trotz allem kaum Aggressionen.

Die Stadt wuchs und wuchs, aber sie bestand nicht aus aneinandergeklebten Vierteln wie Hamburg oder Miami, sie war ein wucherndes Ganzes. In den Straßen Kinder, die Wasser aus Kanistern verkauften, Frauen mit Kopftüchern, Frauen in Gucci-Kleidern und Miniröcken, ein Mann auf einem Eselskarren, und dahinter hupte ein Ferrari. Natürlich existierte in Istanbul eine große Kluft zwischen Arm und Reich, aber irgendwie funktionierte dieses enorme Chaos. Es herrschte eine Aufbruchsstimmung.

Ich war in Istanbul ein Almanci, ein sogenannter Deutschländer. Ich habe mich schnell eingewöhnt und angepasst. Jedenfalls hat mich nie jemand in dieser Weise beschimpft. Wenn ich mein gebrochenes Türkisch sprach, fanden das die meisten eher sympathisch. Aber die Stadt ist auch ein Haifischbecken. Das habe ich im wirklichen Geschäftsleben erkennen müssen. Ich stieg mit einer nicht geringen Summe bei Onkel Azis ein, und ich musste schnell feststellen, dass weder die Türkei noch dieses Geschäft einfach waren. Ich hatte mir in der Türkei ein schönes Mercedes Cabrio gekauft, in aller Ruhe, da ja niemand hinter mir her war. Ich überredete Onkel Azis, das Holz direkt in Afrika einzukaufen und nicht über einen Zwischenhändler zu gehen. Diese Idee fand er ganz gut. Wir bestellten das Holz, es wurde gelagert, und dann haben wir die Baumstämme auf die Zwischenhändler verteilt. Onkel Azis hatte ein Wohnbüro unter der Fatih-Sultan-Mehmet-Brücke auf der asiatischen Seite, wo es eine Menge Fischrestaurants und altosmanische Villen gab. Das Wasser war praktisch vor der Tür, ich sprang einige Male hinein und bekam einen Juckreiz davon.

Ich habe auch Vater in der Türkei getroffen. Wir verabredeten uns in einem Café in der Nähe des Hauses, das ich ihm in Cesme gekauft hatte. Dort machten auch Ugur und Tolga gerade Urlaub, und ich wollte natürlich wissen, was in Hamburg so lief. Vater hatte mein Auto mit Istanbuler Kennzeichen schon vor dem Café gesehen. Er war total begeistert. Oğlum, mein Sohn, so ein schönes Auto, schwärmte er.

Er flehte mich regelrecht an, ob er eine kurze Spritztour damit machen könne. Ich konnte ihm diese Bitte ja schlecht abschlagen. Es dauerte geschlagene sechs Stunden, bis er wiederkam. Er hatte alle seine Kumpels und Verwandte abgeklappert um damit anzugeben, wie reich sein Sohn und er in Deutschland geworden seien. Er entschuldigte sich nicht einmal. Ich war völlig genervt. An diesem Abend gingen wir in eine kleine Bar, Ugur kam mit. Nachdem Vater ein paar Raki getrunken hatte, legte er los. Jemand habe in der Türkei einen Mordanschlag auf ihn verübt. Er sei von hinten mit einer Eisenstange niedergestreckt worden, nur mit Not sei er noch entkommen und später im Krankenhaus mit vielen Stichen am Kopf genäht worden.

Natürlich war ich wütend. In der Türkei war so etwas ja durchaus möglich, und meinem Vater beizustehen eine Ehrensache. Das ist sozusagen in uns drin.

Was ist das eigentlich, »Namus«, Ehre? Was bedeutet uns dieser Begriff?

Wenn mein Vater angegriffen wird, ist es meine Pflicht als ältester Sohn, meinen Vater zu schützen oder ihn sogar zu rächen. Ein Deutscher, dessen Vater von hinten niedergeschlagen wird, würde sagen: Das war schrecklich. Das war fies oder link. Dann würde er sich an die Polizei wenden. Für uns ist das nicht fies, sondern ehrlos, und wir bekommen es mit der Muttermilch eingetrichtert, dass wir Ehrengeschichten selbst zu regeln haben.

Dieser Ehrbegriff wird aber auch oft für Eifersucht missbraucht. Es ist ein schöner Begriff. Er entschuldigt alle Bluttaten. Er reinigt das Gewissen. Und der Begriff puscht den Täter, das ist der Sinn dieses Begriffes. Denn derjenige, der einen Ehrenmord begeht, wird ja auch von seiner Familie, seinen Verwandten und Freunden zu dieser Tat angestachelt, er wird von ihnen regelrecht aufgebaut. Die Ehre deiner Familie ist beschmutzt worden, sagen sie, und um diese zu sühnen, muss er mit Gott und seinem Gewissen im Reinen sein. Der Ehrbegriff dient also auch dazu, sich so lange unter Druck zu setzen, bis es zur Tat keine Alternative mehr gibt.

Dann wird die Tat zur Befreiung. Denn die Menschen haben doch Angst vor dieser Tat. Es ist ja nicht so, dass alle Ehrenmorde unter Türken oder Kurden einfach nur kaltblütig geschehen.

Ich bringe mal eben meine Frau oder meine Schwester um. Nein. Sie werden so weit getrieben, dass sie glauben, sie seien keine Männer mehr, wenn sie es nicht tun. Ehre ist ein gefährlicher Begriff.

Sehr oft ist es aber gerade in Deutschland der Fall, dass türkische Männer oder Jugendliche nur noch diese »Ehre« haben, an die sie sich klammern. Weil sie Menschen dritter Klasse sind (nach den Deutschen und den Europäern, wohlgemerkt, denn die Türkei ist ja nicht einmal in der EU), weil sie die Sprache kaum sprechen, schon mehrfach kriminell geworden sind, von Hartz IV leben oder nicht wissen, wie sie die nächste Miete bezahlen sollen.

Das Einzige, woran sie sich halten können, ist dieser Ehrbegriff. Sen adam degilsin. Du bist kein Mann! Das ist das Schlimmste, das sie sich vorstellen können. Die ganze Zeit haben sie sowieso die Arschkarte im Leben gezogen, ob selbst verschuldet oder nicht, und dann kommt auch noch der Vater und sagt: Sen adam degilsin, weil seine Tochter ihm in seinen anatolischen Augen Schande bereitet hat und er will, dass die Schwester umgebracht wird. Deshalb drehen so viele Migranten durch in Deutschland. Ob sie an einer dummen Discotür abgewiesen werden, ob ihre Freundin sie betrügt oder ob sie von jemandem nicht genug beachtet werden, es wird alles sofort zu einer Frage der Ehre für sie. Männlichkeit bedeutet für sie einzig Stärke und Gewalt.

»In der türkisch-muslimischen Männerwelt werden die Söhne nach einer schwarzen ›Pädagogik‹ erzogen, die die Väter schon von ihren Vätern erfahren haben«, schreibt die Soziologin Necla Kelek. »Schläge sind Macht, Respekt ist die Angst des anderen, Schande die eigene Schwäche, wenn man dem anderen nicht die Stirn bieten kann.« Ein Teufelskreis. Und wenn sie keine Ehre mehr haben, haben sie gar nichts mehr. Wir haben uns immer mit diesem Ehrbegriff gepuscht, so, wie es die Jugendlichen heute wieder tun.

Und dann wundern wir uns, wenn ein 15-Jähriger sagt: Du, meine Schwester hat nix mit Diskothek, sonst ich mach kaputt. Weil er aus Neukölln oder Wilhelmsburg kommt und außer dieser Ehre nichts anderes hat, nicht einmal einen Schulabschluss, geschweige denn eine Zukunft. Wenn man außer einem übertriebenen Ehrbegriff gar nichts hat, ist die Zündschnur ziemlich kurz.

Leider benutzen viele Jugendliche heute diesen Ehrbegriff als Entschuldigung selbst für die ehrlosesten Taten, wenn sie zu fünft über einen deutschen Jugendlichen auf seinem Weg zum Klavierunterricht herfallen, ihm sein Handy und seine Turnschuhe abknöpfen und ihn dabei noch genüsslich quälen.

Ich sage: Liebe türkische Jugendliche. Was ihr tut, ist nicht ehrenhaft. Es ist nicht männlich, und es hat nichts mit Stärke zu tun. Es ist feige, und ihr schadet euch nicht nur selbst, sondern auch euren Müttern, euren Geschwistern und uns allen. Ihr denkt, ihr tut etwas Männliches, aber es ist nur ein falsches Bild, das ihr habt. Wie viele deutsche Eltern bringen ihre Kinder heute lieber selbst zur Schule, als sie mit Bus oder U-Bahn fahren zu lassen? Das ist eure Schuld.

Wenn ihr diese Jugendlichen schlagt und ausraubt, dann schlagt ihr auch ihre Eltern, ihre Verwandten und Freunde, und dann werden auch sie euch hassen. Und wenn ihr oder eure Kinder später einen Job wollt, was glaubt ihr? Werden diese Leute euch einstellen und euch vertrauen?

Nein. Sie werden alles daransetzen, euch weiter auszugrenzen.

Vater hatte die Geschichte von dem Mordanschlag auf ihn natürlich dem halben Ort erzählt. Ich musste ihm jetzt also zur Seite stehen, sonst wären wir beide geächtet worden. So dachte er nun mal. Er wisse genau, wer ihn habe umbringen wollen, meinte Vater. Und dann nahm er mich am Arm und sagte: Sen vura cak sin. Du musst ihn abknallen.

»Aber Vater, du lebst doch noch, das ist unverhältnismäßig! Ich könnte ihm vielleicht in die Beine schießen …«

»Nein! Ich will, dass du ihn tötest! Keine Gnade.«

»Verlangst du das wirklich von mir?«

»Ja!«

»Papa, hat der Mann Familie und Kinder?«

Vater nickte.

»Und du hast kein Mitleid?«

Vater war das alles egal. Du musst ihn töten, sagte er nur, bring ihn um. Seine Augen waren groß und voller Hass.

Ugur brachte mich dann darauf. Er respektiere ja meinen Vater und so weiter, sagte er, um mich nicht auf dem falschen Fuß zu erwischen, aber ich solle doch vielleicht mal auf seinem Kopf nachsehen, ob da wirklich eine Narbe sei. Auf diese Idee wäre ich gar nicht gekommen. Und das war auch nicht leicht für mich, trotz allem, ihn in einer solchen Angelegenheit, von der schon die halbe Stadt wusste, als möglichen Lügner dastehen zu lassen. Es war aber immer noch einfacher, als 15 Jahre für ihn ins Gefängnis zu gehen.

Wieder trafen wir uns in der kleinen Bar.

Natürlich flippte er völlig aus. Natürlich weigerte er sich, mir eine Narbe zu zeigen, die nicht existierte. Dann fand er Ausflüchte. Okay, der Mann habe ihn nicht richtig getroffen, aber er habe versucht, ihn zu schlagen.

Wie konnte er mich nur so anlügen und von mir verlangen, mein Leben wegzuwerfen? Plötzlich sprang er auf und schrie Öldür, öldür, öldür! Töte, töte! Er rannte auf die Tanzfläche und begann sich zu drehen wie ein Derwisch, wieder eine seiner Übersprungshandlungen, wie ich sie noch aus Neuallermöhe kannte. Er war vollkommen verrückt. Später stellte sich heraus, dass es sich bei dem Mann, der ihn angegriffen haben soll, um einen befreundeten Bauunternehmer handelte, der einen Fahrstuhl in Vaters zweistöckiges Haus eingebaut hatte und den Vater einfach nicht bezahlt hatte.

Ich habe meinen Vater noch ein letztes Mal in Hamburg gesehen, ein Jahr später, in der Boutique meines Bruders im Schanzenviertel. Er war stinkfreundlich. Er hatte wieder geheiratet und wollte, dass ich ihm Geld gebe, 20 000 Mark. Damit er seiner 50-jährigen Frau in den USA eine künstliche Befruchtung und uns ein kleines Geschwisterchen schenken könne.

Aber da war er für mich bereits gestorben.

Er hatte keine Macht mehr über mich.

Als ich Ugur und Tolga in Cesme getroffen hatte, hatten wir uns zu Anfang noch ein Küsschen auf die Wange gegeben. Der Abschied verlief wesentlich kühler.

»Na, Sam, willst du's dir nicht noch mal überlegen?«, sagte Ugur. »Du bist mein Freund, du gehörst doch zur Familie, du kannst gern deinen Anteil haben …«

Nein. Wenn ich einmal mein Wort gegeben habe, bleibe ich dabei. Ich sagte ihnen, schaut doch mal, wie schön das hier ist, was wir hier alles machen könnten, und vielleicht gehen wir noch nach Amerika.

Irgendwann war sogar Sülo in Cesme aufgetaucht, in seinem 600er Mercedes. Wir hatten ein bisschen Party gemacht, aber es war nicht mehr wie früher gewesen.

Ich war ein gutes Jahr in Istanbul. Die Stadt war schön, aber ich konnte mich mit dem Holzgeschäft nicht recht anfreunden. Ich war nicht wirklich ausgelastet. Mein Onkel gab mir nicht viel von seiner Arbeit ab. Ich hatte keine Termine wahrzunehmen, keine Buchhaltung, keine Deals zu machen. Ich langweilte mich. Die meiste Zeit fuhr ich einfach herum. Und ich hatte ein Handicap: Ich konnte nicht sehr gut Türkisch, ich konnte es kaum lesen und schreiben. Auch die Leute in der Holzbranche waren einfache Menschen, und sie sagten manchmal: Sam, warum gehst du nicht ins Ausland? Was willst du hier? Ich wollte ja immer etwas Kreatives machen. Da kam mir diese Idee, mein alter Traum von Amerika.

Ich fragte Onkel Azis, ob er einverstanden sei, wenn ich nach New York ginge. Er war sehr nett und meinte, wenn es schieflaufe, könne ich jederzeit wieder bei ihm einsteigen. Kein Problem. Er war ohnehin mehr ein Einzelgänger. Meine finanzielle Einlage würde ich im Geschäft lassen und dafür jedes Jahr 15 Prozent Rendite bekommen. Ein Jahr hielt er sich auch daran. Dann kam eine Wirtschaftskrise in der Türkei, und die türkische Lira wurde um die Hälfte abgewertet. Auch Onkel Azis erwischte es.

Ich habe über die Jahre den größten Teil meines Geldes von Onkel Azis wiederbekommen. Er ist ein ehrlicher Mensch. Aber er schickte es mir immer nur in kleinen Summen, so, wie er eben konnte, und ich habe das Geld in den Casinos und Spielsalons sofort wieder ausgegeben. Na ja, ich sehe die Sache heute so: Ich habe in meinem Gangsterleben nie einen Cent Steuern bezahlt, aber in den Casinos habe ich eben doch meinen fairen Anteil an den Staat entrichtet. Wenn ich zynisch wäre, würde ich sagen: Haram zu Haram. Schlechtes Geld gesellt sich gern zu schlechtem Geld.

Das soll mir recht sein.

Welcher Vogel hatte mir bloß ins Ohr geflüstert: Jetzt flieg mal nach Amerika und werde dort Schauspieler? Ich hatte wirklich gedacht, es gibt doch noch keinen türkischstämmigen Actor in Hollywood? Es gab einen Albaner, James Belushi. Einen Belgier, Jean-Claude Van Damme, den Österreicher Arnold Schwarzenegger, es gab haufenweise Italiener und Spanier und einige Deutsche, aber warum hatte noch kein Türke Karriere in Hollywood gemacht? Da müsste ich doch nur hingehen und man würde mich bereits erwarten. Ich kann reden, ich kann auftreten, ich kann verkaufen und überzeugen – ich könnte doch einen Gangster spielen, oder etwa nicht?

Ich habe es sehr ernsthaft versucht, wie immer in meinem Leben. Ich war einige Monate in New York und habe Schauspielunterricht genommen. Ich wurde ausgebildet in method acting, ich habe versucht, in Little Italy und SoHo die Gangster schon auf der Straße zu erkennen und sie nachzumachen. Einmal glaubte ich, einen zu sehen, ging auf ihn zu, festen Schrittes, und hatte die rechte Hand in der Tasche, als hielte ich eine Pistole; er ist dabei tatsächlich nervös geworden und griff in seine Tasche. Auch Touristen haben mich manchmal für einen italienischen Gangster gehalten. Ich habe festgestellt, dass die Verhaltensregeln der Unterwelt tatsächlich überall die gleichen sind. Das merkte ich auch in den Clubs, im Gebaren der Türsteher oder daran, wie mich die Farbigen bei den Boxkämpfen, die ich manchmal besuchte, abcheckten.

Nur, was nützte mir das?

Ich bin dann nach Los Angeles gegangen und habe weiteren Unterricht genommen. Das konnte ich ja alles noch bequem bezahlen. Ich wohnte in einem schönen Appartment in Beverly Hills und kaufte mir einen schicken Sportwagen. Ich denke, ich war tatsächlich der erste Türke aus Hamburg-Lokstedt, der jemals in Beverly Hills wohnte. Und ich bin auch einmal zu einer Party in die Playboy Mansion von Hugh Hefner eingeladen worden. Es war eine Motto-Party, wie sollte es auch anders sein, eine Art Dessous-Fete. Natürlich hat mir das Spaß gemacht, unter diesen 2000 oder 3000 sogenannten Auserwählten der alternden Legende zu sein. Okay. Aber was nützte es mir?

Ich war mehr als ein Jahr in Los Angeles, und vielleicht wäre es mir sogar noch gelungen, in irgendeinem Film eine kleine Rolle zu kriegen, hätte ich offizielle Arbeitspapiere gehabt. Eine Greencard. Wer weiß. Einer meiner Lehrer sagte: Sam, du könntest wunderbar einen Terroristen spielen. Na prima. Als meine Ersparnisse dahinschmolzen wie Eis in der Sonne, hat mich auch noch so ein Anwalt beschissen, der mir eine Greencard versprochen hatte. Und das mir. Der Hamburger Gangster, der ausgezogen war, große amerikanische Gangster zu spielen, wird von einem dahergelaufenen Winkeladvokaten abgezogen. Der Mann, der einmal gestandene Geschäftsleute um Millionen erleichtert hatte, ist einem Märchenerzähler auf den Leim gegangen wie ein Au-pair-Mädchen.

Ich bin in den USA grandios gescheitert.

Da rief Soner an.

Leute werden verhaftet in Hamburg. Die Kacke ist am Dampfen. Ugur und Jens Firma ist hochgegangen, sagte Soner. Ich rief Ugur an. Ja, stimmt, bestätigte Ugur. Polizei und Staatsanwalt ermitteln, und er habe gehört, auch das FBI und Interpol seien eingeschaltet. Ich musste zurück. Wenn ich mich irgendwie gegen Anschuldigungen wehren konnte, dann in Hamburg. Ich wollte ja auf keinen Fall in den USA in den Knast gehen, außerdem war mein Visum ohnehin seit einem halben Jahr abgelaufen.

Jens und Henning sind in Hamburg just an dem Tag verhaftet worden, an dem Ugur und Tolga verschwunden waren. Meine Freunde hatten sich in die Türkei abgesetzt, ich wusste natürlich, wo sie waren. Ich flog nach Istanbul. Inzwischen wurden in Hamburg auch einige von Ugurs und Tolgas Verkäufern verhaftet.

Während der zweiten Verhaftungswelle traf ich die beiden ein letztes Mal in Cesme. Es kam zum endgültigen Bruch zwischen uns. Jens sagte unterdessen bei der Polizei munter aus. Er belastete vor allem mich, aber das wusste ich noch nicht. Ich empfand das als Verrat. Nicht, dass Jens uns alle hingehängt hat. Natürlich war das link. Aber der wirkliche Verrat kam von Ugur und Tolga. Weil sie nicht auf mich gehört hatten. Sie hatten mir ein neues Leben versprochen, wenn ich ihnen das Okay für einen letzten Deal gebe, und sich nicht an diesen Teil der Abmachung gehalten. Auch das wäre nicht so schlimm gewesen. Aber sie haben mich da mit hineingezogen. Sie erzählten allen in Hamburg, ich sei noch dabei, ich kassiere Prozente, wo ich schon lange in Istanbul und später in den USA war.

Das war der Verrat.

Als ich das rauskriegte, habe ich Ugur zur Rede gestellt.

»Wollt ihr mich verarschen? Ugur, weißt du noch, was wir damals abgemacht haben? Ich wollte kein Geld mehr von euch und ihr solltet mich raushalten. Jetzt häng ich mit drin. Dann gib mir wenigstens die Prozente, die du mir damals versprochen hast.«

Ugur meinte, er habe kein Geld. Er habe Hals über Kopf fliehen und alles zurücklassen müssen. Und ich hätte überdies doch von allem gewusst.

»Wie du meinst. War da jemals eine Freundschaft zwischen uns? Oder war das alles nur des Geldes wegen …«

»Nein, Sam, du bist doch wie meine Familie …«, sagte Ugur.

Nein, danke. So verhielt man sich nicht gegenüber einem Bruder.

Wir haben uns nicht einmal mehr verabschiedet.

Von Istanbul flog ich nach Hamburg. Ich wollte es wissen: Läge bereits ein Haftbefehl gegen mich vor, würde man mich gleich am Flughafen festnehmen. Am Flughafen Fuhlsbüttel untersuchte aber nur der Zoll meine Taschen. Das war alles.

Die Mühlen der Justiz mahlen langsam, aber sie mahlen gründlich. Die Polizei kam erst 2001 zu mir. Ich habe meine Strafe bekommen für eine Betrügerfirma, mit der ich nichts zu tun hatte, und für einen Deal, von dem ich keinen Cent gesehen hatte. Ironie des Schicksals: Die anderen Sachen waren alle schon verjährt.

Was soll es. Ich habe meine Strafe bekommen, egal wofür.

Ich wohnte bei Mutter in Uhlenhorst, und das war eigentlich die schlimmste Zeit. Ich konnte jeden Tag verhaftet werden. Jeden Morgen wachte ich mit der Angst im Bauch auf, heute kommen sie dich holen und dann gehst du für vier oder fünf Jahre ins Gefängnis. Ich konnte ja schlecht bei der Polizei anrufen und fragen: Na, wie weit seid ihr? Ich hatte wieder eine Freundin, Sandra. Ich nahm Schauspielunterricht, aber es war alles nur noch eine Farce. Natürlich hatte hier niemand auf mich gewartet, keine Agentur interessierte sich für mich. Gleichzeitig hörte ich, wie immer mehr Türken erfolgreiche Schauspieler in Hamburg wurden. Aber mir kam alles so sinnlos vor. Denn von einem Moment auf den anderen würde ich im Knast sitzen, für viele Jahre, dachte ich. Tja. Ich wollte mich selbst resozialisieren, aber die Justiz würde mich nicht in Ruhe lassen, so viel war sicher. Ich hatte kaum eine Chance, mir ein Leben aufzubauen. Ich vegetierte dahin, und das war psychisch kaum auszuhalten.

Ich hatte in Hamburg noch die ein oder andere tätliche Auseinandersetzung. Die Welt hatte sich ja nicht geändert. Es gab immer noch Türkenfeindlichkeit, und ich wurde beleidigt wegen meiner Herkunft. Man fällt schnell wieder in alte Muster zurück. Es fiel mir schwer, mein Temperament zu zügeln. Aber als ich wieder einmal jemanden halbtot geschlagen hatte – es war eine Auseinandersetzung mit einem rechtsradikalen Arschloch in der Beluga-Bar –, habe ich der Gewalt endgültig abgeschworen. Ich sagte mir, das ist jetzt das Leben, das ich führe, ich muss jetzt da durch, ich habe nicht mehr die Macht, die ich früher hatte, und ich will niemanden mehr verletzen.

Ich habe dann noch eine ziemlich kopflose Flucht unternommen, zusammen mit Sandra. Wir fuhren nach Amsterdam und flogen nach Istanbul. Ich hätte dort bleiben können, bei Onkel Azis. Aber in der Türkei habe ich gemerkt, dass ich auch nicht mehr weglaufen wollte. Ich hätte mich nicht freiwillig gestellt, aber ich wollte mich nicht verstecken. Wir flogen von Amsterdam nach Berlin. Dort blieben wir eine Weile bei Verwandten von mir. Die Beziehung zu Sandra ging nicht lange gut. Gar nichts geht gut, wenn man nicht weiß, wie es morgen weitergehen soll.

Erst als Heiner schon vor Gericht stand, kam ich an die Reihe. Ich wohnte wieder bei Mutter, und ein paar Tage später klingelte es, morgens um zehn. Ich wusste: Es ist die Polizei. Ich war sogar erleichtert. Zwei Jahre war nichts passiert, und jetzt hatte die Ungewissheit endlich ein Ende.

»Ich habe Sie erwartet«, sagte ich.

Es waren fünf Beamte in Zivil. Eine Frau, vier Männer. Mutter war traurig, aber nicht geschockt.

»Lassen Sie meinen Sohn in Ruhe. Er hat doch schon lange aufgehört. Er ist ein lieber Junge«, sagte sie.

Sie durchsuchten kurz die Wohnung und sahen, dass wir beileibe nicht in Saus und Braus lebten. Sie waren eigentlich sehr nett. Einer sagte noch: Mach was, such dir ’n Job. Ich wurde nicht einmal abgeführt. Aber es war klar: Ich musste für meine Vergangenheit bezahlen. Ich besorgte mir einen Anwalt, und die Sache nahm ihren Lauf. Dieser Anwalt war ein Deutscher, Ulf-Diehl Dreßler. Er setzte sich wirklich für mich ein.

Jens machte den Kronzeugen. Er handelte sich damit einen Deal über drei Jahre und neun Monate aus. Ugur und Tolga hatten mit Jens als Partner und Frontmann die ganze Zeit noch richtig abgezockt. Es müssen viele Millionen gewesen sein. Die meisten der Großkunden sind in den Urteilen gar nicht aufgetaucht, weil sie es vorgezogen hatten, nicht zu klagen. Dann hätten sie ja erklären müssen, woher das Schwarzgeld kam, um das sie erleichtert worden waren. Jens, Ugur und Tolga hatten insgesamt noch drei Firmen gegründet, seit ich weg war. Aber Jens sagte vor allem gegen mich aus, denn ich war ja der Einzige, der nicht geflohen war und den die Justiz jetzt in den Fingern hatte.

»Cem Kalender Gülay, geboren am 21.09.1970 in Hamburg, wird angeklagt, (...) gemeinsam mit den gesondert Verfolgten Ugur und Tolga (...) als Hintermann (...) die allein zu Betrugszwecken dienende Firma Continental Capital Management (CCM) mit angeblichem Sitz in George Town / Grand Cayman Islands, Harbour Centre P.O.Box 613 (...) geführt (...) und eine noch unbestimmte Vielzahl von Kapitalanlegern (...) betrogen zu haben, die erhebliche Anteile der eingegangenen Kundengelder (...) auf Konten der OTP-Bank in Budapest überwiesen, (...), so die Kunden um ihr Geld brachte und sich an den Kundengeldern bereicherte, (...) von den nachstehenden Geschädigten umgerechnet mindestens DM 4 957 195,74 betrügerisch eingeworben hat (...)«, verlas der Staatsanwalt einen wirklich fünfminütigen Mammutsatz seiner Anklageschrift.

Ich wusste ja, dass es irgendwann schiefgehen musste. Aber ich hatte immer gehofft, dass mein Anteil an den Betrugsgeschichten bis dahin verjährt sein würde. Ich sei der »Kopf der Schlange«, sagten dann Jens und Heiner in den Verhandlungen aus. »Der Türke war's. Der Türke hat es geplant, der Türke hat uns angestiftet«, zeterte Jens in einem fort. Der Türke dies, der Türke das – das störte mich fast noch mehr als seine falschen Behauptungen. Ich sei der Brutalste gewesen, ich hätte alle geschlagen und eingeschüchtert, und nur aus nackter Angst vor mir hätten sie alle für mich gearbeitet. Das hat der Staatsanwalt natürlich geglaubt. Der Richter glaubte ihnen nicht, meinte aber, ich solle bluten. Sie wussten ja, dass ich einiges auf dem Kerbholz hatte. Sie wollten mich nicht davonkommen lassen. Ich habe mich damit einverstanden erklärt und habe das auch so meinem Anwalt gesagt. Okay, für das, was ich früher gemacht habe, will ich auch eine Strafe haben.

Ich hatte Glück.

Ich bekam Bewährung. Zwei auf vier Jahre und 50 000 Euro Geldstrafe. Darin war die gesamte Betrugsgeschichte enthalten und auch eine Anklage wegen unerlaubten Waffenbesitzes, meine alte Neun-Millimeter, die sie einmal bei einer Verkehrskontrolle im Handschuhfach gefunden hatten. 5000 Euro an die Staatskasse und 45 000 an das katholische Hilfswerk und das Kinderkrebszentrum am UKE. Bis zum Frühjahr 2009 zahlte ich monatlich 1000 Euro an diese Einrichtung.

Das tat ich gerne.

In einer der Verhandlungen, es ging um die Waffe, bekam ich einen Richter, der als besonders liberal galt. Ich hatte mich mit ihm vor der Verhandlung eigentlich ganz gut verstanden. Er war sehr sympathisch. In der Hauptverhandlung aber wechselte er plötzlich den Tonfall.

»Herr Gülay, verstehen Sie Deutsch? Brauchen Sie einen Dolmetscher?« Er sah mich an und wiederholte das Wort: »Dol-met-scherrr.« Was sollte das? Wir hatten uns doch vor der Verhandlung noch ganz normal unterhalten? Der Anwalt mischte sich ein. »Sie wissen doch Herr Richter, der Mann ist Deutscher ...« – Der Richter winkte ab. »Hier steht, dass er Türke ist.«

In der Verhandlung wurde er dann wütend und schrie mich an: »Herr Gülay! Wir sind hier nicht in der Türkei. Das müssen Sie endlich mal kapieren. In unserem Land gibt es so etwas nicht, Ehre, Loyalität, jemanden decken und nicht aussagen wollen. Hier sagt man die Wahrheit. Wenn Sie das nicht kapieren wollen, dann haben Sie in diesem Land nichts zu suchen. Sagen Sie jetzt aus.« Ich berief mich auf Paragraph 52 der StPO (Strafprozessordnung), demzufolge ich mich nicht selbst belasten müsse.

Natürlich deckte ich denjenigen, von dem ich die Waffe gekauft hatte. Warum sollte ich ihn hinhängen? Und wieso gibt es in Deutschland keine Loyalität? Hatte sich nicht sogar der ehemalige Bundeskanzler Helmut Kohl geweigert, in der CDU-Spendenaffäre die Namen der Spender zu nennen, weil er ihnen sein Wort gegeben hatte? War Helmut Kohl jetzt auch ein Türke? Ich sagte nicht aus. Das war mein Recht als Angeklagter.

Meine Strafe war vielleicht zu milde. Ich hatte keine Weicheier als Richter, aber ich hatte eine gewisse Sozialprognose. Die Richter sahen, dass ich mich bemüht hatte, mit meiner kriminellen Vergangenheit aufzuräumen, und honorierten das. Mit einem strengen Richter hat man sogar bessere Chancen. Er muss sich nicht vorwerfen, dass er zu milde war … Er sah, dass es Resozialisierungspotenzial gab. Davon konnte ich ihn überzeugen. Fünfzig-Fünfzig, sagte der Richter. So sähe er meine Chancen, wieder rückfällig zu werden. Ich gab ihm mein Wort, dass ich sauber bleiben würde.

Erst als ich rechtskräftig verurteilt war, atmete ich wieder auf. Das war im April 2004. Fünf Jahre wurde gegen mich ermittelt, ein halbes Jahr zog sich der Prozess hin. Fünf Jahre war ich im Ungewissen und verzweifelt gewesen.

Ich betrachte das als einen Teil meiner Strafe.

»Das Schlimmste ist, ein ganz normaler Niemand zu sein«, sagt der Gangster Henry Hill am Ende des Films ›Good Fellas‹, nachdem er gegen seine Leute ausgesagt hat und über das Zeugenschutzprogramm in irgendeiner kanadischen Kleinstadt gelandet war. Der Film basiert auf einer wahren Geschichte. Henry Hill sitzt jetzt in seinem Reihenhaus und bekommt nicht einmal mehr vernünftige Spaghetti, sondern nur noch Eiernudeln mit Ketchup, beschwert er sich am Ende.

Und es stimmt. Ich kann diese Gefühle bestätigen. Ich hatte Glück, ich habe niemanden umgebracht und ich musste nicht ins Gefängnis. Ich habe niemanden verraten. Das hätte ich auch nicht getan, wenn ich Vorteile davon gehabt hätte. Aber früher hatte ich alles, jetzt war ich nur noch ein Arsch. Ich hatte keinen Job und keine Perspektive. Es feierten keine Prinzen und Schauspieler mit mir. Ich hatte mein Leben verspielt. Ich hatte keinen Antrieb mehr. Man verliert dann die Achtung vor sich selbst.

Fast alle träumen, früher oder später, von einer Familie und einem seriösen Leben. Unser Problem bestand darin, dass wir nicht wussten, wie wir das anstellen sollten. Wie konnten wir dieses Leben hinter uns lassen? Was würde uns denn danach erwarten? Wenn ich heute Freunde und alte Bekannte auf der Schanze treffe, die immer noch Gangster sind, dann sagt mir kein Einziger, er sei glücklich mit dem, was er tue. Aber auch diejenigen, die ausgestiegen sind – meist unfreiwillig –, können mir nichts von Glück oder Zufriedenheit berichten. Wer gibt ihnen schon einen Job?

Für Neonazis gibt es eine Menge Resozialisierungsprojekte. In einem Cartoon der Zeitschrift ›Stern‹ sagt ein Neonazi zu einem solchen Ausstiegsberater: »Also gut. Für eine Eigentumswohnung mit Wasserblick in der neuen Hafencity, einen Mittelklassewagen und eine monatliche Rente bin ich bereit, meine nationale Gesinnung noch einmal zu überdenken.« Das ist natürlich übertrieben. Aber für straffällig gewordene Migrantenkinder gibt es solche Programme nicht. Dabei wären viele gern ausgestiegen, wenn sie einen Weg gesehen hätten. Ich möchte hier nicht Straftäter zu Opfern machen. Nur eines ist klar – fast alle werden rückfällig. Angebote und Möglichkeiten gibt es genug.

Ich könnte das Warentermingeschäft heute noch machen. Ich brauche es ja nicht hier zu tun. Ich gehe nach Mallorca, melde eine Firma in Gibraltar oder auf den Caymans an. Ich besorge mir ein paar gute Verkäufer und eine Bankverbindung in London – fertig. Alles, was ich brauche, sind 100 000 Euro Startkapital. Ich beauftrage ein Callcenter in London oder miete dort ein Büro mit Sekretärin. Man kann alles mieten, für jeden Zweck. Die nehmen meine Kundengespräche an und leiten sie an mich nach Mallorca weiter. Der Kunde denkt, ich sitze in London, und die Polizei wird es schwer haben, mir auf die Schliche zu kommen.

Warum mache ich es nicht?

Weil ich nie wieder etwas wirklich Illegales tun möchte. Weil ich es dem Richter, meiner Mutter, weil ich es mir selbst versprochen habe. Weil ich gesehen habe, dass Geld nicht glücklich macht.

Geld ist doch nicht alles, Papa.

Weil ich weiß, dass es am Ende nicht lohnt, und weil mich

meine jüngeren Brüder erst jetzt wirklich achten. Weil Soner immer Angst um mich gehabt hatte. Nicht, als ich ein Gangster war und viel Geld hatte, bewunderten sie mich, sondern jetzt, nachdem ich ausgestiegen war.

Persönlich kenne ich keinen, der sein Geld behalten hat. Sie haben es irgendwann alle verloren. Es bleibt nur für kurze Zeit. Ich kannte jemanden, der hatte bestimmt 30 oder 40 Millionen gemacht. Er hat heute nichts mehr. Es gibt immer stärkere Gangster, die schwächere Gangster fressen. Man braucht immer Unterstützung, ob in Hamburg, in den USA oder in der Türkei, irgendjemandem muss man vertrauen, und das geht dann schief. Es zerrinnt allen. Gut, es mag Ausnahmen geben. Aber jeder, den ich kannte, hat seine Strafe bekommen, auf die eine oder andere Weise.

Chicken George, der Verkäufer von Comisco, der sich damals einen Porsche gekauft hatte, ohne einen Führerschein zu haben, ist Musiker geworden und verbreitet heute auf dem Kiez das Wort Jesu. Sülo lebt in der Türkei. Die Hamburger Polizei hatte Dartpfeile auf sein Erkennungsfoto geworfen, das hat mir ein Türke erzählt, der das mal bei einer Vernehmung gesehen hat. Sülo war weder ein Mörder noch ein Terrorist. Er hat nicht mal jemanden geschlagen. Er konnte nur gut reden und hatte viel Geld. Eigentlich war er nichts weiter als ein kleiner Ganove. Er hatte schon einige Vorstrafen, und dann kam einer und sagte, er habe jemanden ins Bein und damit zum Krüppel geschossen. In der Türkei wartete er auf sein Urteil. Er bekam sechs Jahre. Da ist er lieber gleich in Istanbul geblieben. Er hat dort nie einen Fuß auf den Boden bekommen. Neulich hörte ich, er sei Zuhälter geworden. Er verkaufe jetzt Frauen aus Russland und der Ukraine. Gratuliere.

Ertan, ein recht intelligenter Schulkamerad von mir am Gymnasium in Eimsbüttel, der allerdings wegen zu vieler Fehlstunden die Oberstufe nicht geschafft hatte, dealte Heroin und Kokain im großen Stil. Er wurde von anderen Dealern erschossen. Chris saß zwei Jahre. Er ist heute Unternehmensberater in Hamburg.

Reece und Roby haben eine kleine Werbeagentur gegründet. Onkel Can ist Unternehmensberater. Heiner saß drei Jahre, er war wegen Warenterminbetrugs bereits vorbestraft. Nach seiner Entlassung arbeitete er eine Weile in einem Callcenter. Er ist heute ein Sozialfall. Jens saß eine kurze Zeit ab, dann kam er als Freigänger wieder raus. Er macht immer noch zwielichtige Finanzgeschäfte, was mich ein wenig wundert, aber vielleicht hält er sich ja als Informant ganz gut über Wasser. Viktor lebt von Hartz IV. Ich habe ihm zuletzt 20 Euro geliehen. Der kleine Albaner, der damals von Viktor 10 000 Mark wollte, ist heute Gastronom. Er hat mit 55 Jahren den Ausstieg geschafft. Murat, der Inkasso-Türke, wurde ebenso wegen Warenterminbetrugs verurteilt. Er saß ein Jahr und versuchte sich dann als Möbelverkäufer. Hochintelligent, stellt er heute Spielautomaten auf, um seine Familie durchzubringen.

Die rechte Hand von M., ein Deutscher, sitzt wieder im Knast. Der Typ mit Samurai-Schwert hat wegen der Handgranate 13 Jahre bekommen. Er sitzt noch immer in Hamburg im Knast und wird danach abgeschoben werden, ebenso wie der dicke Hassan. Entspann-dich-Ali hat sich selbst resozialisiert. Er hat das Abitur nachgemacht und vermittelt recht erfolgreich, wie man hört, zwischen deutschen und türkischen Unternehmen. Der Kurde, mit dem Mesut Stress hatte, bekam acht Jahre wegen Erpressung. Er hat sie zu zwei Dritteln abgesessen und ist heute sehr ruhig und friedlich, soweit ich weiß. Irgendwie lässt sich vielleicht daraus ableiten: Wer nicht in den Knast kam, hatte die besseren Chancen.

Seko ist immer noch Gangster. Von Momo habe ich nie wieder etwas gehört. Wie von den meisten der 100 Gangster und Soldaten der türkischen Gangsterorganisation, die damals im Meyer Lansky feierten. Sofern sie überhaupt noch leben, leben sie von Hartz IV oder schlagen sich mit Minijobs durch. Man sieht sie nicht mehr. Viele sind verschollen. Diese Zeit ist vorbei.

Und Ugur und Tolga?

Sie leben seit acht Jahren in der Türkei. Ich habe gehört, dass Ugur in der Türkei Ärger hatte und man ihn entführen wollte.

Ich hatte ihn einmal im Fernsehen gesehen. In der Sendung Aktenzeichen XY wurde er gesucht. Es hieß, er habe als Betrüger 17 Millionen Euro erbeutet. Doch das glaube ich nicht. Auf 17 Millionen Euro belief sich vielleicht der Gesamtschaden, den er verursacht hatte, aber nicht sein Gewinn. An diesen Millionen haben viele verdient. Doch jetzt jagten ihn die Mafiosi in der Türkei, die auch Aktenzeichen XY gesehen hatten und nun 17 Millionen Euro bei Ugur vermuteten. Ich habe gehört, dass sie ihn auch erwischt und mehrere Tage gefoltert haben. Was genau sie mit ihm gemacht haben, weiß ich nicht. Er soll heute in der Türkei recht paranoid herumlaufen. Er hat wohl auch seine Strafe bekommen. Es gibt kein Happy End in diesem Geschäft. Die Gebrüder Ugur und Tolga G. stehen jedenfalls noch immer auf der Fahndungsliste des BKA ganz oben. Unter den zehn meist gesuchten Verbrechern Hamburgs.

Nur Mesut hat es geschafft. Er kam irgendwann aus der Türkei zurück und saß einen Teil seiner Strafe in Deutschland ab. Als er dann auf Freigang war, arbeitete er in einem Kiosk. Das muss ihm irgendwie gestunken haben, und da ist er wieder getürmt. Dieses Mal nach Kanada. Dort hat er geheiratet. Er ist Vater von zwei Kindern. Mesut hat in Kanada eine Erfindung gemacht und sich diese patentieren lassen. Es ist ein Nutzwasserfiltersystem. Dieses System gewann mehrere Umweltpreise. Er vertreibt es heute weltweit – sogar an die US-Army. Ich bin ein wenig stolz auf ihn.

M. rief gerade an. Das Handy klingelte, und auf einmal ist er dran.

Mensch, alter Schwede, seit wann bist du denn wieder da?

Es ist schon komisch. Er ist wieder aus dem Gefängnis. Nach sieben Jahren Knast und seiner Abschiebung ist er wieder in Hamburg. Ich freute mich, seine Stimme zu hören. Zuerst waren wir eine Weile ganz wortkarg. Er klang anders als früher. Irgendwie gedrückt, leiser vielleicht. Dann wurde seine Stimme wieder lebendig. Es gehe ihm gut. Aber er müsse sich noch einer Operation unterziehen, wegen der Verletzungen, die er einst von einem Schuss in den Magen in der Türkei davongetragen hatte. Die Kugel steckte noch immer in seinem Körper, und sie war inzwischen gewandert.

Er wusste ja schon im Gefängnis, dass ich ein Buch schreibe. Ich hatte ihn durch einen Freund fragen lassen, ob er damit einverstanden sei. Er habe nichts dagegen, ließ er mich wissen. Es gab da aber noch ein kleines Missverständnis auszuräumen. Er meinte, ihm sei zu Ohren gekommen, ich würde mit ihm nichts mehr zu tun haben wollen, und das mache ihn sehr traurig. Bei solchen Dingen muss man sehr vorsichtig sein. Ich konnte seine Befürchtungen aber zerstreuen. Ich wusste nämlich schon, wer in Hamburg noch immer miese Gerüchte über mich verbreitete.

Irgendwie hört das doch nie auf.

Ich sagte ihm, er solle jetzt erst mal gesund werden. M. ist ein Kämpfer. Er wird das gut überstehen, denke ich. Und ich denke auch, dass jetzt einige Leute nasse Hosen bekommen in Hamburg und auf dem Kiez.

Ob sich dadurch, dass ich meine Geschichte erzähle, etwas ändert, weiß ich nicht. Es muss sich aber etwas ändern. Und dazu möchte ich irgendwie beitragen. Es macht mich einfach wütend, dass kluge Köpfe aus Politik, Wirtschaft, Medien und Kirchen 40 Jahre lang nichts oder zu wenig für die Integration der Türken in Deutschland getan haben, dass sie jetzt erst damit anfangen.

Ausgerechnet mit ehemaligen rechten Schlägern aus der Hamburger Szene, mit einstigen Türkenhassern der schlimmsten Sorte, habe ich in den letzten Jahren die herzlichsten Begegnungen erlebt. Der glatzköpfige Hooligan, dieser Hüne, der Tolga damals als Perser und Kanake beschimpft hatte und den wir vor dem Traxx zusammen krankenhausreif geschlagen haben, sprach mich vor zwei Jahren in einer Hamburger Diskothek an. Ich habe ihn gar nicht erkannt, er hatte jetzt einen bürgerlichen Haarschnitt, richtige Löckchen, und er trug ganz normale Klamotten. Er war nicht aggressiv. Er habe der rechten Szene abgeschworen, sagte er. Es tue ihm leid, dass er Tolga beleidigt habe.

Dann sagte ich ihm, es tue mir auch leid. Es war eine echte Versöhnung, die mich wirklich berührt hat. Die Sache lag 15 Jahre zurück, und es hatte ihn so lange beschäftigt.

Wenn sich ein ehemaliger Rechtsradikaler und ein verurteilter türkischer Gangster aussöhnen können, ist die Sache noch nicht verloren, dann lässt sich auch in anderen Fällen um gegenseitiges Verständnis und gegenseitigen Respekt werben. Ich glaube, es ist nicht zu spät. Wir müssen uns anstrengen, vielleicht weniger für uns selbst als für die nachfolgenden Generationen.

Ausreichende Bildung, so hören wir überall, sei der Schlüssel zu mehr Integration. Ich hatte eine ausreichende Bildung und viele andere auch. Und was ist aus mir geworden? Ausreichende Bildung für alle ist eine Grundvoraussetzung, aber nicht die einzige Ursache. Ihr müsst einfach kapieren, dass wir hier leben und auch bleiben werden. Wir sind nicht wie unsere Väter, wir sind keine Gastarbeiter mehr. Und eure Institutionen müssen uns in das System eingliedern und uns gleich behandeln.

Das ist die Wurzel des Übels.

Aber bevor wir etwas ändern können, müssen wir uns versöhnen. Und damit meine ich vor allem die, die seit 30 Jahren Krieg miteinander führen. Der Hass und die Aversion müssen abgebaut werden auf beiden Seiten. Man muss den Türken und anderen Migranten das Gefühl geben, dass Leistung und Anstrengung sich lohnen, egal, welcher Herkunft man ist. Wir wollen nicht bevorzugt werden. Wir wollen keine Geschenke, kein Mitleid. Wir wollen niemandem ein schlechtes Gewissen einreden. Wir wollen nur gleiche, faire Chancen für alle. Wir brauchen Bildungsangebote und keine Böhmer-Jobs im Schnellimbiss.

Heute gibt es endlich die Erfolgsstorys, die ich damals so vermisst habe. Wenn Mehmet Kurtulus Tatortkommissar wird, wenn Hassan Ali Mete es zum Arzt in der heiligen Lindenstraße brachte, wenn Fatih Akin zum wichtigsten deutschen (!) Regisseur avancierte und Sibel Kikelli den Goldenen Bären gewann, wenn junge Türken heute Karrieren im Management gelingen, ist das ein kleiner, großer Fortschritt.

Zuerst und vor allem müssen diese ganzen Negativkampagnen aufhören. Angefangen bei den EU-Beitrittsverhandlungen, als der rechte Flügel der CDU/CSU und ihre verbündeten Medien gegen den Türkeibeitritt hetzten. Die muslimische Gefahr wurde an die Wand gemalt. Immer wieder versuchte man uns Türken zu erklären, dass wir nicht nach Europa gehören, und damit hat man uns indirekt gesagt: Also gehört ihr in Deutschland lebenden Türken auch nicht nach Deutschland.

Dann sagte Wolfgang Schäuble: Jeder vierte religiöse Türke ist radikal islamistisch eingestellt. Das hat seine Wirkung nicht verfehlt. Die nächste Kampagne war der Gesetzesvorschlag der CDU/CSU bezüglich der Ehegattenzuführung aus der Türkei. Staatsbürger mit Migrationshintergrund dürften ihre Frau aus der Türkei erst nachholen, wenn diese Deutsch sprechen kann. Okay. Jeder Deutsche darf sich in Thailand oder in Brasilien eine Frau aus dem Katalog bestellen und sie nach Deutschland holen, wie er will, aber wenn ich in Istanbul heirate, muss meine Frau nachweisen, dass sie Deutsch kann? Ist mein deutscher Pass etwa zweitklassig?

Ich denke, eine gute Grundlage wäre ein Antidiskriminierungsgesetz, das für alle gilt. Auch für Politiker und Journalisten. Diskriminierung aufgrund von Hautfarbe, Religion oder Migrationshintergrund muss wie in den USA und wie der Antisemitismus in Deutschland unter Strafe gestellt werden.

Es gab in der EU sogar eine Vorlage für ein solches Gesetz. Alle Staaten waren dafür – mit Ausnahme Deutschlands. Deutschland hat das Gesetz derart aufgeweicht, dass es eigentlich kaum noch etwas bringt.

Ich frage mich: warum?

Aus meiner – sehr subjektiven – Sicht gibt es eine große Anzahl von Menschen in meinem Land, die sich für Türken und andere Migranten einsetzen. Die ihnen sehr gewogen sind, die Türken fördern und alles dafür tun würden, eine Integration tatsächlich zu erreichen. Aber mindestens genauso groß ist der Teil der Bevölkerung, der sich mit allen Mitteln dagegen wehrt.

Der Türken- und Ausländerfeindlichkeit offen zur Schau trägt. Der dumme Witze über uns macht, am Stammtisch. Es sind diese Menschen, die keinen Fortschritt zulassen, und es kommt mir vor wie ein Stellungskrieg. Diese Schützengräben müssen wir zuschütten.

Warum schauen wir nicht – wieder – nach Amerika? Wo es an den Schulen und in der Gesellschaft zwar immer noch Rassismus gibt, aber gleichzeitig auch harte Antirassismusgesetze? Vielleicht könnte man auch endlich begreifen, dass wir ein Einwanderungsland sind, das ohne diese Einwanderer in Zukunft gar nicht überlebensfähig sein wird. Und wenn dem so ist, warum akzeptieren wir dann nicht endlich die grundlegende Tatsache: Wer in diesem Land geboren ist, ist Deutscher?

Wenn sich die Angst vor den Türken und Arabern und Afrikanern und Russen und Asiaten in deutschen Familienbetrieben nicht anders bekämpfen lässt, dann brauchen wir eben Quoten. Wenn nur durch ein Antidiskriminierungsgesetz und Quoten alle dazu gezwungen werden, sich mit Migranten auseinanderzusetzen, dann ist das eben so. Das hat in den USA funktioniert, und deshalb ist Barack Obama Präsident geworden.

Aber vielleicht könnte man auch darüber nachdenken, die Integration bereits von Kindesbeinen an zu fördern. Indem man verdammt noch mal diese Schulen schließt, deren Ausländeranteil doppelt oder dreimal so hoch ist wie der Anteil deutscher Schüler. Indem man diese Kinder auf andere Schulen verteilt. Das gilt auch für Kindergärten oder Sportvereine. Migrantenkinder müssen Kontakt zu deutschen Kindern haben und umgekehrt. Warum soll ein türkisches Mädchen aus Wilhelmsburg nicht eine Schule in Blankenese besuchen? Und sollten die Schulen und Kindergärten eines Tages zu Ganztagsstätten umfunktioniert werden, umso besser. Dann hätten Kinder aus Problemvierteln endlich eine reelle Chance, deutsch zu lernen und dem Umfeld der Gewalt zu entkommen. Es könnten vielleicht sogar Freundschaften entstehen.

Es sind Jahrzehnte vergangen, seit die ersten türkischen Gastarbeiter nach Deutschland kamen. Ich habe im Deutschunterricht Hermann Hesse gelesen. Hesse ist gut. Aber vielleicht wäre es langsam angebracht, auch mal ›Ganz unten‹ von Wallraff zu lesen? Die türkischen Gastarbeiter haben dieses Land mitaufgebaut. Warum erfahren das die Schüler nicht im Unterricht?

Es wird sicher nicht einfach werden. Aber am Ende wird die Mehrheit miteinander klarkommen. Viele Deutsche, die ich kenne und die eigentlich wenig oder überhaupt nichts mit Türken zu tun haben, haben dieses Bedürfnis. Ich glaube, die Gesellschaft ist reif, Maßnahmen zu unterstützen, die die Lebensbedingungen der Migrantenkinder verbessern. Wir werden nicht alle retten, so naiv bin ich nicht, das zu glauben. Aber wenn wir ihnen eine Zukunft zeigen, werden die Gewalt, die von türkischen Jugendlichen ausgeht, und die Türkenfeindlichkeit unter den Deutschen sinken, davon bin ich überzeugt.

Als ich vor einem Jahr in Berlin eine Wohnung suchte, nahm mich mein Cousin Hakan eine Weile bei sich auf. Hakan ist etwa so alt wie ich. Er ist Bauingenieur, verheiratet und hat zwei Kinder. Ein wunderbares Beispiel der *Generation Chance*. Hakan betrachtet sich durchaus als »integrierten« Türken. Wir hatten uns lange Zeit nicht gesehen. Ich erzählte ihm von meinem Buch, von meinen Geschichten, von meiner Wut und den ganzen Ungeheuerlichkeiten, die mir beinahe täglich begegneten.

Zu meiner großen Verwunderung sah das Hakan alles ganz anders als ich. Er habe diese Probleme nie gehabt. Er sei von deutschen Kindern nicht beschimpft und als Jugendlicher auch nicht angegriffen worden. Er habe immer nette Kollegen gehabt und nie irgendeine Diskriminierung erfahren. Es gehe uns doch gut hier, sagte er, und er verstehe mich gar nicht. Darüber kam ich ziemlich ins Zweifeln. War vielleicht nur in meinem Leben alles schiefgelaufen?

Erst nach Tagen und Wochen, in denen wir immer wieder darüber sprachen, kamen die Erinnerungen langsam wieder in ihm hoch. Und auf einmal erzählte er mir von mindestens einem

Dutzend Schlägereien mit Deutschen in seiner Jugend. Als wir gemeinsam seine Mutter besuchten, berichtete sie mir von ihrer Arbeit bei Siemens. Sie schilderte uns, wie die türkischen Frauen Männerarbeit verrichtet hatten, die sie damals gar nicht machen durften, und wie sie später um Teile ihrer Rente gebracht werden sollten. Das hat seine Mutter bis heute nicht vergessen.

Plötzlich schrie mich Hakan an.

»Stopp! Hör auf damit. Ich will das nicht hören!«

Als hätte ich gesagt, was seine Mutter sagte.

»Warum nicht?«, fragte ich ihn.

»Du bist ein Demagoge. Du hetzt die Leute auf. Ich geh gleich auf die Straße und schlag irgendeinen Deutschen zusammen.«

Hakan hat vieles vergessen. Er habe verdrängt, sagt er.

Ich glaube, dass viele Türken meiner Generation gern verdrängen und vergessen. Aber die Dinge holen uns alle immer wieder ein. Neulich bekam Hakan einen Anruf. Eine Firma, bei der er sich als Ingenieur beworben hatte, rief ihn zurück. Ich hörte nur diesen einen Satz:

»Ja ... äh, weil ich hier aufgewachsen bin ...«

Als das Gespräch beendet war, wunderte sich Hakan.

»Unglaublich. Fragt die mich doch wirklich, warum ich so gut Deutsch spreche ...«

»Na, siehst du, was ich meine?«

Hakan ist übrigens zwei Mal angeklagt. Weil er wegen rassistischer Äußerungen ausgerastet war. Aber das wollte er nicht wahrhaben. Beide Ermittlungsverfahren wurden eingestellt.

Manchmal stelle ich mir die Frage: Möchte ich hier eine Familie haben? Sollen meine Kinder in diesem Land aufwachsen? Werden meine Kinder in der Schule auf ebenso viel Ablehnung stoßen wie ich oder werden sie die gleichen Chancen haben wie die deutschen Kinder? Ich möchte nicht, dass mein Sohn seinen Namen verleugnet und sich als Italiener ausgibt. Werden meine Kinder noch immer Gastarbeiterkinder sein? Wie werde ich sie erziehen? Werde ich es schaffen, sie ohne Vorurteile aufzuziehen, und werdet ihr es schaffen, eure Kinder ohne Vorurteile aufzuziehen?

Ich denke oft an die Jahre meiner kriminellen Laufbahn zurück. Und dann tut es mir leid, dass ich so viele Menschen verletzt habe, auch wenn ich mich damals vielleicht im Recht fühlte. Es tut mir leid, dass ich Menschen betrogen habe. Könnte ich diese Dinge ungeschehen machen, ich würde es tun. Das kann ich natürlich nicht. Aber mich entschuldigen, das kann ich.

Wenn ich heute meine alten deutschen Freunde treffe, dann sind sie Geschäftsführer in einem Autohaus, Wirtschaftsanwalt, Chirurg, Radiomoderator, Lehrer, Schauspieler und Architekt. Ich sitze belämmert da und weiß, ich bin nicht schlechter als sie, ich habe dasselbe drauf, aber ich hänge durch. Sie haben eine Familie, ich sitze auf einem Scherbenhaufen. Dann frage ich mich: Wie soll es weitergehen?

Ich kann es euch sagen.

Ich wollte dazugehören. Ich habe dieses Ziel niemals aufgegeben.

Und wisst ihr was? Ob ihr wollt oder nicht: Ich gehöre jetzt zu euch.

Cem Gülay lebt heute in Berlin.
Seine Bewährung lief am 15. März 2009 ab.

A Ghost's Note

Ich habe Cem Gülay im Juni 2007 auf einer Party des Literaturagenten Alexander Simon in Berlin kennen gelernt. Da stand ein junger, gut aussehender Mann, voller Energie und beseelt von dem Gedanken, seine Geschichte zu erzählen und an dem vertrackten Verhältnis zwischen Deutschen und Türken etwas zu verändern. Cem hatte jahrelang während seines Ausstiegs aus der Gangsterwelt an einem Skript gearbeitet und sich mit diesem Text an Alexander Simon gewandt. Alexander entschied, das Buch zu machen, und beide fragten mich, ob ich Cem dabei helfen würde.

Der Mann kann mitreißen. Er kann wunderbar erzählen, auch wenn ihm dabei manchmal die Gäule ein wenig durchgehen. Ich habe mit ihm in Hamburg alle Schauplätze besucht. Wir haben lange Gespräche geführt, die ich aufzeichnete. Ich habe versucht mich, so gut es ging, in ihn hinein zu versetzen. Dann zog Cem nach Berlin, und wir führten die Gespräche in meiner Wohnung fort.

Er saß auf einer Bank, wir tranken Ayran, rauchten wie die Türken, und manchmal streckte er sich auf der Bank aus, so dass die Situation etwas von einer psychoanalytischen Sitzung hatte. Ich glaube, es tat ihm gut, noch einmal von Kindheit an durch alles hindurch zu gehen. Denn im Gespräch drückte er sich oft ganz anders aus als in seinem Skript, und es kamen auch Dinge hervor, die schmerzlich für ihn waren.

Es war für ihn, wie für uns alle, nicht ganz leicht, ans Eingemachte zu gehen. Einige Male flogen ordentlich die Fetzen, in anderen Momenten haben wir herzlich gelacht.

Auch mir hat die Arbeit an diesem Buch gut getan. Ich habe viel gelernt. Ich habe die tiefe Verletztheit gespürt, die viele Einwandererkinder in sich tragen. Cem hat mir Zusammenhänge erklärt, die ich nicht kannte. Ich bin ihm sehr dankbar dafür. Und ich danke Alexander und Andrea Wörle von dtv, dieses Buch auf den Weg gebracht zu haben.

Helmut Kuhn

Aktuelle Themen im dtv

Alexander Bahar
Folter im 21. Jahrhundert
Auf dem Weg in ein neues Mittelalter?
ISBN 978-3-423-**24713**-9

Patrick Bahners
Die Panikmacher
Die deutsche Angst vor dem Islam · Eine Streitschrift
ISBN 978-3-423-**34721**-1

Markus Beckedahl
Falk Lüke
Die digitale Gesellschaft
Netzpolitik, Bürgerrechte und die Machtfrage
ISBN 978-3-423-**24925**-6

Christoph Birnbaum
Die Pensionslüge
Warum der Staat seine Zusagen für Beamte nicht einhalten kann, und warum uns das alle angeht
ISBN 978-3-423-**24926**-3

Julia Berger
Gefeuert
Mein Leben nach der Kündigung
ISBN 978-3-423-**24832**-7

Jochen Bittner
So nicht, Europa!
Die drei großen Fehler der EU
ISBN 978-3-423-**24909**-6

Heinz Bude
Die Ausgeschlossenen
Das Ende vom Traum einer gerechten Gesellschaft
ISBN 978-3-423-**34599**-6

Paul Collier
Die unterste Milliarde
Warum die ärmsten Länder scheitern und was man dagegen tun kann
Übers. v. R. Seuß und M. Richter
ISBN 978-3-423-**34629**-0

Joseph Croitoru
Hamas
Auf dem Weg zum palästinensischen Gottesstaat
Aktualisierte Ausgabe
ISBN 978-3-423-**34600**-9

Yvonne Feller, Florian Flechsig
Wir sind jung und brauchen das Geld
Ein Selbstversuch
ISBN 978-3-423-**24834**-1

Markus Frenzel
Leichen im Keller
Wie Deutschland internationale Kriegsverbrecher unterstützt
ISBN 978-3-423-**24876**-1

Timothy Garton Ash
Jahrhundertwende
Weltpolitische Betrachtungen
Übers. v. S. Hornfeck
ISBN 978-3-423-**34720**-4

Aktuelle Themen im dtv

Alva Gehrmann
Alles ganz Isi
Isländische Lebenskunst für Anfänger und Fortgeschrittene
ISBN 978-3-423-**24874**-7

John Gray
Politik der Apokalypse
Wie Religion die Welt in die Krise stürzt
Übers. v. C. Trunk
ISBN 978-3-423-**34692**-4

Robert Greene
Power
Die 48 Gesetze der Macht
Übers. v. H. Schickert und B. Brandau
ISBN 978-3-423-**36248**-1

Die 24 Gesetze der Verführung
Ein Joost-Elffers-Buch
Übers. v. H. Schickert
ISBN 978-3-423-**34081**-6

Cem Gülay
Helmut Kuhn
Kein Döner Land
Kurze Interviews mit fiesen Migranten
ISBN 978-3-423-**24952**-2

Rainer Hermann
Die Golfstaaten
Wohin geht das neue Arabien?
ISBN 978-3-423-**24875**-4

Mara Hvistendahl
Das Verschwinden der Frauen
Selektive Geburtenkontrolle und die Folgen
Übers. v. K. Neff
ISBN 978-3-423-**28009**-9

Lamya Kaddor
Muslimisch – weiblich – deutsch!
Mein Weg zu einem zeitgemäßen Islam
ISBN 978-3-423-**34677**-1

Sudhir Kakar
Die Inder
Porträt einer Gesellschaft
ISBN 978-3-423-**34630**-6

Gudrun Krämer
Geschichte des Islam
ISBN 978-3-423-**34467**-8

Mark Leonard
Was denkt China?
Übers. v. H. Dierlamm
ISBN 978-3-423-**24738**-2

Melanie Mühl
Die Patchwork-Lüge
Eine Streitschrift
ISBN 978-3-423-**34749**-5

Érik Orsenna
Die Zukunft des Wassers
Eine Reise um unsere Welt
Übers. v. C. Vollmann
ISBN 978-3-423-**34690**-0

Aktuelle Themen im dtv

Ursula Ott
Total besteuert
Wie ich einmal ganz alleine den Staatshaushalt retten sollte
ISBN 978-3-423-**34597**-2

Robert Pragst
Auf Bewährung
Mein Jahr als Staatsanwalt
ISBN 978-3-423-**24903**-4

Jan H. Robertson
Macht
Wie Erfolge uns verändern
Übers. v. D. Mallett
ISBN 978-3-423-**28012**-9

Roberto Saviano
Gomorrha
Reise in das Reich der Camorra
Übers. v. F. Hausmann und R. Seuß
ISBN 978-3-423-**34529**-3

Georg Schweisfurth
Bewusst anders
Erfahrungen eines Öko-Pioniers
ISBN 978-3-423-**24951**-5

Volker Seitz
Afrika wird armregiert oder Wie man Afrika wirklich helfen kann
Mit einem Vorwort von Rupert Neudeck
Aktualisierte Ausgabe 2012
ISBN 978-3-423-**24938**-6

Eva C. Schweitzer
Tea Party: Die weiße Wut
Was Amerikas Neue Rechte so gefährlich macht
ISBN 978-3-423-**24904**-1

Peer Steinbrück
Unterm Strich
Aktualisierte und erweiterte Taschenbuchausgabe
ISBN 978-3-423-**34689**-4

Daniel Friedrich Sturm
Wohin geht die SPD?
ISBN 978-3-423-**24709**-2

Peer Steinbrück
Biografie
ISBN 978-3-423-**24924**-9

Richard Thiess
Mordkommission
Wenn das Grauen zum Alltag wird
ISBN 978-3-423-**24796**-2

Halt, stehenbleiben! Polizei!
Aus dem Leben eines Ermittlers
Über 40 authentische Fälle
ISBN 978-3-423-**34676**-4

Ilija Trojanow, Juli Zeh
Angriff auf die Freiheit
Sicherheitswahn, Überwachungsstaat und der Abbau bürgerlicher Rechte
ISBN 978-3-423-**34602**-3

Bitte besuchen Sie uns im Internet: www.dtv.de

Lebensgeschichten

»Meine schönste Krise«
Leserinnen und Prominente erzählen
Hg. von EMOTION
ISBN 978-3-423-**34723**-5

Die schönsten Beiträge aus dem Schreibwettbewerb der Zeitschrift EMOTION. Einfühlsam, mit großer Ehrlichkeit, mit Humor und Selbstironie.

Bruni Prasske
Mein Wohnwagen und ich
Vom großartigen Leben im kleinformatigen Heim
ISBN 978-3-423-**34724**-2

Das unterhaltsame Buch einer Frau, die alleine durch die Welt gereist ist und an der Elbe ihr Glück gefunden hat.

Erika Riemann
Die Schleife an Stalins Bart
Ein Mädchenstreich, acht Jahre Haft und die Zeit danach
ISBN 978-3-423-**34725**-9

»Ein erschütterndes persönliches und zugleich wertvolles politisches Dokument der russischen Besatzungszeit.«
(Der Standard, Wien)

Merle Leonhardt
Als meine Seele dunkel wurde
Geschichte einer Depression
ISBN 978-3-423-**34660**-3

Die Autorin, ehemals Betroffene und heute als Therapeutin tätig, nähert sich dem Tabuthema Depression entwaffnend ehrlich. Eine faszinierende Innenschau.

Paul Bedel
mit Catherine École-Boivin
»Meine Kühe sind hübsch, weil sie Blumen fressen«
Vom Reichtum des einfachen Lebens
ISBN 978-3-423-**24871**-6

Bedel, ein alter normannischer Bauer, entführt uns in eine Lebenswelt, wie sie kaum mehr zu finden ist. Ein Buch voller Poesie, Humor und Lebensklugheit.

Erziehungsberater im dtv

Christiane Alvarez
Hochbegabung: Tipps für den Umgang mit *fast* normalen Kindern
ISBN 978-3-423-**34626**-9

Monika Arndt
Das Baby-Kochbuch
Gesunde Ernährung für Ihr Kind
ISBN 978-3-423-**36187**-3

Bruno Bettelheim
Kinder brauchen Märchen
Übers. v. L. Mickel und B. Weitbrecht
ISBN 978-3-423-**35028**-0

Amy Chua
Die Mutter des Erfolgs
Wie ich meinen Kindern das Siegen beibrachte
Mit einem Nachwort zur Taschenbuchausgabe
Übers. v. B. Schaden
ISBN 978-3-423-**34722**-8

Caroline Eliacheff
Das Kind, das eine Katze sein wollte
Psychoanalytische Arbeit mit Säuglingen und Kleinkindern
Übers. v. S. Farin
ISBN 978-3-423-**35135**-5

Oggi Enderlein
Große Kinder
Die aufregenden Jahre zwischen 7 und 13
ISBN 978-3-423-**36220**-7

Inge und Daniel Faltin
Schule versagt
Warum Bildung ein Glücksspiel ist und wie sich das ändern kann
ISBN 978-3-423-**24835**-8

Klaus Fritz
Irene Zimmermann
Gymnasium
Ein Ratgeber für Eltern
ISBN 978-3-423-**34558**-3

Roland Geisselhart
Cordula Kießling
Gute Noten mit legalen »Spickzetteln«
So lernen Kinder schneller und besser
ISBN 978-3-423-**34374**-9

Martha Heinemann-Pieper
William J. Pieper
Smart Love
Erziehen mit Herz und Verstand
Übers. v. C. Trunk
ISBN 978-3-423-**34032**-8

Doro Kammerer
Die ersten drei Lebensjahre
Ein Elternbegleitbuch
ISBN 978-3-423-**34140**-0

Gerhard W. Lauth, Kerstin Naumann, Peter F. Schlottke
Rastlose Kinder, ratlose Eltern
Hilfen bei ADHS
ISBN 978-3-423-**34356**-5

Bitte besuchen Sie uns im Internet: www.dtv.de

Erziehungsberater im dtv

Leichter lernen mit FOCUS-SCHULE
Hg. v. Gaby Miketta

Ischta Lehmann
Motivation
Wie Eltern ihr Kind unterstützen können
ISBN 978-3-423-**34475**-3

Petra Thorbrietz
Konzentration
Wie Eltern ihr Kind unterstützen können
ISBN 978-3-423-**34445**-6

Penelope Leach
Die ersten Jahre deines Kindes
Übers. v. C. Brusdeylins, A. Fäser u. U. Galter
ISBN 978-3-423-**36232**-0

Gerlinde Ortner
Märchen, die Kindern helfen
Geschichten gegen Angst und Aggression, und was man beim Vorlesen wissen sollte
ISBN 978-3-423-**36107**-1

Claudia Schäfer
Montessori für zu Hause
ISBN 978-3-423-**36273**-3

Nasma Scheibler-Shrestha
Ruth Lehmann
Babymassage
Die Sprache der sanften Berührung in der Newar-Tradition
ISBN 978-3-423-**36191**-0

Manfred Spitzer
Vorsicht Bildschirm!
Elektronische Medien, Gehirnentwicklung, Gesundheit und Gesellschaft
ISBN 978-3-423-**34327**-5

Johannes Wilkes
Der kleine Kindertherapeut
Erste Hilfe für Kinder in seelischen Nöten
ISBN 978-3-423-**34423**-4

Wörterbuch Pädagogik
Von Horst Schaub und Karl G. Zenke
ISBN 978-3-423-**34346**-6

Katharina Zimmer
Widerstandsfähig und selbstbewusst
Kinder stark machen fürs Leben
ISBN 978-3-423-**34225**-4

Bitte besuchen Sie uns im Internet: www.dtv.de